高等职业教育路桥工程类专业系列教材

# 公路工程招投标与合同管理

GONGLU GONGCHENG ZHAOTOUBIAO YU HETONG GUANLI

主编 任桂娇 / 副主编 王东博 汤美娜 李书艳 宋丽新
主审 李 佳

重庆大学出版社

## 内容提要

本书以公路工程项目为背景，以公路工程招投标与合同管理相关工作为向导，依据我国最新颁布的建设工程相关法律条款以及公路工程行业相关规范和指导性文件，结合我国高等职业教育改革发展方向和专业人才培养需求，以公路工程招投标与合同管理为主线详细编写9个模块31个单元，注重理论联系实际，读者通过阅读学习了解基本理论，掌握基本技能，树立良好的职业素养。本书主要内容包括公路工程建设市场，公路工程施工招标，公路工程施工投标，公路工程施工开标、评标及定标，公路工程项目其他阶段招投标，工程合同法律基础、公路工程施工合同签订、公路工程施工合同履约管理、公路工程合同索赔管理。本书每个单元设置知识拓展链接、案例和单元练习。

本书可作为高等职业院校道路桥梁工程技术专业及工程管理类相关专业教材，也可供从事公路工程招投标与合同管理的专业技术人员和管人员参考使用。

**图书在版编目(CIP)数据**

公路工程招投标与合同管理 / 任桂娇主编. -- 重庆：重庆大学出版社，2023.4

高等职业教育路桥工程类专业系列教材

ISBN 978-7-5689-3437-4

Ⅰ. ①公… Ⅱ. ①任… Ⅲ. ①道路施工—招标—高等职业教育—教材 ②道路施工—投标—高等职业教育—教材 ③道路工程—经济合同—管理—高等职业教育—教材

Ⅳ. ①U415.1

中国国家版本馆CIP数据核字(2023)第037537号

高等职业教育路桥工程类专业系列教材

**公路工程招投标与合同管理**

主 编 任桂娇

副主编 王东博 汤美娜

李书艳 宋丽新

主 审 李 佳

策划编辑：肖乾泉

责任编辑：姜 凤 版式设计：肖乾泉

责任校对：王 倩 责任印制：赵 晟

*

重庆大学出版社出版发行

出版人：饶帮华

社址：重庆市沙坪坝区大学城西路21号

邮编：401331

电话：(023) 88617190 88617185(中小学)

传真：(023) 88617186 88617166

网址：http://www.cqup.com.cn

邮箱：fxk@cqup.com.cn (营销中心)

全国新华书店经销

重庆华林天美印务有限公司印刷

*

开本：787mm×1092mm 1/16 印张：15.75 字数：395千

2023年4月第1版 2023年4月第1次印刷

印数：1—2 000

ISBN 978-7-5689-3437-4 定价：49.00元

---

# 前　言

随着高等职业教育改革的不断推进和公路工程建设行业的动态发展，我国"十四五"职业教育发展重点也将围绕增强职业技术教育适应性和开展职业教育提质扩容展开。为保证公路工程建设市场健康有序发展，我国陆续出台和修订了一系列法律法规来规范市场参与主要主体部门，共同维护市场的公平和效益。公路工程建设、招投标工作已成为集法律、程序、政策、社会关注热点等特殊性为一体，成为公路工程建设过程中的重要工作环节。

基于职业教育发展方向、行业发展动态和招投标相关工作岗位的重要性，高等职业院校学生的人才培养需求质量不断提升，各高等职业院校在人才培养方案修订、课程体系建设、教学模式和方法改革以及课程思政建设等工作的推进过程中都对课程本身的改革和提升提出更高的要求。为此，编者们根据多年的教学和实践经验，结合最新的法律法规、植入新的职业教学理念编写完成本书。在撰写过程中，本书主要具有以下特点：

**◆新规范、新标准服务职业岗位**

本书以我国现行招投标与合同管理相关法律法规、公路工程招投标与合同管理相关规范标准为依据，以公路工程招投标与合同管理相关职业岗位为目标，围绕岗位工作过程，强调理论与实践相结合，突出职业能力的培养，力求学有所用开展编写。

**◆新思路、新模式服务职业教学**

本书在编写过程中以学生为中心，依据高等职业院校学生的特点和认知规律，重新梳理课程内容结构，将工作过程模块化，工作程序和细节单元化，以学生就业和职业规划为导向，重点围绕工作过程的需求和职业技能等级证书相关考核内容选择单元学习内容，梳理课程结构。

在每个模块学习时，先明确知识目标和能力目标，在各单元学习过程中，以职业教育教学为根本，结合工程实际案例，适当拓展教育维度，配套单元练习，强调循序渐进。在模块学习结束时，设置知识回顾与小结，更好地服务职业教学，达成预期的学习目标。

为更好地服务职业教育教学，适应"混合式"教学的开展，本书配套相关微课视频、法律规范、单元练习答案等电子资源辅助教学，提升学生的学习质量和效果。

**◆新思政、新文化服务职业素养**

结合当前职业教育改革发展，九大模块结合学习内容设置相应课程思政元素，涉及内容既有我国招投标的发展历史，也融入了招投标历史文化，拓展学生的学习视角的同时，也在学习中培养学生良好的职业素养。

本书由辽宁城市建设职业技术学院任桂娇担任主编并统稿，辽宁城市建设职业技术学院王东博、汤美娜、李书艳、宋丽新担任副主编，辽宁省抚顺市交通运输发展服务中心高级工程师李佳担任主审。本书具体编写分工如下：任桂娇编写模块1、模块2、模块3、模块5、模块9；宋丽新编写模块4；汤美娜编写模块6；王东博编写模块7；李书艳编写模块8。

本书在编写过程中，辽宁省抚顺市交通运输发展服务中心为本书提供了大量案例资料和修改意见，同时也参阅和引用了多位专家、学者的论著，在此表示衷心感谢。

由于编者水平有限，书中错误、疏漏之处在所难免，恳请读者提出宝贵意见，以便修订完善。

编　者

2023年1月

# 目　录

# 模块1　公路工程建设市场

【知识框架】

- 模块1　公路工程建设市场
  - 单元1　公路建设市场发展
    - 1.建设工程招投标与公路工程招投标的发展历史
    - 2.公路招投标法律体系
    - 3.公路建设市场的主体与客体
    - 4.建设工程交易中心
  - 单元2　工程交易方式
    - 1.我国建设项目基本建设程序
    - 2.工程交易方式的种类
  - 单元3　建设工程招标与投标概述
    - 1.建设工程招标投标的含义
    - 2.建设工程招标投标的基本原则
    - 3.各类建设工程招标投标的特点
    - 4.建设工程招标投标的分类

【知识目标】

1. 了解建设工程及公路工程建设招投标的发展。
2. 熟悉公路招投标法律体系。
3. 掌握公路建设市场的主体与客体。
4. 熟悉建设工程交易中心的功能和运作程序。

【能力目标】

1. 能简述我国建设工程招标投标的发展。
2. 能简述公路工程招投标岗位对应的公路招投标法律体系组成。
3. 能理解建设工程招投标的含义、原则、特点和分类。
4. 能在工程交易中心按交易流程办理业务。

**课程导入**

1999年8月30日，第九届全国人民代表大会常务委员会第十一次会议通过《中华人民共和国招标投标法》（以下简称《招标投标法》），并于2000年1月1日开始实施。《招标投标法》颁布实施以来，我国招投标法律体系在社会主义市场经济模式下、国家建设工程发展过程中不断修订完善，从首次颁布《招标投标法》到2020年颁布的《中华人民共和国民法典》（以下简称《民法典》），20多年的时间里，我国颁布招投标国家法律10余部，交通运输部颁布公路工程招投标法律法规10余部，招投标事业取得长足发展，招投标市场不断壮大，招投标制度规则日趋完备。招投标法律制度的不断完善是我国依法治国的体现，公正文明执法，依法办事，程序正当，不断提高法治意识和执法能力，用法治引领改革发展、推动民生改善和社会公正。从事招投标工作的职业人要以奋发有为的精神状态，在法治轨道上公开、公平、公正、廉洁、诚信执法守法，在平凡的岗位上用行动推动招投标事业发展再上新台阶。

# 单元1　公路建设市场发展

公路建设招标投标发展

## 1. 建设工程招投标与公路工程招投标的发展历史

我国招标投标制度随着改革开放而逐步建立并完善。1984年，原国家计划委员会、原城乡建设环境保护部联合下发《建设工程招标投标暂行规定》，倡导实行建设工程招标投标，我国由此开始推行招标投标制度。

1991年11月21日，原建设部、国家工商行政管理局联合下发《建筑市场管理规定》，明确提出加强发包管理和承包管理，其中发包管理主要是指工程报建制度与招标制度。在整顿建筑市场的同时，原建设部还与原国家工商行政管理局一起制定《建设工程施工合同示范文本》及其管理办法，于1991年颁发，以指导工程合同管理。1992年12月30日，原建设部颁发《工程建设施工招标投标管理办法》（建设部令第23号）。

1994年12月16日，原建设部、原国家经济体制改革委员会再次下发《全面深化建筑市场体制改革的意见》，强调对建筑市场管理环境的治理。文件明确提出，大力推行招标投标，强化市场竞争机制。此后，各地也纷纷制定各自的实施细则，使我国的工程招标投标制度趋于完善。

1999年，我国工程招标投标制度面临重大转折。1999年3月15日，第九届全国人民代表大会第二次会议通过了《中华人民共和国合同法》，并于同年10月1日起生效实施。由于招标、投标是合同订立过程中的两个阶段，因此，该法对招标、投标制度产生了重要的影响。

1999年8月30日，全国人民代表大会常务委员会通过《招标投标法》，并于2000年1月1日起施行。这部法律基本上是针对建设工程发包活动而言的，其中大量采用国际惯例或通用做法。2017年12月27日，第十二届全国人民代表大会常务委员会第三十一次会议发布《关于修改〈中华人民共和国招标投标法〉的决定》，修订《招标投标法》并作为招投标流程管理的重要法律。

2000年5月1日，原国家发展计划委员会（以下简称"国家计委"）发布的《工程建设项目招标范围和规模标准规定》。2000年7月1日，国家计委又颁布《工程建设项目自行招标试行办法》和《招标公告发布暂行办法》。2013年3月11日，国家发展和改革委员会、交通运输部等九部门发布《关于废止和修改部分招标投标规章和规范性文件的决定》，修订《工程建设项目自行招标试行办法》。

2001 年 7 月 5 日,原国家计委等七部委联合颁布《评标委员会和评标办法暂行规定》,其中有 3 个重大突破:关于低于成本价的认定标准,关于中标人的确定条件,关于最低价中标。这里第一次明确了最低价中标的原则,这与国际惯例是接轨的。在这一时期,原建设部连续颁布《工程建设项目招标代理机构资格认定办法》《房屋建筑和市政基础设施工程施工招标投标管理办法》《房屋建筑和市政基础设施工程施工招标文件范本》等,对招投标活动及其承发包中的计价工作进一步规范化。

2003 年 3 月 8 日,原国家计委、交通部等七部委颁布《工程建设项目施工招标投标办法》,并于 2013 年 3 月 11 日进行修订。

2020 年 5 月 28 日,第十三届全国人民代表大会第三次会议表决通过《民法典》,自 2021 年 1 月 1 日起施行,原《中华人民共和国合同法》同时废止。

招投标与民法典

中国招投标发展历史

**2. 公路招投标法律体系**

《公路工程建设项目招标投标管理办法》于 2015 年 12 月 2 日经交通运输部第 23 次部务会议通过,自 2016 年 2 月 1 日起施行。

2016 年 9 月 28 日,交通运输部发布《交通运输部办公厅关于加快推行公路建设项目电子招标投标的指导意见》(交办公路〔2016〕116 号)。根据国家发展和改革委员会等六部委《关于扎实开展国家电子招标投标试点工作的通知》(发改法规〔2015〕1544 号),在江苏、江西、山东 3 省开展公路建设市场电子招标投标试点工作,试点工作时间为 2016 年 9 月 1 日至 2017 年 9 月 1 日。该指导意见鼓励试点省份充分利用自身优势,大胆探索,及时总结,形成可复制、可推广的成套经验,其他各省(自治区、直辖市)可根据自身实际组织开展试点工作,有关情况及时上报。

为加强公路工程施工招标管理,规范招标文件及资格预审文件编制工作,依照《招标投标法》《中华人民共和国招标投标法实施条例》等法律法规,按照《公路工程建设项目招标投标管理办法》(交通运输部令〔2015〕24 号),在国家发展和改革委员会牵头编制的《标准施工招标文件》及《标准施工招标资格预审文件》(以下简称《标准文件》)基础上,结合公路工程施工招标特点和管理需要,交通运输部组织制定《公路工程标准施工招标文件》(2018 年版)及《公路工程标准施工招标资格预审文件》(2018 年版)(以下简称《公路工程标准文件》),并于 2018 年 3 月起实施。

由于招投标制度,在工程中引入了竞争机制,能够择优选定勘察、设计、设备安装、施工、装饰装修、材料设备供应、监理和工程总承包单位,以保证缩短工期、提高工程质量和节约资金。但由于各类建设工程招投标的内容有差异,投标工作的重点也有所不同,具体操作流程存在一定的差别。随着我国招投标的不断发展,招投标制度有合理严密的工作程序和监管机制,交易过程体现公开、公平、公正的原则,防止垄断,杜绝不正之风。

**3. 公路建设市场的主体与客体**

建设工程市场是市场经济的产物。建设工程市场交易是业主给付建设费,承包商交付工程的交易过程。但是建设工程市场又不等同于一般的交易,它包括较复杂的内容,其交易贯穿于建筑产品生产的全过程。例如,不仅存在业主与承包人之间的交易,还有承包人与分包商、材料供应商之间的交易以及业主与设计单位、设备供应单位、咨询单位的交易等。参与生产交易过程的各方构成建设工程市场的主体,作为不同阶段的生产成果和交易内容的建设工程产品、构配件以及各种图纸和报告等非物化的服务构成建设工程市场的客体。

公路建设市场可分为狭义和广义两个概念。狭义的公路建设市场是指公路建设产品交易的场所,其内涵的本质是公路建设产品供求关系的总和。广义的公路建设市场是指从公路工程建设的咨询、勘察、设计、施工以及设备供应等各项任务从发包开始,到工程竣工、交付使用、后评价结束为止的全过程,这些过程都是在公路建设市场中进行的。

公路建设市场主体是指公路建设的从业单位和从业人员。

公路建设市场的客体则为有形的建筑产品(建筑物、构筑物)和无形的建筑产品(咨询、监理等智力型服务)。

#### 1)公路建设市场主体

(1)业主

业主又称项目法人(俗称“甲方”),是指既有某项工程建设需求,又具有该项工程的建设资金和各种准建手续,在建筑市场中发包工程项目建设的勘察、设计、施工任务,最终得到建筑产品并将其投入经营使用目的的政府部门、企事业单位和个人。

在我国,业主也称为建设单位,只有在发包工程或组织工程建设时其才成为市场主体,故业主又称为发包人或招标人。因此,业主方作为市场主体具有不确定性。为了规范业主行为,结合我国的实际国情,我国建立了投资责任约束机制,即项目法人责任制,由项目业主对项目建设全过程负责。

项目业主的产生,主要有以下 3 种方式:

①业主是企业或单位。如某工程为企事业单位投资的新建、改建工程,则该企业或事业单位即为项目业主。

②业主是联合投资董事会。由不同投资方参股或共同投资的项目,则业主是共同投资方组成的董事会或管理委员会。

③业主是各类开发公司。开发公司自行融资或由投资方协商组建或委托开发的工程管理公司也可称为业主。

业主在项目建设过程中的主要职能是建设项目立项决策、建设项目的资金筹措与管理、办理建设项目的相关手续(如征地、施工许可证等)、建设项目的招标与合同管理、建设项目的施工与资质管理、建设项目的发包验收和试运行、建设项目的统计及文档管理。

(2)承包人

承包人是指拥有一定数量的建筑装备、流动资金、工程技术和经济管理人员及一定数量的工人,取得建设资质证书和营业执照,能够按照业主的要求提供不同形态的建筑产品实体并最终得到相应工程价款的建筑施工企业。

相对于业主而言,承包人为建筑市场主体,是长期和持续的。因此,对承包人一般实行从业资格管理。承包人从事建设生产,一般需要具备以下 3 个方面的条件:

①拥有符合国家规定的注册资本。

②拥有与其资质等级相适应且具有注册执业资格的专业技术人员和管理人员。

③有从事相应建筑活动所应有的技术装备。

取得资质证书和营业执照的承包人可以分为建筑、水电、公路、港口、铁路、市政工程等专业。在市场经济条件下,承包人需要通过市场竞争取得施工项目,要依靠自身的实力去赢得市场。承包人的实力主要包括以下 4 个方面:

①技术方面的实力:有精通本行业的工程师、造价师、经济师、会计师、项目经理、合同管理

等专业人员队伍，有专业装备，有承揽相应类型项目施工的经验。

②经济方面的实力：储备一定的周转资金用于工程准备，具有一定的融资和垫付资金的能力，有满足条件的固定资产和为完成项目需购入大型设备所需的资金，具有支付各种担保和保险的能力，有承担相应风险的能力，国际工程项目的承包人还需要具备筹集外汇的能力。

③管理方面的实力：公路工程承包市场属于买方市场，承包人为打开局面，往往需要以低利润报价取得项目。因此，必须在成本控制上下功夫，向管理要效益，并采用先进的施工方法提高工作效率和技术水平，必须具有一批过硬的项目经理和管理专家。

④信誉方面的实力：有良好的信誉，它将直接影响企业的生存与发展。要建立良好的信誉，就必须遵守当地的地方性法规。承担国际工程项目，能按国际惯例办事，保证工程质量、安全、工期及文明施工。

承包人承揽工程，必须根据本企业的施工力量、机械装备、技术力量、工程经验等方面的条件，选择能发挥自己优势的项目，避开企业不擅长或缺乏经验的项目，做到扬长避短，避免给企业带来不必要的风险和损失。

(3)工程咨询服务机构

工程咨询服务机构是指具有一定注册资金，有一定数量的工程技术、经济、管理人员，取得建设咨询证书和营业执照，能为工程建设提供费用咨询、管理咨询建设监理等智力型服务并获取相应费用的企业。

工程咨询服务机构包括勘察设计单位、工程造价咨询单位、招标代理单位、工程监理单位、工程管理单位等。这类企业主要向业主提供工程咨询和管理服务，弥补业主对工程建设过程不熟悉的缺陷，国际上一般称为咨询公司。在我国，目前数量最多并有明确资质标准的是勘察设计单位、工程监理单位、工程造价咨询单位和招标代理单位。

工程咨询服务机构与业主之间是契约关系，受业主委托或聘用，与业主订有协议书，为业主提供咨询、设计、监理等技术服务，因此对项目负有相当重要的责任，并承担一定的风险。

### 2)公路建设市场客体

公路建设市场客体一般称为建筑产品，是建筑市场的交易对象，既包括有形建筑实体，也包括无形产品(智力型服务)。

因为公路建筑产品本身及其生产过程具有不同于其他工业产品的特点，在不同的生产交易阶段，公路建设产品表现为不同的形态。它可以是咨询公司提供的咨询报告、咨询意见或其他服务，或者是勘察设计单位提供的设计方案、施工图纸、报告，也可以是生产厂家提供的混凝土构件，还可以是各类建筑物和构筑物。

(1)公路建设产品的特点

①公路建设产品的固定性和生产过程的流动性。公路工程与土地相连决定了它的不可移动性，这就要求施工人员和施工机械只能随建筑物不断流动，进而带来施工管理的多变性和复杂性。

②公路建设产品的单件性。业主对建筑产品的用途、性能要求不同，以及建设地点地理、环境的差异，决定了世界上每条公路都不一样。

③公路建设产品的整体性和分部分项工程的相对独立性。这个特点决定了总承包和分包相结合的特殊承包形式。

④公路建设生产的不可逆转性。公路产品一旦进入生产阶段，其产品不可能退换，也难以重新建造，否则双方都将承受极大的损失。公路建设生产的最终产品质量由各阶段成果质量决

定。只有规划、设计、施工都必须按照规范和标准进行，才能保证生产优质的公路产品。

⑤公路建设产品的社会性。公路属于社会基础设施，涉及公众的利益和生命财产的安全，也会影响环境，所以政府加强对建筑产品的规划、设计、交易、建造的管理是非常必要的。有关工程建设的市场行为都应受到管理部门的监督和审查。

（2）公路建设产品的商品属性

改革开放以后，一系列以市场为导向的改革措施相继推行，建筑企业成为独立的生产单位。建设投资由国家拨款改为多种渠道筹措，市场竞争代替行政分配任务，建筑产品价格也逐渐走向以市场形成的价格机制，建筑产品商品属性的观念已为大家接受。这成为建筑市场发展的基础，并推动建筑市场的价格机制竞争机制和供求机制的形成，使实力强、素质高、经营好的企业在市场上更具竞争性，能够更快地发展，实现资源的优化配置，提高全社会的生产力水平。

（3）工程建设标准的法定性

公路建筑产品的质量不仅关系承发包双方的利益，也关系国家和社会的公共利益。正是由于公路建筑产品的这种特殊性，其质量标准以国家标准、国家规范等形式颁布实施。从事建筑产品生产的一方必须遵守这些标准规范的规定，违反这些标准规范的规定将受到国家法律的制裁。

工程建设标准是指对工程勘察、设计、施工、验收、质量检验等各个环节的技术要求。它包括以下 5 个方面的内容：

①工程建设勘察、设计、施工及验收等的质量要求和方法。

②与工程建设有关的安全、卫生、环境保护的技术要求。

③工程建设的术语、符号、代号、计量与单位、建筑模数和制图方法。

④工程建设的试验、检验和评定方法。

⑤工程建设的信息技术要求。

在具体形式上，工程建设标准包括标准、规范、规程等。它一方面通过有关的标准规范，为相应的专业技术人员提供需要的技术要求和支持；另一方面，标准的法律性和权威性保证从事工程建设有关人员按照规定去执行，为保证工程质量打下基础。

**典型案例**

**布鲁革水电站招标投标工程经验**

布鲁革是布依语，意思是山清水秀的地方。布鲁革水电站位于云南省罗平县与贵州省兴义县交界处黄泥河最下游的深山峡谷中，距离罗平县城 40 km。这里河流密布，水流湍急，落差较大。1990 年在这里建成投产了装机容量为 60 万 kW 的水电站，年发电量 28.2 亿 kW · h。

1981 年 6 月，经国家批准，布鲁革水电站被列为重点建设工程。1982 年 7 月，国家决定将布鲁革水电站的引水工程作为水利电力部第一个对外开放、利用世界银行贷款的工程，并按世界银行的规定，实行中华人民共和国成立以来第一次的国际公开（竞争性）招标。

布鲁革水电站的工程概况：

第一部分，首部枢纽拦河大坝为堆石坝，最大坝高 103.5 m。

第二部分，为引水系统，由电站进水口、引水隧洞、调压井、高压钢管4个部分组成，引水隧洞总长9.38 km，开挖直径8.8 m，差动式调压井内径13 m，井深63 m。

第三部分，为厂房枢纽，主厂房设在地下，总长125 m，宽18 m，最大高度39.4 m，安装4台15万kW的水轮发电机，总容量60 kW，年发电量28.2亿kW·h。布鲁革水电站工程是改革开放后我国水电建设方面第一个利用世界贷款、对外公开招标的国家重点工程。这项工程按世界银行要求，对引水隧洞工程的施工及主要机电设备实行了国际招标。引水隧洞工程标底为14 958万元，日本大成公司以8 463万元的标价中标，1984年10月15日正式施工。从下达开工令到正式开工，仅用了两个半月的时间。隧洞开挖仅用了两年半的时间，于1987年10月全线贯通，比计划提前了122天。实际工程造价按开标汇率计算，约为标底的60%。布鲁革工程在施工组织上承包方只用了30人组成的项目管理班子进行管理，施工人员是我国水电14局的500名职工，在建设过程中实行了国际通行的工程监理制（工程师制）和项目法人负责制等管理办法。大成公司先进的施工机械、精悍的施工队伍、先进的管理机制、科学的管理方法引起了人们极大的兴趣。

作为市场竞争主体的国内建筑企业，综合竞争能力普遍低于国外同行水平，具体表现在竞争动力不足。管理水平低下，管理模式落后，技术应用层次不高。技术含量较低，国际经营承包经验欠缺，相应人才不足。国外公司靠的就是管理和技术。

布鲁革水电站招标范围包括引水隧洞。调压井和通往电站的压力钢管等。招标工作由水利水电部委托中国进出口公司进行，其招标程序及合同履行情况见表1.1。

**表1.1 布鲁革水电站饮水工程国际公开招标程序**

| 时　间 | 工作内容 | 说　明 |
|---|---|---|
| 1982年9月 | 招标公告及编制招标文件 | — |
| 1982年9—12月 | 第一阶段，资格预审 | 13个国家32家公司中，选定20家合格公司，其中包括我国的三家公司 |
| 1983年2—7月 | 第二阶段，资格预审 | 与世界银行磋商第一阶段资格预审，中外公司为组成联合投标公司进行谈判 |
| 1983年6月 | 发售招标文件 | 15家外商及3家国内公司购买了标书，8家公司投标 |
| 1983年11月 | 开标 | 共8家公司投标 |
| 1983年11月—1984年4月 | 评标 | 确定日本大成公司、日本前田公司和意美联合的英波吉洛公司3家为评标对象，最后确定日本大成公司中标，与之签订合同，合同价8 463万元，比标底12 958万元低35%，合同工期1 597天 |
| 1984年11月 | 引水工程正式开工 | — |
| 1988年8月 | 工程竣工 | 工程竣工初步结算价9 100万元，仅为标底的70%，比合同价增加了7.53%。实际工期1 475天，比合同工期提前了122天 |

该项目从1982年9月组织国际公开招标起至工程开标，历时17个月，共8家公司投标。其中，德国霍克蒂夫公司未按照招标文件要求投标，投标文件投标被否决。从表1.2所示的投标报价中可以看出，最高价是法国SBTP公司的1.79亿元，与最低价日本大成公司8 463万元相比，报价相差一倍多，使中外厂商大吃一惊，引起不小轰动。

表1.2 投标报价

| 公司名称 | 折算报价/元 |
|---|---|
| 日本大成公司 | 84 630 591 |
| 日本潜艇公司 | 87 964 864 |
| 英波吉洛公司 | 92 820 661 |
| 中国桂花与德国霍兹曼联合公司 | 119 947 490 |
| 中国敏坤与挪威FHS联合公司 | 12 327 425 |
| 南斯拉夫能源工程公司 | 132 234 146 |
| 法国SBTP公司 | 179 393 719 |
| 德国霍克蒂夫公司 | 投标被否决 |

按照国际惯例，只有前三名进入评标阶段，我国两家公司没有入选。其原因主要是我国施工技术和管理水平与当时的外国大公司相比存在明显差距。在功效上，当时国内隧洞开挖进尺每月最高为112 m，仅达国外公司平均功效的50%左右。在施工工艺方面也十分落后，日本大成公司每立方米混凝土的水泥用量比国内公司少用70 kg。因此，我国公司虽然享受报价优惠，但投标报价人远高于外国公司而处于不利地位。

评标工作由中外专家组成的评标小组负责，按照规定的评标办法进行。并互相监督，严格保密，禁止评标人与外界接触。在评标过程中，评标小组还分别与3家承包人进行了澄清会谈。经各方专家多次评议讨论，最后确定报价最低的日本大成公司中标。并与之签订合同。合同工期为1 597天，实际工期为1 475天，提前了122天。

日本大成公司采用总承包制，管理及技术人员仅30人左右，雇用我国某公司为分包单位，工程质量综合评价为优良。包括设计变更、物价涨落、索赔及附加工程量等增加费用在内的工程初步结算为9 100万元（除汇率风险外），仅为标底的60.8%，比合同价增加了7.53%。布鲁革水电站招标投标工程的管理经验不但得到了世界银行的充分肯定，也受到了我国政府的重视，号召建筑施工企业进行学习。

布鲁革水电站招标投标工程的管理经验主要有以下4点：

①最核心的经验是把竞争机制引入工程建设领域。

②实行国际评标低价中标惯例，评标时标底起参考作用。

③工程施工采用全过程承包方式和科学的项目管理。

④采用严格的合同管理和工程监理制度。

在中国工程建设发展和改革过程中，布鲁革水电站的建设占有一定的历史地位，发挥着极其重要的历史作用。在总结布鲁革水电站招标投标工程管理经验的基础上，中国建设系统结合中国国情，逐步推行了建设体制的3项改革，即项目建设的业主责任制度、工程建设监理制度和招投标制度。

### 4. 建设工程交易中心

#### 1)建设工程交易中心的设立

建设工程交易中心是建筑市场有形化的管理方式,通过这个有形市场可以规范建设工程的发承包行为。交易中心由建设工程招投标管理部门或政府建设行政主管部门授权的其他机构建立,是自收自支的非盈利性事业法人,根据政府建设行政主管部门的委托实施对市场主体的服务、监督和管理。交易中心具有行业管理的某些性质,是政府有意识的行为,设立交易中心的目的是促使从业人员遵纪守法,形成一种交易道德规范。从长远看,政府在交易中心的管理职能将逐步弱化,并最终退出市场,转由具有行业协会性质的事业法人对市场进行组织和运作,政府在市场外对市场主体进行监督和约束。

北京工程建设交易信息网

建设工程交易中心

(1)建设工程交易中心的性质

建设工程交易中心是在政府建设工程招投标管理部门或政府授权主管部门的批准下成立的,不以营利为目的,根据政府建设行政主管部门的委托实施对市场主体的服务、监督和管理,经批准收取一定的服务费的服务性机构。

(2)建设工程交易中心的作用

在我国,建设工程交易中心须经政府授权成立,所有建设项目都要在建设工程交易中心内报建、发布招标信息、进行合同授予、申领施工许可证。招投标活动都应在交易中心进行,并接受政府有关管理部门的监督,解决我国国有建设项目交易规范化管理问题,促进招投标制度推行,遏制违法违规行为,提高管理透明度。

#### 2)建设工程交易中心的基本功能

(1)信息服务功能

建设工程交易中心是信息收集、存储和发布的平台,及时发布招投标信息、政策法规信息、企业信息、材料设备价格信息、科技和人才信息、分包信息等,为建设工程交易活动的各方提供信息咨询服务。

(2)场所服务功能

建设工程交易中心为各类工程的交易活动,包括发放招标文件、开标、评标、定标和合同谈判等提供设施和场所服务。《建设工程交易中心管理办法》规定,建设工程交易中心应具备信息发布大厅、洽谈室、开标室、会议室及相关设施,以满足业主和承包人、分包商、设备材料供应商之间的交易需要,同时要为政府有关管理部门进驻集中办公、办理有关手续和依法监督招投标活动提供场所服务。

(3)集中办公功能

政府有关管理部门进驻建设工程交易中心办理有关审批手续和进行管理,集中办公。建设工程交易中心为政府有关部门和相关机构设立工作平台,为其实施监督和管理提供必要的办公设施和窗口,办理建设项目报建、招标登记、承包人资质审查、合同登记、质量报检、施工许可证发放等。

(4)专家管理功能

为建设工程评标提供可选择的专家库成员名册,配合有关行政主管部门对评标专家的评标活动进行记录和考核,接受委托,定期对评标专家进行培训。

### 3)建设工程交易中心运作的一般程序

《有形建筑市场运行和管理示范文本》中的有形建筑市场工程交易流程如图 1.1 所示。

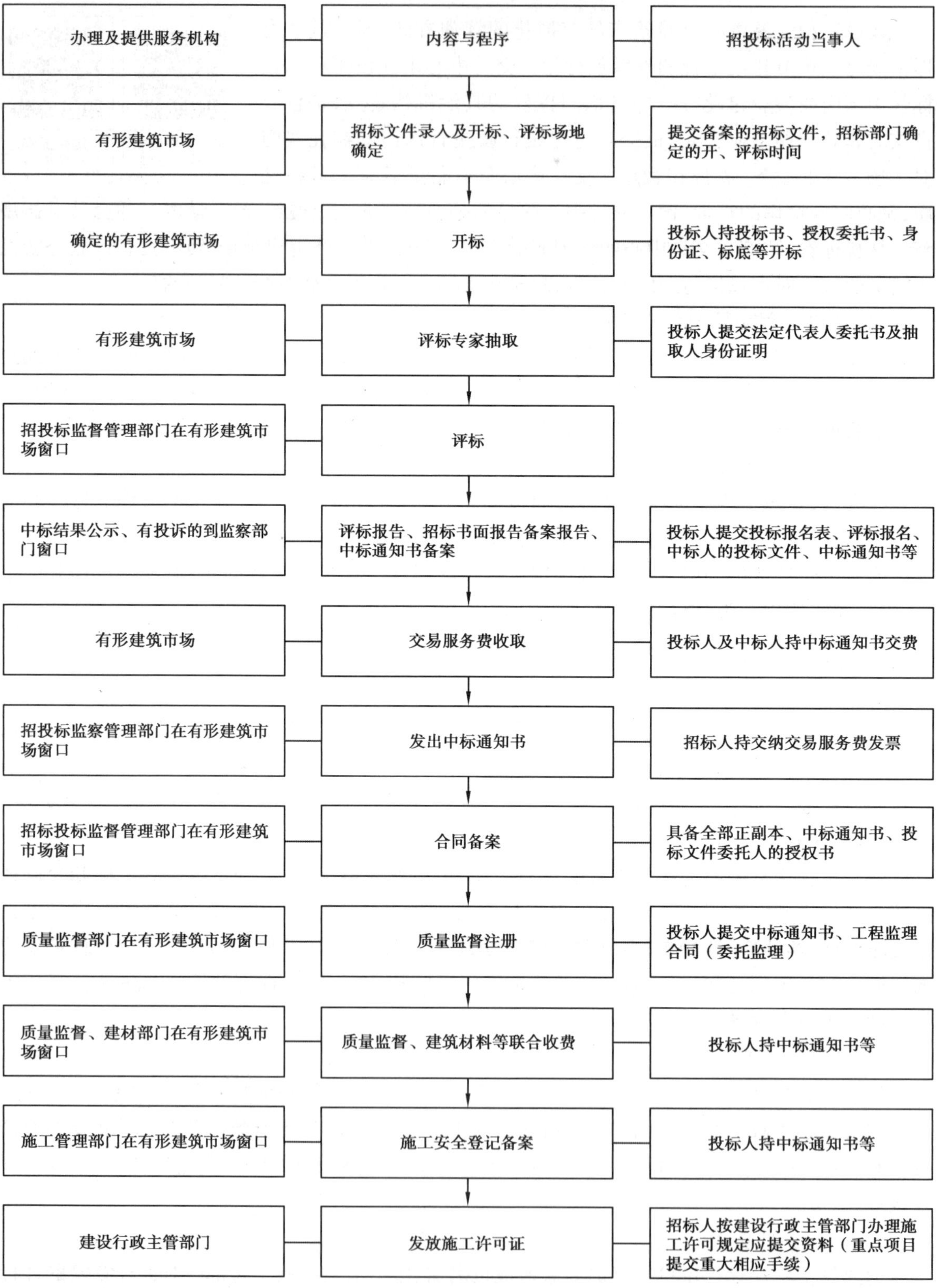


图 1.1　有形建筑市场工程交易流程图

**知识链接**

全国公共资源交易平台贯彻落实《国务院办公厅关于印发整合建立统一的公共资源交易平台工作方案的通知》（国办发〔2015〕63号）的要求，汇集全国公共资源交易、主体、专家、信用、监管信息，依法依规对公共资源交易信息进行公开，并为市场主体和社会公众提供形式丰富的信息服务。

# 单元练习

**一、判断题**

1. 公路建设市场主体是指公路建设的从业单位和从业人员。（ ）

2. 公路建设市场的客体是施工承包单位。（ ）

**二、填空题**

1. ______是由交易活动的发起方在一定范围内公布标的特征和部分交易条件，按照依法确定的规则和顺序，对多个响应方提交的报价及方案进行评审，择优选择交易主体，并确定全部交易条件的一种交易方式。

2. ______发出招标公告（投标邀请书）和招标文件。

3. 招标投标活动应遵循公开、______、公正、______的原则。

4. 招投标活动及当事人应当接受依法实施的______。

**三、单选题**

1. 我国自（ ）起实施《中华人民共和国招标投标法》后，我国招标投标活动走上了法制化的轨道，标志着我国招标投标制进入了全面实施的新阶段。

A. 1999年1月1日　　B. 2000年1月1日

C. 1999年12月1日　　D. 2000年12月1日

2. 根据国务院的规定，指导和协调全国招标投标工作的部门是（ ）。

A. 国家发展和改革委员会　　B. 国家经济贸易委员会

C. 住房和城乡建设部　　D. 国家招标投标办公室

3. 为规范公路工程建设项目招标投标活动，完善公路工程建设市场管理体系，于2016年2月1日开始施行（ ）。

A.《中华人民共和国公路法》　　B.《中华人民共和国招标投标法》

C.《中华人民共和国招标投标法实施条例》　　D.《公路工程建设项目招标投标管理办法》

4. 负责全国公路工程建设项目招标投标活动的监督管理工作的是（ ）。

A. 国家发展和改革委员会　　B. 交通运输部

C. 住房和城乡建设部　　D. 国家招标投标办公室

**四、多选题**

公路建设产品的特点包括（ ）。

A. 公路建设产品的固定性和生产过程的流动性

B. 公路建设产品的单件性

C. 公路建设产品的整体性和分部分项工程的相对独立性

D. 公路建设生产的不可逆转性

E. 公路建设产品的社会性

# 单元2　工程交易方式

工程项目交易是指建筑产品在建筑市场中的买卖活动。从业主的角度来说就是项目的发包或采购,是交易中的买方;从承包商的角度来说,就是对项目的承包或承接,是交易中的卖方。

项目的交易内容和范围非常大,涉及项目的整个生命周期或者全过程。因此,要了解工程项目的交易,必须先了解项目的基本建设程序。

## 1. 我国建设项目基本建设程序

建设程序是指建设项目从设想、选择、评估、决策、设计、施工到竣工验收、投入生产整个一般建设过程中,各项工作必须遵循的先后次序法则,也称为项目的生命周期。

(1)设计阶段

①初步设计(基础设计)。一般来说,初步设计是项目的宏观设计,其内容依项目的类别不同而有所变化,主要包括项目的总体设计、布局设计,主要的工艺流程、设备的选型和设计,土建工程量及费用的估算等。初步设计文件应满足编制施工招标文件、主要设备材料订货和编制施工图设计文件的需要,是下一阶段施工图设计的基础。

②施工图设计(详细设计)。其主要内容是根据批准的初步设计,绘制出正确、完整、详细的建筑安装图纸。施工图设计完成后、必须委托施工图设计审查单位审查并盖审查专用章后使用。

(2)项目实施阶段

①组织招标投标。包括监理、施工、设备采购、设备安装等方面的招标投标,并择优选择施工单位,签订施工合同。

②项目施工从现场开工直到工程建成交付使用为止。工作内容主要包括施工准备和施工两部分内容。

(3)竣工验收和试运行阶段

项目全部建设完成,通过各单项工程验收的,进入项目的试运行阶段。

(4)后评价阶段

建设项目后评价是工程项目竣工投产、生产运营一段时间后,再对项目的立项决策、设计施工、竣工投产、生产运营等全过程进行系统评价的一种技术经济活动。通过建设项目评价,可以达到肯定成绩、总结经验、研究问题、吸取教训、提出建议、改进工作、不断提高项目决策水平和投资效果的目的。

## 2. 工程交易方式的种类

### 1)按承包范围(内容)划分交易方式

按工程承包范围即承包内容划分的承包方式,有建设全过程承包、阶段承包、专项承包和"建造—经营—转让"承包4种。

(1)建设全过程承包

建设全过程承包也称为"统包"或"一揽子承包",即通常所说的"交钥匙"。采用这种承包方式,建设单位一般只要提出使用要求和竣工期限,承包单位即可对项目建议书、可行性研究、勘察设计、设备询价与选购、材料订货、工程施工、生产职工培训直至竣工投产，实行全过程、全面的总承包，并负责对各项分包任务进行综合管理、协调和监督工作。为了有利于设备和生产的衔接，必要时也可以吸收建设单位的部分力量，在承包单位的统一组织下，参加工程建设的有关工作。这种承包方式要求承发包双方密切配合，涉及重大决策仍应由建设单位或其上级主管部门作最后的决定。建设全过程承包方式主要适用于各种中型建设项目。其好处是可以积累建设经验和充分利用已有的经验，节约投资，缩短周期并保证建设的质量，提高经济效益。当然，要求承包单位必须具有雄厚的技术经济和丰富的组织管理经验。为适应这种要求，国外某些大承包商往往和勘察设计单位组成一体化的承包公司，或者更进一步扩大到若干专业承包商和器材生产供应厂商，形成横向经济联合体。这是近几十年来建筑业一种新的发展趋势。改革开放以来，我国各部门和建立的建设工程总承包公司即属于这种性质的承包单位。

(2)阶段承包

阶段承包是建设过程中某一阶段或某些阶段的工作，如可行性研究、勘察设计、建筑安装施工等。在施工阶段，还可根据承包内容的不同，细分为3种方式：

①包工包料。即承包工程施工所用的全部人工和材料。这是国际上较为普遍采用的施工承包方式。

②包工部分包料。即承包者只负责提供施工的全部人工和一部分材料，其余部分则由建设单位或总包单位负责供应。我国改革开放前曾实行多年的施工单位承包全部用工和地方材料，建设单位负责供应统一调配部分的材料以及某种特殊材料，这就属于包工部分包料的承包方式。改革开放后，已逐步过渡到以包工包料方式为主。

③包工不包料。即承包人仅提供劳务而不承担供应任何材料的义务。在国内外的建筑工程中都存在这种承包方式。

(3)专项承包

专项承包是某一建设阶段中的某一专门项目，由于专业性较强，多由有关的专业承包单位承包，故称专业承包，如可行性研究中的辅助研究项目，勘察设计阶段的工程地质勘察、供水水源勘察、基础或结构工程设计、工艺设计、供电系统、空调系统及防灾系统的设计，建设准备过程中的设备选购和生产技术人员培训，以及施工阶段的基础施工、金属结构制作和安装、通风设备和电梯安装等。

(4)“建造—经营—转让”承包

国际上通称BOT方式，即“建造—经营—转让”的英文(Build-Operate-Transfer)缩写，是20世纪80年代新兴的一种带资承包方式。其程序一般是由某一个大承包商或开发商牵头，联合金融界组成财团，就某一工程项目向政府提出建议和申请，取得建设和经营该项目的许可。这些项目一般是大型公共工程和基础设施，如隧道、港口、高速公路、电厂等。政府若同意建议和申请，则将建设和经营该项目的特许权授予财团。财团即负责资金筹集、工程设计和施工的全部工作；竣工后，在特许期内经营该项目，通过向用户收取费用，回收投资，偿还贷款并获取利润；特许期满即将该项目无偿地移交给政府经营管理。对于项目所在国来说，采取这种方式可解决政府建设资金短缺问题，且不形成债务，又可解决本地缺少建设、经营管理能力等困难，而且不用承担建设、经营中的风险。因此，在许多发展中国家得到欢迎和推广，并有向某些发达国家和地区扩展的趋势。对于承包商来说，则跳出设计、施工的小圈子，实现工程项目由前期至后期的全过程总承包，竣工后并参与经营管理，利润来源也就不限于施工阶段，而是向前后延伸到可行性研究、规划设计、器材供应及项目建成后的经营管理，且从坐等招标的经营方式转向主动为政府、业主和财团提供超前服务的方式，从而扩大经营范围。当然，这也不免会增加风险，所以要求承包商有较强的融资能力和技术经济管理水平，包括风险防范能力。

2）按承包者所处地位划分交易方式

在工程承包中，一个项目上往往不止一个承包单位。承包单位与建设单位之间，以及不同承包单位之间的关系不同、地位不同，也就形成了不同的承包方式。常见的承包方式有以下5种：

（1）总承包

一个建设项目建设全过程或其中某个阶段（如施工阶段）的全部工作，由一个承包单位负责组织实施。该承包单位可以将若干专业性工作交给不同的专业承包单位去完成，并统一协调和监督他们的工作。一般情况下，建设单位仅与这个承包单位发生直接关系，而不与各专业承包单位发生直接关系。这样的承包方式称为总承包。承担该任务的单位称为总承包单位，简称总包，通常有咨询设计机构、一般土建公司以及设计施工一体化的大建筑公司等。我国的工程总承包公司就是总包单位的一种组织形式。

（2）分承包

分承包简称分包，是相对于总承包而言的，即承包者不与建设单位发生直接关系，而是从总承包单位分包某一分项工程（如土方、模板、钢筋等）或某种专业工程（如钢结构制作和安装、卫生设备安装、电梯安装等），在现场上由总包统筹安排其活动，并对总包负责。分包单位通常为专业工程公司，如基础公司、路桥公司、装饰工程公司等。国际上通行的分包方式主要有两种：一种是由建设单位指定分包单位，与总包单位签订分包合同，称为指定分包商；另一种是由总包单位自行选择分包单位并签订分包合同，称为一般分包商。

（3）独立承包

独立承包是指承包单位依靠自身的力量完成承包任务，而不实行分包的承包方式。通常仅适用于规模较小、技术要求比较简单的工程以及修缮工程。

（4）联合承包

联合承包是相对于独立承包而言的承包方式，即由两个以上承包单位组成联合体承包一项工程任务，由参加联合的各单位推定代表统一与建设单位签订合同，共同对建设单位负责，并协调他们之间的关系。但参加联合的各单位仍是各自独立经营的企业，只是在共同承包的工程项目上，根据预先达成的协议，承担各自的义务和分享共同的收益，包括投入资金数额、工人和管理人员的派遣、机械设备和临时设施的费用分摊、利润的分享以及风险的分担等。

联合承包方式由于多家联合，资金雄厚，技术和管理上可以取长补短，发挥各自的优势，有能力承包大规模的工程任务。同时由于多家共同协作，在报价及投标策略上互相交流经验，也有助于提高竞争力，较易得标。在国际工程承包中，外国承包企业与工程所在国承包企业联合经营，也有利于了解和适应当地国情民俗、法规条例，便于开展工作。

（5）直接承包

直接承包就是在同一工程项目上，不同的承包单位分别与建设单位签订承包合同，各自直接对建设单位负责。各承包商之间不存在总分包关系，现场上的协调工作可由建设单位自己去做,或委托一个承包商牵头去做,也可聘请专门的项目经理来管理。

**知识链接**

PPP(Public-Private Partnership)又称为PPP模式,即政府和社会资本合作,是公共基础设施中的一种项目运作模式。在该模式下,鼓励私营企业、民营资本与政府进行合作,参与公共基础设施的建设。

《关于规范政府和社会资本合作(PPP)综合信息平台项目库管理的通知》

《基础设施和公用事业特许经营管理办法》

2015年4月21日,国家发展和改革委员会、财政部、住房和城乡建设部、交通运输部、水利部、中国人民银行联合发文《基础设施和公用事业特许经营管理办法》,鼓励和引导社会资本参与基础设施和公用事业建设运营,提高公共服务质量和效率,保护特许经营者的合法权益。

2017年财政部发布了《关于规范政府和社会资本合作(PPP)综合信息平台项目库管理的通知》(财办金〔2017〕92号)。

实践中,常见的项目运作方式包括委托运营、管理合同、建设—运营—移交、建设—拥有—运营、转让—运营—移交和改建—运营—移交等形式。PPP部分运作方式中央部门和私人部分关系图,如图1.2所示。

3)按获得承包任务的途径划分交易方式

根据承包单位获得任务的不同途径,交易方式可划分为以下4种。

(1)计划分配

在计划经济体制下,由中央和地方政府的计划部门分配建设工程任务,由设计、施工单位与建设单位签订承包合同。在我国,计划分配曾是多年来采用的主要方式,但随着改革的深化已很少采用。

(2)投标竞争

通过投标竞争,优胜者获得工程任务,与建设单位签订承包合同。这是国际上通行的获得承包任务的主要方式。我国实行社会主义市场经济体制后,建筑业和基本建设管理体制改革的主要内容之一,就是从以计划分配工程任务为主逐步过渡到以在政府宏观调控下实行投标竞争为主的承包方式。

(3)委托承包

委托承包也称协商承包,即不需经过投标竞争,而由建设单位与承包单位协商,签订委托其承包某项工程任务的合同。

(4)获得承包任务的其他途径

《中华人民共和国招标投标法》第六十六条规定:“涉及国家安全、国家机密、抢险救灾或者属于利用扶贫资金实行以工代赈、需要使用农民工等特殊情况,不适宜进行招标的项目,按照国家有关规定可以不进行招标。”此外,依国际条例,由于涉及专利权、专卖权等原因,只能从一家厂商获得供应的项目,也属于不适宜进行招标的项目。此类项目的实施,可以视为特殊情况,由政府主管部门以行政命令指派适当的单位执行承包任务;或由主管部门授权项目主办单位(业主)或听其自主,与适当的承包单位协商,将项目委托其承包。

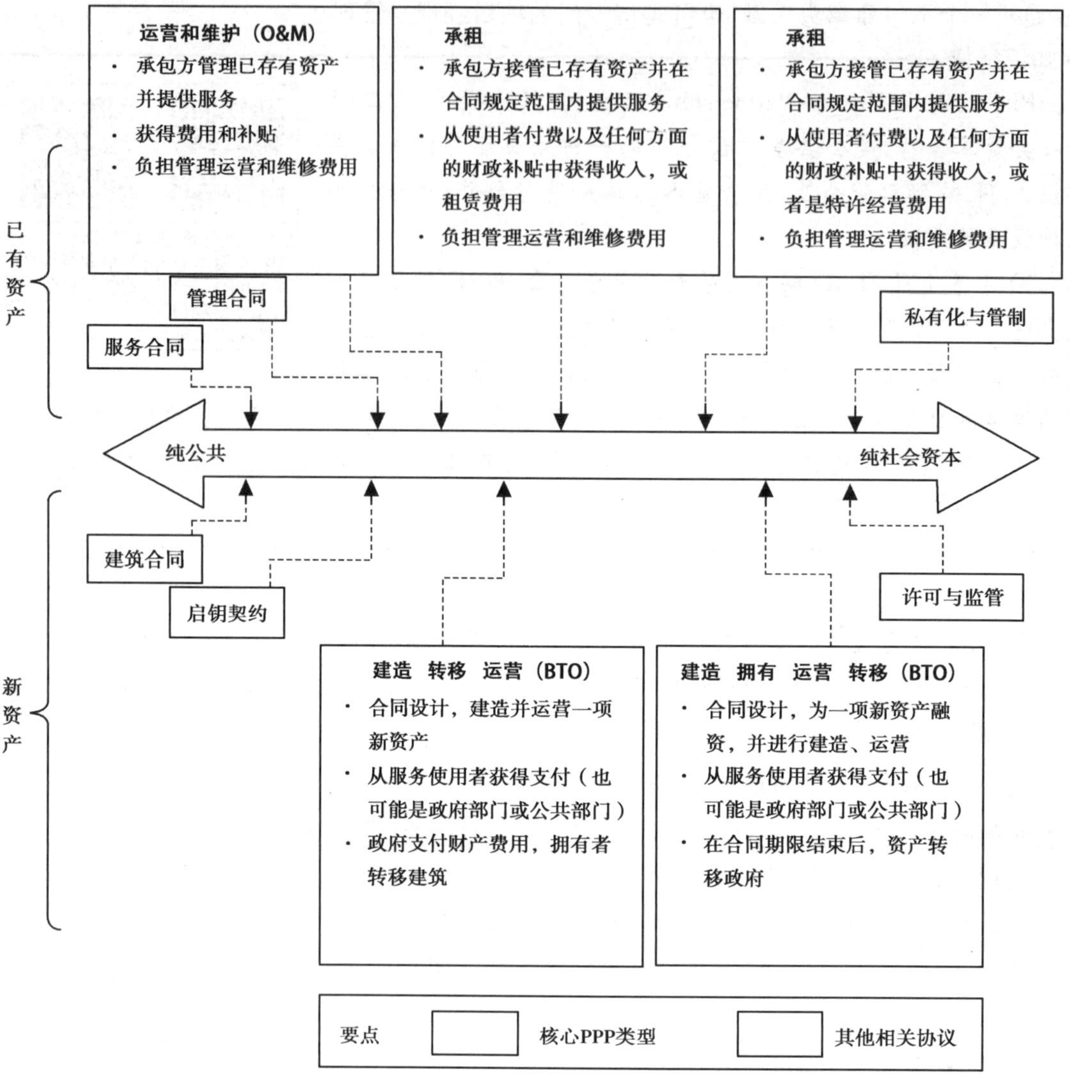


图 1.2 PPP 部分运作方式中央部门和私人部分关系图

4)按合同类型和计价方法划分交易方式

不同的工程项目条件和承包内容,往往要求不同类型的合同和报价计算方法。因此,在实践中,合同类型和计价方法就成了划分承包方式的重要依据。

(1)总价合同

总价合同就是按照商定的总价承包工程。它的特点是以设计图纸和工程说明书为依据,明确承包内容和计算包价,并一笔包干。在合同执行过程中,除非建设单位要求变更原定的承包内容,承包单位一般不得要求变更包价。这种方式对于建设单位来说比较简便,因此,受到一般建设单位的欢迎。对于承包商来说,如果设计图纸和工程说明书相当详细,能据以比较精确地估算造价,签订合同时考虑得也比较周全,不致有太大的风险,也是一种比较简便的承包方式。但如果设计图纸和工程说明书不够详细,未知数比较多,或者遇到材料突然涨价以及恶劣的气候等意外情况,承包单位需承担相应的风险。为此,往往加大不可预见费用,因而不利于降低造价,最终对承包单位不利。这种承包方式通常仅适用于规模较小、技术不太复杂的工程。一般可将总价合同分为以下4种：

①固定总价合同。其特点主要是，如果设计图纸及工程要求不变，则总价不变；反之，则总价变化。其风险全部由承包商承担。

②调值总价合同。其特点主要是，如果没有发生通货膨胀，则总价不变；如果由通货膨胀引起工料成本增加达到一定限度，则总价作相应调整。发包人（业主）承担通货膨胀风险，承包商承担其他风险。

③固定工程量总价合同。其主要特点是，如未改变设计或未增加新项目，则总价变化；如改变设计或增加新项目，则总价变化，具体做法是通过合同中已确定的单价来计算新增的工程量和调整总价。

④管理费总价合同。其主要特点是，由业主聘请管理专家并支付一笔总的管理费。

（2）单价合同

在没有施工详图就需要开工，或虽有施工图但对工程的某些条件尚不完全清楚的情况下，既不能比较精确地计算工程量，又要避免凭运气而使建设单位和承包单位任何一方承担过大的风险，采用单价合同是比较适宜的。在实践中，这种承包方式可细分为以下3种：

①按分部分项工程单价承包，即由建设单位开列分部分项工程名称和计量单位。例如，挖土方（每立方米）、混凝土（每立方米）、钢结构（每吨）等，多由承包单位逐项填报单价，也可以由建设单位先提出单价，再由承包单位认可或提出修订的意见后作为正式报价，经双方磋商确定承包单价，然后签订合同，并根据实际完成的工程数量，按此单价结算工程价款。这种承包方式主要适用于没有施工图、工程量不明即需开工的紧急工程。

②按最终产品单价承包，即按每平方米住宅、每平方米道路等最终产品的单价承包。其报价方式与按分部分项工程单价承包相同。这种承包方式通常适用于采用标准设计的住宅，中、小学校舍和通用厂房等工程。但考虑基础工程因条件不同而造价变化较大，我国按每平方米单价承包某些房屋建筑工程时，一般仅指“±0”标高以上部分，基础工程则以按量计价承包或分部分项工程单价承包。单价可按预算定额或加调价系数一次包干，也可商定允许随工资和材料价格指数的变化而调整。具体的调整办法在合同中应明确规定。

③按总价投标和决标，按单价结算工程价款。这种承包方式适用于设计已达到一定的深度，能据以估算出分部分项工程数量的近似值，但由于某些情况不完全清楚，在实际工作中可能出现较大变化的工程。例如，在铁路或水电建设中的隧洞开挖，就可能因反常的地质条件而使土石方数量产生较大的变化。为使承发包双方都能避免由此而来的风险，承包单位可以按估算的工程量和一定的单价提出总报价，建设单位也以总价和单价为评标、决标的主要依据，并签订单价承包合同。随后，双方则按实际完成的工程数量与合同单价结算工程价款。

（3）按量计价合同

按量计价合同以工程量清单和单价表为计算包价的依据。通常，由建设单位委托设计单位或专业估算师（造价工程师或测量师）提出工程量清单，列出分部分项工程量，如挖土若干立方米、填土夯实若干立方米、混凝土若干立方米、墙面抹灰若干平方米等，由承包商填报单价，再算出总造价。因为工程量是统一计算出来的，承包商只要经过复核并填上适当的单价就能得出总造价，其承担风险较小；发包单位也只要审核单价是否合理即可，对双方都方便。目前，国际上采用这种承包方式的较多。在我国，作为工程造价计算方法的改革方向，已开始推行。

(4)成本加酬金合同

成本加酬金合同的基本特点是按工程实际发生的成本(包括人工费、材料费、施工机械使用费、其他直接费和施工管理费以及各项独立费,但不包括承包企业的总管理费和应缴税金),加上商定的总管理费和利润来确定工程总造价。这种承包方式主要适用于开工前对工程内容尚不十分清楚的情况,如边设计边施工的紧急工程,或遭受地震、战火等灾害破坏后需修复的工程。在实践中,主要有 4 种不同的具体做法:

①成本加固定百分数酬金。

$$C=C_a(1+P)$$

式中 $C$——总造价;

$C_a$——实际发生的工程成本;

$P$——固定的百分数。

从上式中可以看出,总造价 $C$ 将随工程成本 $C_a$ 的增加而增加,显然不能鼓励承包商关心缩短工期和降低成本,因而对建设单位是不利的,现在这种承包方式已很少采用。

②成本加固定酬金。工程成本实报实销,但酬金是事先商定的一个固定数目。其计算式为:

$$C=C_a+F$$

式中 $F$——酬金,通常按估算的工程成本的一定百分比确定,数额是固定不变的。

成本加固定酬金的承包方式虽然不能鼓励承包商关心降低成本,但从尽快取得酬金的角度出发,承包商将会关心缩短工期,这是其可取之处。为鼓励承包单位更好地工作,也有在固定酬金之外,再根据工程质量、工期和降低成本情况另加奖金的。在这种情况下,奖金所占比例的上限可大于固定酬金,以充分发挥奖励的积极作用。

③成本加浮动酬金。成本加浮动酬金的承包方式要事先商定工程成本和酬金的预期水平。如果实际成本恰好等于预期水平,工程造价就是成本加固定酬金;如果实际成本低于预期水平,则增加酬金;如果实际成本高于预期水平,则减少酬金。这 3 种情况可用如下算式表示:

$$C_a=C_0,C=C_a+F$$

$$C_a<C_0,C=C_a+F+\Delta F$$

$$C_a>C_0,C=C_a+F-\Delta F$$

式中 $C_0$——目标成本;

$\Delta F$——酬金增减部分,可以是一个百分数,也可以是一个固定的绝对数。

通常规定,采用这种承包方式,当实际成本超支而减少酬金时,以原定的固定酬金数额为减少的最高限度。即在最坏的情况下,承包人将得不到任何酬金,但不必承担赔偿超支责任。

从理论上讲,这种承包方式既对承发包双方都没有太多风险,又能促使承包商关心降成本和缩短工期,但在实践中准确地估算预期成本比较困难,所以要求当事双方具有丰富的经验并掌握充分的信息。

④目标成本加奖罚。在仅有初步设计和工程说明书,但迫切要求开工的情况下,可根据粗略估算的工程量和适当的单价表编制概算,作为目标成本。随着详细设计逐步具体化,工程量和目标成本可以调整,另外,规定一个百分数作为酬金。最后结算时,如果实际成本高于目标成本并超过先商定的界限(如5%),则减少酬金;如果实际成本低于目标成本,也有一个幅度界限则增加酬金。其计算式为:

$$C=C_a+P_1C_0+P_2(C_0-C_a)$$

式中 $C_0$——目标成本；

$P_1$——基本酬金百分数；

$P_2$——奖罚百分数。

此外，还可另加工期奖罚。

这种承包方式可以促使承包商关心降低成本和缩短工期，而且目标成本是随设计的进展而加以调整才确定下来的，故建设单位和承包商双方都不会承担多大风险，这是其可取之处。当然，也要求承包商和建设单位的代表都需具有比较丰富的经验和掌握充分的信息。

(5)按投资总额或承包工作量计取酬金的合同

按投资总额或承包工作量计取酬金的合同主要适用于可行性研究、勘察设计和材料设备供应等分项承包业务，即按概算投资额的一定百分比计算设计费，按完成勘察量的一定百分比计算勘察费，按材料设备价款的一定百分比计算采购承包业务费等，这些都要在合同中作出明确规定。

(6)统包合同

统包合同即“交钥匙”合同，其内容见前文“(1)建设全过程承包”。达成统包合同与确定包价的一般步骤如下：

①建设单位委托承包商作拟建项目的可行性研究，承包商在提交可行性研究报告的同时，提出初步设计和工程概算所需的时间和费用。

②建设单位委托承包商作初步设计，并着手施工现场的准备工作。

③建设单位委托承包商作施工图设计，并着手组织施工。

每一步都要签订合同，规定支付给承包商的报酬数额。由于设计是逐步深入的，概预算是逐步完善的，而且建设单位要根据前一步工作的结果决定是否进行下一步工作，所以不大可能采用固定总价合同、按量计价合同或单价合同等承包方式，在实践中以采用成本加酬金合同的居多，至于具体采用哪一种成本加酬金合同，则根据实际情况由建设单位和承包商双方协商确定。

**知识拓展**

高速公路项目的建设需要大量的建设资源。近年来，建设总承包企业为合理调配自身资源。通过采用项目分包管理模式，企业自身建设资源间歇性不足的问题得以解决，而且公路工程合同得到更好的履行。

随着我国“一带一路”的发展，越来越多的中国企业走出国门，在国际公路建设舞台上大展身手。但跨国资源调配无论是工期成本还是资金成本，对于需要大量建设资源的高速公路项目而言，无疑是十分高昂的。如何充分利用项目所在国的建设资源，合理调配自身资源，进行合理的工程分包成为控制项目成本的关键之一。而引进的分包商通常可分为所在地分包商、国内分包商、第三国分包商。承包商要根据各类分包商的特点合理分配工程分包内容，加强分包管理，提高企业效益。

## 单元练习

### 一、判断题

1. 工程项目的交易是指建筑产品在建筑市场中的买卖活动。从业主的角度来看，就是项目的发包或采购，是交易中的卖方。 (　　)

2. PPP 项目承包模式是指政府和社会资本合作，是公共基础设施的一种项目运作模式。
（　　）

**二、填空题**

1. 按照发包承包的范围，可将建设工程招标发包承包方式分为________、________、________和________。

2. 按照承包者在承包体系中所处的关系地位，划分为 5 种不同的承包方式，分别为________、________、________、________和________。

3. 按照合同形式及计价方式不同，交易形式划分为________、________、________、________、________、________。

## 单元 3　建设工程招标与投标概述

**1. 建设工程招标投标的含义**

招标投标是由交易活动的发起方在一定范围内公布标的特征和部分交易条件，按照依法确定的规则和顺序，对多个响应方提交的报价及方案进行评审，择优选择交易主体，并确定全部交易条件的一种交易方式。招标人发出招标公告（投标邀请书）和招标文件，公布招标采购或出售标的的内容范围、技术标准、投标资格、合同条件；满足条件的潜在投标人按招标文件的要求进行公平竞争，编制投标文件，密封投标；招标人依法组建的评标委员会，按照招标文件规定的评标标准和方法，公正评价，推荐中标候选人；招标人依法确定中标人，公布中标结果，并与中标人签订合同。

从法律意义上讲，建设工程招标一般是建设单位（或业主）就拟建的工程发布通告，用确定方式吸引建设项目的承包单位参加竞争，进而通过法定程序从中选择条件优越者来完成工程建设任务的法律行为。建设工程投标一般是经过核定审查而获得投标资格的建设项目承包单位，按照招标文件的要求，在规定的时间内向招标单位填报投标书，并争取中标的法律行为。

**2. 建设工程招标投标的基本原则**

建设工程招标投标的基本原则是指在建筑工程招标投标过程中自始至终应该遵循的基本原则。《中华人民共和国招标投标法》规定，招标投标活动应当遵循公开、公平、公正和诚实信用的原则。《中华人民共和国建筑法》规定，建筑工程发包与承包的招标投标活动，应当遵循公开、公正、平等竞争的原则，择优选择承包单位。

（1）公开原则

招标投标活动的公开原则，首先要求进行招标活动的信息要公开。采用公开招标方式，应当发布招标公告，依法必须进行招标的项目的招标公告，必须通过国家指定的报刊、信息网络或者其他公共媒介发布。无论是招标公告、资格预审公告，还是投标邀请书，都应当载明能大体满足潜在投标人决定是否参加投标竞争所需要的信息。另外，开标的程序、评标的标准和程序、中标的结果等都应当公开。

（2）公平原则

招标投标活动的公平原则，要求招标人严格按照规定的条件和程序办事，同等地对待每一个投标竞争者，不得对不同的投标竞争者采用不同的标准。招标人不得以任何方式限制或排斥本地区本系统以外的法人或其他组织参加投标。

(3)公正原则

在招标投标活动中，招标人行为应当公正，对所有的投标竞争者都应平等对待，不能有特殊。特别是在评标时，评标标准应当明确、严格，对所有在投标截止日期以后送到的投标书都应拒收，与投标人有利害关系的人员都不得作为评标委员会的成员。招标人和投标人双方在招标投标活动中的地位平等，任何一方不得向另一方提出不合理的要求，不得将自己的意志强加给对方。

(4)诚实信用原则

诚实信用是民事活动的一项基本原则，招标投标活动是以订立采购合同为目的的民事活动，当然也适用这一原则。诚实信用原则要求招标投标各方都要诚实守信，不得有欺骗、失信的行为。

公路建设市场信用信息管理办法（试行）

**典型案例**

在一次招标活动中，招标文件中写明投标不能口头附加材料，也不能附加条件投标，但业主将合同授予这样一个投标人甲。业主解释说，如果考虑该投标人的口头附加材料，则该投标人的报价最低。另一个报价低的投标人乙起诉业主，请求法院判定业主将该合同授予自己。法院经过调查发现，该投标人是业主早已内定的承包商。

法院最后判决将合同授予合格的最低价的投标人乙。

【焦点分析】

招标投标是国际和国内建筑行业广泛采用的一种方式。其目的旨在保护公共利益和实现自由竞争。招投标法律法规有助于在公共事业上防止欺诈、串通、倾向性和资金浪费，确保政府部门和其他业主以合理的价格获得高质量的服务。从本质上讲，招标法规是保护公共利益的，保护投标人并不是它的出发点。为了更好地保护公共利益，确保自由、公正的竞争是招标法规的核心内容。对招标法规的实质性违反是不允许的，即使这种违反是出于善意。

保证招标活动的竞争性是有关招标法规最重要的原则。《中华人民共和国建筑法》规定，建筑工程发包与承包的招标投标活动，应当遵循公开、公正、平等竞争的原则，择优选择承包单位。这就从法律上确立了保障招标投标活动竞争性这一最高原则。

在本案中，业主私下内定承包商，这就违反招标法规的有关竞争性原则。况且，本案中的招标文件明确规定，投标不能口头附加条件，也不能附条件投标。法院判决将合同授予合格的最低价的投标人乙是正确的。对于投标人甲，由于其违反招标法规的竞争原则，当然不能取得合同，也不能要求返还他的合理费用。

**3. 各类建设工程招标投标的特点**

建设工程招标投标的目的就是通过在工程建设中引进竞争机制，为招标人择优选定中标人（勘察、设计、设备安装、施工、装饰装修、材料设备供应、监理或工程总承包等单位），按照合同约定完成规定的建设任务，保证施工工期、工程质量和节约建设投资等建设目标得以顺利实现。

作为一种交易方式，建设工程招标投标具有以下特点：

①通过竞争机制，实行交易公开；

②鼓励竞争，防止垄断，优胜劣汰，实现投资效益；

③通过科学合理和规范化的监管机制与运作程序，可以有效杜绝不正之风，保证交易的公

正性和公平性。

因为各类建设工程招投标的内容不尽相同,所以它们又有不同的招投标意图或侧重点,在具体操作上也有一定差别。工程勘察招标投标、工程设计招标投标、施工招标投标、工程建设监理招标投标、材料设备采购招标投标以及工程总承包招标投标都呈现出不同的特点。

**4. 建设工程招标投标的分类**

建设工程招标投标的分类如图 1.3 所示。

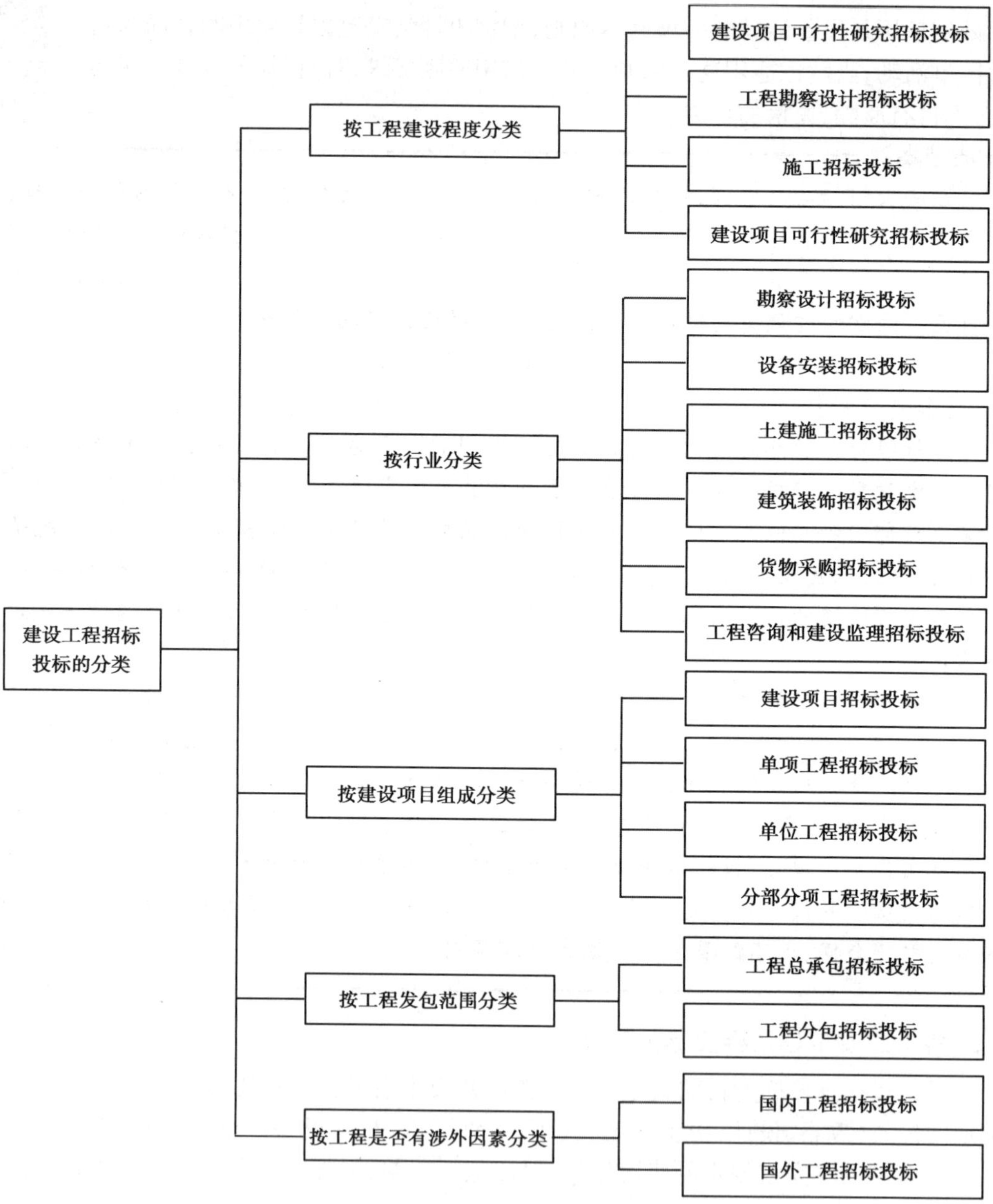


图 1.3　建设工程招投标的分类

# 单元练习

**一、判断题**

1. 招标投标是由交易活动的发起方在一定范围内公布标的特征和部分交易条件,按照依法确定的规则和顺序,对多个响应方提交的报价及方案进行评审,择优选择交易主体,并确定全部交易条件的一种交易方式。 ( )

2. 建筑工程依法实行招标发包,对不适于招标发包的可以直接发包。 ( )

**二、填空题**

1. 招标投标活动应遵循公开、__________、公正、__________的原则。

2. __________或招标人委托的招标代理机构发出招标公告(投标邀请书)和招标文件。

3. 采用公开招标方式,应当发布__________。

4. 招标人不得以任何方式__________或__________本地区本系统以外的法人或其他组织参加投标。

5. 按建设程序分类,工程招投标分为__________、__________、__________、__________。

6. 按工程发包范围分类,工程招投标分为__________、__________。

# 模块2　公路工程施工招标

【知识框架】

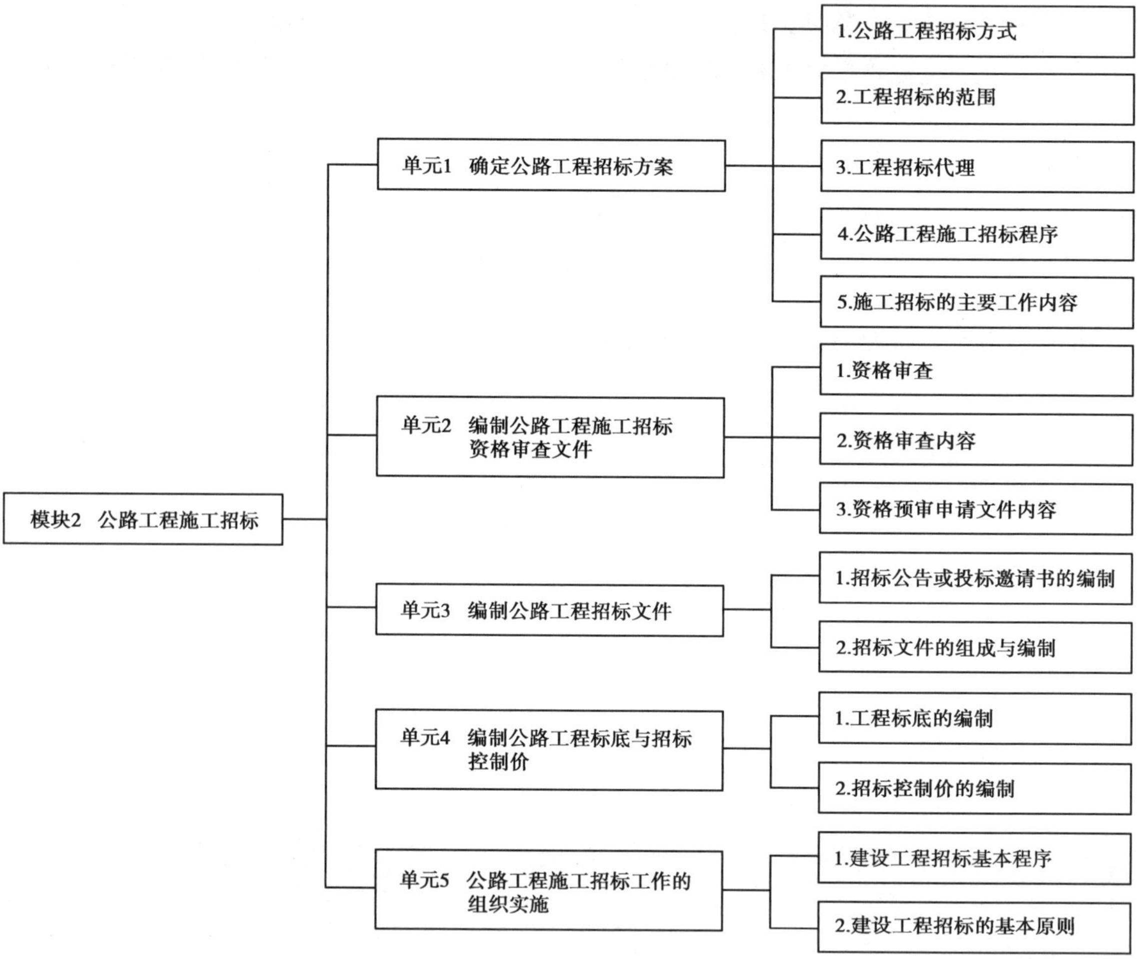


【知识目标】

1. 掌握公路工程招标方式、范围、程序和工作内容。

2. 熟悉公路工程施工招标资格审查的内容。

3. 了解建设工程招标的基本程序和原则。

【能力目标】

1. 能编制公路工程招标文件。

2. 能编制公路工程招标标底及招标控制价。

3. 能根据建设工程招标程序完成招标和投标工作。

**课程导入**

按照国家关于改革完善招投标制度的部署要求，为深化招投标领域“放管服”改革、优化营商环境、解决招投标市场存在的突出问题、促进经济高质量发展，国家发展和改革委员会牵头会同有关部门起草《中华人民共和国招标投标法(修订草案公开征求意见稿)》，于2019年12月3日至2020年1月1日向社会公开征求意见。社会公众积极建言献策，截至2020年1月2日，通过网上留言方式提出574条意见和建议，还有部分行业协会、商会、外国使馆、企业和个人通过其他方式提出多条意见和建议。《中华人民共和国招标投标法(修订草案)》也将以更完善具体的条款，成为解决市场问题，促进招投标法律健全，促进经济社会发展的有效法律保障。作为学生，我们要努力学习更新招投标的知识体系，为更好地服务岗位、做好本职工作打下坚实的基础。

# 单元1　确定公路工程招标方案

## 1. 公路工程招标方式

《中华人民共和国招标投标法》规定，招标分为公开招标和邀请招标两大类。

### 1)公开招标

公开招标是指招标人以招标公告的方式邀请不特定的法人或者其他组织投标。公开招标又称为无限竞争招标，是一种由招标人按照法定程序，通过国家指定的报刊、广播电视及信息网络等媒介发布招标公告，有意向投标人均可参加资格审查，合格的投标人可购买招标文件，参加投标的招标方式。

### 2)邀请招标

邀请招标是指招标人以投标邀请书的方式邀请特定的法人或者其他组织投标。邀请招标又称为有限竞争招标，这种方式不发布公告，招标人根据自己的经验和所掌握的各种信息资料，应当向3个以上具备承担招标项目的能力、资信良好的特定的法人或者其他组织发出投标邀请书，收到投标邀请书的单位有资格参加投标。公开招标与邀请招标的对比见表2.1。

**表2.1　公开招标与邀请招标的对比**

| 比较因素 | 招标方式 | |
| --- | --- | --- |
| | 公开招标 | 邀请招标 |
| 适用条件 | 适用范围广，大多数招标项目可以采用，项目规模较大、计算复杂且潜在投标人不清楚的项目尤为适用 | 适用于受项目需求、条件和市场供应限制，只有少量潜在投标人可供选择的招标项目，或者拟采用公开招标的费用占合同金额比例过大的项目 |
| 竞争程度 | 属无限竞争性招标方式，投标人之间相互竞争比较充分 | 属有限竞争性招标方式，投标人之间的竞争受到一定限制 |

续表

| 比较因素 | 招标方式 | |
| --- | --- | --- |
| | 公开招标 | 邀请招标 |
| 招标成本 | 招标时间、成本费用和社会资源消耗相对较大 | 招标时间、成本费用和社会资源消耗相对较少 |
| 信息发布 | 招标人在指定媒体发布招标公告,向不特定的对象发出投标邀请 | 招标人以投标邀请书的方式向特定的对象发出投标邀请 |
| 优点 | 信息公开、投标人较多、竞争开放充分,有利于招标人从广泛的竞争者中确定合适的中标人 | 投标人资格能力和价值目标相近且相对比较重视,竞争力量均衡,可通过科学的评标标准和方法实现需求目标,招标工作量和招标费用相对较小 |
| 缺点 | 投标人数量相对较多,但投标人可能资格、能力和价值目标参差不齐,影响评标的客观合理性,招标工作量和成本费用相对较大、时间较长 | 投标人数量相对较少,竞争开放度相对较弱;受招标人在选择邀请对象前所掌握信息的局限性,有可能中标的并不是最合适的投标人,投标竞争不足 |

**典型案例**

某市有一隧道工程将要施工,因该工程技术复杂,建设单位决定采用邀请招标,共邀请甲、乙、丙3家国有特级施工企业参加投标。为节约招标费用,决定自行组织招标事宜。

问题:该项目是否必须招标?是否可以采用邀请招标?

【焦点分析】

该项目属于基础设施建设项目,属于必须招标的项目,但根据《工程建设项目施工招标投标办法》对于必须招标的项目,有下列情形之一的,受邀方为3家以上,经批准可以进行邀请招标:

①项目技术复杂或有特殊要求,只有少数几家潜在投标人可供选择的;

②受自然地域环境限制的;

③涉及国家安全、国家秘密或抢险救灾等适宜招标但不宜公开招标的;

④拟公开招标的费用与项目的价值相比不值得的;

⑤法律法规规定不宜公开招标的。

综上所述,该项目可以进行邀请招标。

### 2. 工程招标的范围

1)强制招标的工程范围

《中华人民共和国招标投标法》第三条规定,在中华人民共和国境内进行下列工程建设项目包括项目的勘察、设计、施工、监理以及与工程建设有关的重要设备、材料等的采购,必须进行招标:

①大型基础设施、公用事业等关系社会公共利益、公众安全的项目;

②全部或者部分使用国有资金投资或者国家融资的项目;

③使用国际组织或者外国政府贷款、援助资金的项目。

前款所列项目的具体范围和规模标准,由国务院发展计划部门会同国务院有关部门制定,报国务院批准。

2018 年 3 月 27 日,国家发展和改革委员会同国务院有关部门制定《必须招标的工程项目规定》,报国务院批准后印发,2018 年 6 月 1 日起正式实施。具体内容见表 2.2。

**表 2.2 必须招标的工程项目规定**

| 序号 | 范 围 | 具体内容 |
|---|---|---|
| 1 | 全部或者部分使用国有资金投资或者国家融资的项目 | 1. 使用预算资金 200 万元人民币以上,并且该资金占投资额 10% 以上的项目<br>2. 使用国有企业事业单位资金,并且该资金占控股或者主导地位的项目 |
| 2 | 使用国际组织或者外国政府贷款、援助资金的项目 | 1. 使用世界银行、亚洲开发银行等国际组织贷款、援助资金的项目<br>2. 使用外国政府及其机构贷款、援助资金的项目 |
| 3 | 不属于序号 1、2 两种规定情形的大型基础设施、公用事业等关系社会公共利益、公众安全的项目 | 1. 煤炭、石油、天然气、电力、新能源等能源基础设施项目<br>2. 铁路、公路、管道、水运,以及公共航空和 A1 级通用机场等交通运输基础设施项目<br>3. 电信枢纽、通信信息网络等通信基础设施项目<br>4. 防洪、灌溉、排涝、引(供)水等水利基础设施项目<br>5. 城市轨道交通等城建项目 |

**知识链接**

2020 年 10 月 19 日,国家发展和改革委员会办公厅发布关于进一步做好《必须招标的工程项目规定》和《必须招标的基础设施和公用事业项目范围规定》实施工作的通知,第一项第三条进一步说明关于招标范围列举事项。具体内容如下:

依法必须招标的工程建设项目范围和规模标准,应当严格执行《中华人民共和国招标投标法》第三条和《必须招标的工程项目规定》(2018 年第 16 号令,以下简称“16 号令”)、《必须招标的基础设施和公用事业项目范围规定》(发改法规〔2018〕843 号,以下简称“843 号文”)规定;法律、行政法规或者国务院对必须进行招标的其他项目范围有规定的,依照其规定。没有法律、行政法规或者国务院规定依据的,对 16 号令第五条第一款第(三)项中没有明确列举规定的服务事项、843 号文第二条中没有明确列举规定的项目,不得强制要求招标。

2)强制招标工程的规模

按照《必须招标的工程项目规定》,表 2.2 中规定范围内项目的其勘察、设计、施工、监理以及与工程建设有关的重要设备、材料等的采购达到下列标准之一的,必须招标:

①施工单项合同估算价在 400 万元人民币以上;

②重要设备、材料等货物的采购,单项合同估算价在200万元人民币以上;

③勘察、设计、监理等服务的采购,单项合同估算价在100万元人民币以上。

同一项目中可以合并进行的勘察、设计、施工、监理以及与工程建设有关的重要设备、材料等的采购,合同估算价合计达到前款规定标准的,必须招标。

3)可以不进行招标的项目范围

《中华人民共和国招标投标法》第六十六条规定,涉及国家安全、国家秘密、抢险救灾或者属于利用扶贫资金实行以工代赈、需要使用农民工等特殊情况,不适宜进行招标的项目,按照国家有关规定可以不进行招标。

《中华人民共和国招标投标法实施条例》第九条规定,有下列情形之一的,可以不进行招标:

①需要采用不可替代的专利或者专有技术;

②采购人依法能够自行建设、生产或者提供;

③已通过招标方式选定的特许经营项目投资人依法能够自行建设、生产或者提供;

④需要向原中标人采购工程、货物或者服务,否则将影响施工或者功能配套要求;

⑤国家规定的其他特殊情形。

《工程建设项目施工招标投标办法》第十二条规定,依法必须进行施工招标的工程建设项目有下列情形之一的,可以不进行施工招标:

①涉及国家安全、国家秘密、抢险救灾或者属于利用扶贫资金实行以工代赈需要使用农民工等特殊情况,不适宜进行招标;

②施工主要技术采用不可替代的专利或者专有技术;

③已通过招标方式选定的特许经营项目投资人依法能够自行建设;

④采购人依法能够自行建设;

⑤在建工程追加的附属小型工程或者主体加层工程,原中标人仍具备承包能力,并且其他人承担将影响施工或者功能配套要求;

⑥国家规定的其他情形。

《公路工程建设项目招标投标管理办法》第九条规定,有下列情形之一的公路工程建设项目,可以不进行招标:

①涉及国家安全、国家秘密、抢险救灾或者属于利用扶贫资金实行以工代赈、需要使用农民工等特殊情况;

②需要采用不可替代的专利或者专有技术;

③采购人自身具有工程施工或者提供服务的资格和能力,且符合法定要求;

④已通过招标方式选定的特许经营项目投资人依法能够自行施工或者提供服务;

⑤需要向原中标人采购工程或者服务,否则将影响施工或者功能配套要求;

⑥国家规定的其他特殊情形。

招标人不得为适用前款规定弄虚作假,规避招标。

**知识链接**

依法必须招标的工程建设项目,应当具备下列条件才能进行施工招标:

①招标人已经依法成立;

②初步设计及概算应当履行审批手续的,已经批准;

③招标范围、招标方式和招标组织形式等应当履行核准手续的,已经核准;

④有相应资金或资金来源已经落实;

⑤有招标所需的设计图纸及技术资料。

### 3. 工程招标代理

公路工程招标的组织形式,包括招标人自行招标和招标人委托招标机构代理招标两种。

当招标人具备自行招标能力,即具备与招标项目相适应的工程管理、造价管理、财务管理能力,具备组织编制招标文件的能力,具有对投标单位进行资格审查和组织评标的能力,可以自行办理招标事宜。

当招标人不具备上述条件时,应当委托具有相应资格的招标代理机构办理招标事宜。任何组织和个人不得强制其委托招标代理机构办理招标事宜,也不得为招标人指定招标代理机构。

招标代理机构是依法设立、从事招标代理业务并提供相关服务的社会中介组织。法律法规并未规定必须是法人组织。

《中华人民共和国招标投标法》要求招标代理机构应当具备以下条件:

①有从事招标代理业务的营业场所和相应资金;

②有能够编制招标文件和组织评标的相应专业力量;

③有符合法定条件的可以作为评标委员会成员人选的技术、经济等方面的专家库。

招标代理机构代理事宜范围包括以下内容:

①拟订招标方案,编制和出售招标文件、资格预审文件;

②审查投标人资格;

③编制标底;

④组织投标人踏勘现场;

⑤组织开标、评标,协助招标人定标;

⑥草拟合同;

⑦招标人委托的其他事宜。

招标的相关法律规定

必须注意的是,招标代理机构不得接受同一招标项目的投标代理和投标咨询业务。未经招标人同意,不得转让招标代理业务。

### 4. 公路工程施工招标程序

《公路工程建设项目招标投标管理办法》第十一条规定,公路工程建设项目采用资格预审方式公开招标的,应当按照下列程序进行:

①编制资格预审文件;

②发布资格预审公告,发售资格预审文件,公开资格预审文件关键内容;

③接收资格预审申请文件;

④组建资格审查委员会对资格预审申请人进行资格审查，资格审查委员会编写资格审查报告；

⑤根据资格审查结果，向通过资格预审的申请人发出投标邀请书，向未通过资格预审的申请人发出资格预审结果通知书，告知未通过的依据和原因；

⑥编制招标文件；

⑦发售招标文件，公开招标文件的关键内容；

⑧需要时，组织潜在投标人踏勘项目现场，召开投标预备会；

⑨接收投标文件，公开开标；

⑩组建评标委员会评标，评标委员会编写评标报告、推荐中标候选人；

⑪公示中标候选人相关信息；

⑫确定中标人；

⑬编制招标投标情况的书面报告；

⑭向中标人发出中标通知书，同时将中标结果通知所有未中标的投标人；

⑮与中标人订立合同。

采用资格后审方式公开招标的，在完成招标文件编制并发布招标公告后，按照前款程序第⑦项至第⑮项进行。

采用邀请招标的，在完成招标文件编制并发出投标邀请书后，按照前款程序第⑦项至第⑮项进行。

### 5. 施工招标的主要工作内容

公开招标与邀请招标在程序上的主要差异有两个方面：一是施工承包商获得招标信息的方式不同；二是对投标人资格审查的方式不同。但是，公开招标与邀请招标均要经过招标准备、资格审查与投标、开标评标与授标 3 个阶段。

施工招标主要工作内容见表 2.3。

**表 2.3　施工招标主要工作内容**

<table>
<tr><th rowspan="2">阶　段</th><th rowspan="2">主要工作步骤</th><th colspan="2">主要工作内容</th></tr>
<tr><th>招标人</th><th>投标人</th></tr>
<tr><td rowspan="6">招标准备</td><td>申请审批、核准招标组</td><td>将施工范围、招标方式、招标形式报项目审批、核准部门审批、核准</td><td rowspan="6">1. 组成投标小组，进行市场调查<br>2. 准备投标资料<br>3. 研究投标策略</td></tr>
<tr><td>建招标组织</td><td>自行建立招标组织或招标代理机构</td></tr>
<tr><td>策划招标方案</td><td>划分施工标段、确定合同类型</td></tr>
<tr><td>招标公告或投标邀请</td><td>发布招标公告(及资格预审公告)或发出投标邀请函</td></tr>
<tr><td>编制标底或确定招标招标控制价</td><td>编制标底或确定招标控制价</td></tr>
<tr><td>准备招标文件</td><td>编制资格预审文件和招标文件</td></tr>
</table>

续表

| 阶 段 | 主要工作步骤 | 主要工作内容 | |
|---|---|---|---|
| | | 招标人 | 投标人 |
| 资格审查与投标 | 发售资格预审文件 | 发售资格预审文件 | 1. 购买资格预审文件<br>2. 填报资格预审材料 |
| | 进行资格预审 | 1. 分析评价资格预审材料<br>2. 确定资格预审合格者<br>3. 通知资格预审结果 | 回函收到资格预审结果 |
| | 发售招标文件 | 发售招标文件 | 购买招标文件 |
| | 现场踏勘、标前会议 | 1. 组织现场踏勘和标前会议<br>2. 进行招标文件的澄清和补遗 | 1. 参加现场踏勘和标前会议<br>2. 对招标文件提出质疑 |
| | 投标文件的编制、递交和接收 | 接收投标文件(包括投标保函) | 1. 编制投标文件<br>2. 递交投标文件(包括投标保函) |
| 开标、评标与授标 | 开标 | 组织开标会议 | 参加开标会议 |
| | 评标 | 1. 投标文件初评<br>2. 要求投标人提交澄清资料(必要时)<br>3. 编写评标报告 | 提交澄清资料(必要时) |
| | 授标 | 1. 确定中标人<br>2. 发出中标通知书(退回未中标者的投标保函)<br>3. 进行合同谈判<br>4. 签订施工合同 | 1. 进行合同谈判<br>2. 提交履约保函<br>3. 签订施工合同 |

**典型案例**

某市拟修建一条二级公路,项目法人为某市公路管理机构。该项目资金已经落实。项目法人单位已具备此项目相关招标条件,项目法人单位委托本市一家具备相应资质能力的招标代理咨询公司进行招标工作并拟定招标公告、招标文件。此招标代理咨询公司于2021年5月20日向本市发展与改革部门递交立项申请并批复同意。2021年5月30日,此招标代理咨询公司于当地公共资源交易中心发布了网上招标公告,并定于2021年6月10日在此招标代理咨询公司本部购买招标文件,定于2021年7月10日上午9:00在本市公共资源交易中心递交投标文件并开标。随后,此招标代理咨询公司拟定的招标文件经项目法人单位审核后,经印刷装订于2021年6月10日在此招标代理咨询公司本部出售,并开展下一步的施工招标工作。

【问题】

本项目在上述条件下是否具备进行下一步施工招标的条件？为什么？

【焦点分析】

该项目在上述条件下还不具备继续招标的条件。因为在项目法人单位审核同意此招标代理咨询公司拟订的招标文件后，还需上报至当地县级以上交通主管部门的招投标监管办公室审核同意后，并进行备案后才可以开展下一步的施工招标工作。

## 单元练习

### 一、判断题

1. 对于工程项目招标人而言，与邀请招标相比，公开招标的优点是选择中标人的范围广。（　　）

2. 根据《中华人民共和国招标投标法》，投标人可在递交投标文件截止时间之前撤回投标书并收回投标保证金。（　　）

### 二、填空题

1. 根据《中华人民共和国招标投标法》规定，招标方式分为__________和__________。

2. 邀请招标是指招标人以发布__________的方式邀请特定的法人或者其他组织参与投标。

3. 公路工程建设项目可采用资格__________或资格__________方式公开招标。

4. 公路工程招标的组织形式，包括__________和__________两种。

### 三、单选题

1. 公开招标属于（　　）竞争性招标。

A. 无限　　B. 有限　　C. 诚实守信　　D. 公正

2. 邀请招标属于（　　）竞争性招标。

A. 无限　　B. 有限　　C. 诚实守信　　D. 公正

3. 公开招标方式的适用条件是（　　）。

A. 适用范围广，大多数招标项目都可以采用

B. 适用于受项目需求、条件和市场供应限制

C. 只有少量潜在投标人可供选择的招标项目

D. 拟采用公开招标的费用占合同金额比例过大的项目

4. 邀请招标方式的适用条件是（　　）。

A. 适用范围广，大多数招标项目都可以采用

B. 只有少量潜在投标人可供选择的招标项目

C. 只有大量潜在投标人可供选择的招标项目

D. 适用于不受项目需求、条件和市场供应限制

5.《中华人民共和国招标投标法》第三条规定，在中华人民共和国境内进行下列工程建设项目包括项目的勘察、设计、施工、监理以及与工程建设有关的重要设备、材料等的采购，必须进行招标的项目为(　　)。

A.采购人依法能够自行建设、生产或者提供

B.大型基础设施、公用事业等关系社会公共利益、公众安全的项目

C.需要采用不可替代的专利或者专有技术

D.已通过招标方式选定的特许经营项目投资人依法能够自行建设、生产或者提供

6.按照《必须招标的工程项目规定》，下列标准必须招标的是(　　)。

A.施工单项合同估算价在400万元人民币以上

B.重要设备、材料等货物的采购，单项合同估算价在150万元人民币以上

C.重要设备、材料等货物的采购，单项合同估算价在100万元人民币以上

D.勘察、设计、监理等服务的采购，单项合同估算价在50万元人民币以上

7.根据《公路工程建设项目招标投标管理办法》的有关规定，有下列情形的公路工程建设项目，可不进行招标的是(　　)。

A.使用国际组织或者外国政府贷款、援助资金的项目

B.涉及国家安全、国家秘密、抢险救灾或者属于利用扶贫资金实行以工代赈、需要使用农民工等特殊情况

C.大型基础设施、公用事业等关系社会公共利益、公众安全的项目

D.全部或者部分使用国有资金投资或者国家融资的项目

8.关于招标代理机构的说法，错误的是(　　)。

A.招标代理机构不得接受同一招标项目的投标代理和投标咨询业务

B.未经招标人同意，不得转让招标代理业务

C.招标代理机构是依法设立、从事招标代理业务并提供相关服务的社会中介组织

D.当招标人不具备自行组织招标时，可委托任一招标代理机构办理招标事宜

9.在建设工程施工招投标中，招标工作程序排列正确的是(　　)。

A.确定招标方式——向建设主管部门申请招标——发布招标公告(或投标邀请书)

B.编制发放资格预审文件——发布招标公告(或投标邀请书)——确定合格投标申请人

C.发中标通知书——编写投标情况报告及备案——与中标人签订施工合同

D.组织现场踏勘——接受投标文件——召开投标预备会

10.建设工程项目施工采用公开招标的，招标人应在(　　)。

A.行业协会网站发布招标公告

B.行业协会网站发布投标邀请书

C.政府公布的招标采购等网站发布招标公告

D.政府公布的招标采购等网站发布投标邀请书

11.某建设项目的投标人在现场考察后以书面形式提出质疑问题，招标人离开标时间还剩7天，才作出书面解答，鉴于解答时间短于《中华人民共和国招标投标法》规定的时间，且书面解答与招标文件规定的内容不一致，对该问题应以(　　)。

A. 招标文件为准，开标时间后延　　B. 招标文件为准，开标时间不变

C. 书面解答为准，开标时间后延　　D. 书面解答为准，开标时间不变

12. 在投标有效期内出现特殊情况，招标人以书面形式通知投标人延长投标有效期时，投标人的正确做法(　　)。

A. 同意延长，并相应延长投标保证金的有效期

B. 同意延长，并要求修改投标文件

C. 同意延长，但拒绝延长投标保证金的有效期

D. 拒绝延长，但无权收回投标保证金

# 单元2　编制公路工程施工招标资格审查文件

《中华人民共和国招标投标法实施管理条例》第十五条规定，公开招标的项目，应当依照招标投标法和本条例的规定发布招标公告、编制招标文件。招标人采用资格预审办法对潜在投标人进行资格审查的，应当发布资格预审公告、编制资格预审文件。依法必须进行招标的项目的资格预审公告和招标公告，应当在国务院发展改革部门依法制定的媒介发布。在不同媒介发布的同一招标项目的资格预审公告或者招标公告的内容应当一致。指定媒介发布依法必须进行招标的项目的境内资格预审公告、招标公告，不得收取费用。编制依法必须进行招标的项目的资格预审文件和招标文件，应当使用国务院发展改革部门会同有关行政监督部门制定的标准文本。

## 1. 资格审查

资格审查是招投标过程中的一个重要环节，公路工程招投标的资格审查方式，通常分为资格预审和资格后审两种。资格预审是指招标人在发放招标文件前，对报名参加投标的申请人的承包能力、业绩资格和资质、历史工程情况、财务状况和信誉等进行审查，以确定投标人是否具备承担并完成工程项目的能力，是否可以参加下一步的投标。

资格预审结束后，招标人应当及时向资格预审申请人发出资格预审结果通知书。未通过资格预审的申请人不具有投标资格。通过资格预审的申请人少于3个的，应当重新招标。

资格后审是针对已购买招标文件的投标人，这些投标人都已具备完成工程项目的基本资质。资格后审在开标之后进行，评标委员会对投标人能否胜任工程、机构是否健全、有无类似工程经历、人员是否合格、机械设备是否适用、资金是否足够周转等方面作实质性的审核。

**知识链接**

国有资金占控股或者主导地位的依法必须进行招标的项目，招标人应当组建资格审查委员会审查资格预审申请文件。资格审查委员会及其成员应当遵守招标投标法和招标投标法实施管理条例有关评标委员会及其成员的规定。

资格后审是在开标后对投标人进行的资格审查。资格后审是由评标委员会负责，与评标一并进行的。对资格后审不合格的投标人，评标委员会应当否决其投标，不再进行详细评审。

**2. 资格审查内容**

对投标人的资格预审内容

资格预审和资格后审审查投标申请人资格时，资格审查内容如下：

①具有独立订立合同的权利；

②具有履行合同的能力，包括专业、技术资格和能力，资金、设备和其他物质设施状况，管理能力，经验、信誉和相应的从业人员；

③没有处于被责令停业，投标资格被取消，财产被接管、冻结，破产状态；

④在最近3年内没有骗取中标和严重违约及重大工程质量问题；

⑤国家规定的其他资格条件（不能为招标项目前期准备提供咨询、设计服务，不是本项目监理人、代理人）；

⑥在国家企业信用信息公示系统中被列入严重违法失信企业名单的；

⑦在“信用中国”网站中被列入失信被执行人名单的；

⑧投标人或其法定代表人、拟委任的项目经理在近3年内有行贿犯罪行为的；

⑨其他在“信用中国”网站中被列为黑名单且按联合惩戒要求禁止参与招投标的。

**3. 资格预审申请文件内容**

1）资格预审公告的编制

《公路工程标准施工招标资格预审文件》（2018年版）规定，资格预审申请文件应包括下列内容：

①资格预审申请函；

②授权委托书或法定代表人身份证明；

③联合体协议书；

④申请人基本情况；

⑤近年财务状况；

⑥近年完成的类似项目情况表；

⑦申请人的信誉情况表；

⑧拟委任的项目经理和项目总工资历表；

⑨其他资料，详见申请人须知前附表。

资格预审文件编制的具体格式和内容如下所示。

**第一章　资格预审公告**

________（项目名称）________标段施工招标资格预审公告

1. 招标条件

本招标项目________（项目名称）已由________（项目审批、核准或备案机关名称）以________（批文名称及编号）批准建设，施工图设计已由________（批准机关名称）以（批文名称及编号）批准，项目业主为________，建设资金来自________（资金来源），出资比例为________，招标人为________。项目已具备招标条件，现对该项目的施工进行公开招标，特邀请有兴趣的潜在申请人（以下简称“申请人”）提出资格预审申请。

2. 项目概况与招标范围

________（说明本次招标项目的建设地点、规模、计划工期、招标范围、标段划分等）。

3. 申请人资格要求

3.1　本次资格预审要求申请人须具备________资质、________业绩，并在人员、设备、资金等方面具有相应的施工能力。

申请人应进入交通运输部“全国公路建设市场信用信息管理系统”中的公路工程施工资质企业名录，且申请人名称和资质与该名录中的相应企业名称和资质完全一致。

3.2　本次招标________(接受或不接受)联合体投标。联合体投标的，应满足下列要求：____________________。

3.3　每个申请人最多可对________(具体数量)个标段投标；被招标项目所在地省级交通运输主管部门评为____信用等级的申请人，最多可对____(具体数量)个标段投标。每个申请人允许中____个标。对申请人信用等级的认定条件为：__________________。

3.4　______与招标人存在利害关系可能影响招标公正性的单位，不得提出资格预审申请。单位负责人为同一人或存在控股、管理关系的不同单位，对同一标段提出资格预审申请的，最多只能有一家单位通过资格预审。

3.5　在“信用中国”网站中被列入失信被执行人名单的申请人，不能通过资格预审。

4. 资格预审方法

本次资格预审采用____(合格制/有限数量制)。

5. 招标文件的获取

5.1　凡有意参加投标者，请于____年____月____日至____年____月____日，每日上午____时____分至____时____分，下午____时____分至____时____分(北京时间，下同)，在______(详细地址)持单位介绍信和经办人身份证购买招标文件。参加多个标段投标的申请人必须分别购买相应标段的招标文件，并对每个标段单独递交资格预审申请文件。

5.2　资格预审文件每套售价______元，售后不退。

6. 资格预审申请文件的递交

6.1　资格预审申请文件递交的截止时间(投标截止时间，下同)为____年____月____日____时____分，申请人应于当日____时____分至____时____分将资格预审申请文件递交至________(详细地址)。

6.2　逾期送达的、未送达指定地点的或不按照招标文件要求密封的资格预审申请文件，招标人将予以拒收。

7. 发布公告的媒介

本次资格预审公告同时在________(发布公告的媒介名称)上发布。

8. 联系方式

| | |
|---|---|
| 招 标 人：__________________ | 招标代理机构：__________________ |
| 地　　址：__________________ | 地　　址：__________________ |
| 邮政编码：__________________ | 邮 政 编 码：__________________ |
| 联 系 人：__________________ | 联　系　人：__________________ |
| 电　　话：__________________ | 电　　话：__________________ |
| 传　　真：__________________ | 传　　真：__________________ |
| 电子邮件：__________________ | 电 子 邮 件：__________________ |

| | | | |
|---|---|---|---|
| 网　　址: | ________ | 网　　址: | ________ |
| 开户银行: | ________ | 开户银行: | ________ |
| 账　　号: | ________ | 账　　号: | ________ |

____年____月____日

**典型案例**

## ××高速公路路基工程施工招标资格预审公告

1. 招标条件

××高速公路(以下简称"本项目")已由上级主管部门批准建设,本项目法人为某省高等级公路建设局,建设资金来自国家补贴和自筹,招标人为某省高等级公路建设局(以下简称"招标人")。项目已具备招标条件,现进行公开招标,特邀请有兴趣的潜在投标人(以下简称"申请人")提出资格预审申请。

2. 项目概况与招标范围

××高速公路起点位于××市××街××村,连接另一高速公路,设枢纽互通立交,交叉桩号为 K1215+557.578。路线自北向南展布,途经甲村、乙村,跨越东高线、跨越国道 G201,途经 2 村屯,穿越某市规划滨海西区,跨越规划街道两条,设置主线收费站及 1 座互通立交,随后跨越公路和航道,终点接××区二期与三期间的主干路。路线全长 17.143 km。

本次招标范围为路基工程(含路基土石方、桥涵及排水防护工程等),共划分 3 个合同段(表 2.4)。计划工期:2015 年 6 月 15 日至 2017 年 6 月 30 日,共计 24.5 个月。

表 2.4　合同段划分

| 合同段 | 起终点桩号 | 路线长度/km | 主要工程内容 |
|---|---|---|---|
| 第 1 合同段 | AK0+943.150 ~ K6+100.000 | 6.043 | 路基桥涵 |
| 第 2 合同段 | K6+100.000 ~ K12+400.000 | 6.3 | 路基桥涵 |
| 第 3 合同段 | K12+400.000 ~ K17+200.000 | 4.8 | 路基桥涵 |

3. 申请人资格要求

3.1　资质要求:要求具备公路工程施工总承包壹级以上(含壹级)资质或公路路基工程专业承包壹级资质,具有相应的施工业绩,并在人员、设备、资金等方面具有相应的施工能力。

3.2　依据《关于在交通工程重点建设项目招标投标领域实行企业信用报告制度有关事项的通知》(交建发〔2010〕171 号),提供由具有信用评级资格的单位出具的 BBB 级以上(含 BBB 级)信用报告。

依据《关于印发〈某省公路施工企业信用评价规则(试行)〉的通知》(交建发〔2010〕375 号),投标人必须具有 2013 年某省公路施工企业信用评价结果(路基桥隧工程类),评价结果可查阅"某省交通厅关于公布 2013 年我省公路施工企业信用评价结果的通知(交建发〔2014〕173 号)"。对无路基桥隧工程类评价结果的投标人,以及首次进入某省公路建设市场施工企业,必须提供初定信用等级评定结果或初定信用等级登记备案证明材料。

3.3　本次资格预审不接受联合体资格预审申请。

3.4　与招标人存在利害关系可能影响招标公正性的法人、其他组织或者个人,不得对本项目提出资格预审申请。

3.5　单位负责人为同一人或者存在控股、管理关系的不同单位,按资格审查办法的规定选择通过资格预审的单位。

4.资格预审方法

本次资格预审采用有限数量制。

5.资格预审文件的获取

5.1　请申请人于2015年3月12日至2015年3月18日每日9:00—11:00和13:30—16:00(北京时间,下同)(节假日除外),到某省高等级公路建设局,持企业法人营业执照副本原件、企业资质证书副本原件、企业安全生产许可证副本原件、信用报告原件、初定信用等级评定结果、法定代表人签发的授权书原件及被授权人身份证原件及上述资料复印件(需加盖单位公章)一套,购买资格预审文件。申请人授权的委托代理人应具有与申请人单位签订的经人社部门认定盖章、一年以上(含一年)的劳务合同或社会养老保险相关证明。

5.2　每个申请人只可购买一份资格预审文件,每份售价1 000元,售后不退。

6.资格预审申请文件的递交

6.1　递交资格预审申请文件截止时间为2015年3月26日11:00,申请人将资格预审申请文件递交至某省高等级公路建设局。

6.2　逾期送达或者未送达指定地点的资格预审申请文件,招标人不予受理。

7.发布公告的媒介

本次资格预审公告在某省招标投标监管网、中国采购与招标网、某省交通厅网站上发布。

8.联系方式

招标人:某省高等级公路建设局

地　址:某省某市某区某街42号

邮　编:123456

联系人:李先生　姜女士

电　话:(×××)8321××××　8321××××

传　真:(×××)8321××××

某省高等级公路建设局

2015年3月11日

2)申请人须知的编制

申请人须知包括前附表和正文。《公路工程标准施工招标资格预审文件》(2018年版)申请人须知主要内容如下:

①总则,包括项目概况、资金来源和落实情况、招标范围与计划工期及质量要求、申请人资

格要求、语言文字、费用承担等规定。

②资格预审文件，包括资格预审文件的组成、资格预审文件的澄清和资格预审文件的修改等规定。

③资格预审申请文件的编制，包括资格预审申请文件的组成、资格预审申请文件的编制要求、资格预审申请文件的装订、签字等规定。

④资格预审申请文件的递交，包括资格预审申请文件的密封和标识等规定、资格预审申请文件的递交等规定。

⑤资格预审申请文件的审查，包括审查委员会、资格审查等规定。

⑥通知和确认，包括通知、解释和确认等规定。

⑦申请人的资格改变。

⑧纪律与监督，包括严禁贿赂、不得干扰资格审查工作、保密及投诉等规定。

⑨需要补充的其他内容，包括申请规定、资格预审文件的修改、招标人的权力等。

下面就其主要内容和运作中要注意的要点进行重点介绍说明。

申请人须知前附表主要内容见表2.5。

**表2.5 申请人须知前附表**

| 条款号 | 条款名称 | 编列内容 |
|---|---|---|
| 1.1.2 | 招标人 | 名称：<br>地址：<br>联系人：<br>电话： |
| 1.1.3 | 招标代理机构 | 名称：<br>地址：<br>联系人：<br>电话： |
| 1.1.4 | 招标项目名称 | |
| 1.1.5 | 标段建设地点 | |
| 1.2.1 | 资金来源及比例 | |
| 1.2.2 | 资金落实情况 | |
| 1.3.1 | 招标范围 | |
| 1.3.2 | 计划工期 | 计划工期：______日历天<br>计划开工日期：______年______月______日<br>计划交工日期：______年______月______日 |
| 1.3.3 | 质量要求 | 标段工程交工验收的质量评定：______<br>竣工验收的质量评定：______ |
| 1.3.4 | 安全目标 | |

续表

| 条款号 | 条款名称 | 编列内容 |
| --- | --- | --- |
| 1.4.1 | 申请人资质条件、能力和信誉 | 资质要求:见表2.6<br>财务要求:见表2.7<br>业绩要求:见表2.8<br>信誉要求:见表2.9<br>项目经理和项目总工资格:见表2.10<br>其他要求: |
| 1.4.2 | 是否接受联合体资格预审申请 | □不接受<br>□接受,应满足下列要求:<br>(1)联合体所有成员数量不得超过______家;<br>(2)联合体牵头人应具有______资质;<br>…… |
| 1.4.3 | 申请人不得存在的其他关联情形 | |
| 1.4.4 | 申请人不得存在的其他不良状况或不良信用记录 | |
| 2.2.1 | 申请人要求澄清资格预审文件 | 时间:______年______月______日______时______分<br>形式: |
| 2.2.2 | 资格预审文件澄清发出的形式 | |
| 2.2.3 | 申请人确认收到资格预审文件澄清 | 时间:收到澄清后______小时内(以发出时间为准)<br>形式: |
| 2.3.1 | 资格预审文件修改发出的形式 | |
| 2.3.2 | 申请人确认收到资格预审文件修改 | 时间:收到修改后______小时内(以发出时间为准)<br>形式: |
| 3.1.1 | 构成资格预审申请文件的其他资料 | |
| 3.2.4 | 近年财务状况的年份要求 | ______年至______年 |
| 3.2.5 | 近年完成的类似项目情况的时间要求 | ______年______月______日至______年______月______日 |
| 3.3.2 | 资格预审申请文件副本份数及其他要求 | |

续表

| 条款号 | 条款名称 | 编列内容 |
|---|---|---|
| 3.3.3 | 装订的其他要求 | |
| 4.1.2 | 封套上写明 | 招标人名称：________<br>招标人地址：________<br>______（项目名称）______ ______标段施工招标资格预审申请文件<br>在____年____月____日____时____分前不得开启<br>申请人名称：________ |
| 4.2.3 | 是否退还资格预审申请文件 | □否<br>□是，退还时间：________ |
| 5.1.2 | 审查委员会的组建 | 审查委员会构成：___人，其中招标人代表___人，专家___人；<br>专家确定方式：依法从相应评标专家库中随机抽取 |
| 5.2 | 资格审查方法 | □合格制<br>□有限数量制 |
| 6.1 | 资格预审结果的通知时间 | |
| 6.3 | 资格预审结果的确认时间 | 收到投标邀请书后_____小时内(以发出时间为准)予以确认 |
| 8.4.1 | 监督部门 | 监督部门：________<br>地　　址：________<br>电　　话：________<br>传　　真：________<br>邮政编码：________ |
| 9 | 是否采用电子招标投标 | □否<br>□是，具体要求：________ |
| 10.1.1 | 申请人申请资格 | 每个申请人最多可对本项目的____个标段提出资格预审申请；<br>被招标项目所在地省级交通运输主管部门评为____信用等级的申请人最多可对本项目的____个标段提出资格预审申请；<br>每个申请人允许中____个标；<br>对申请人信用等级的认定条件为：________ |
| 需要补充的其他内容 | | |

《公路工程标准施工招标资格预审文件》(2018 年版)中对表 2.6 至表 2.12 的内容规定如下：

表2.6：具体资质要求由招标人在满足国家相关法律法规的前提下，根据招标项目具体特点和实际情况确定。

**表2.6 资格预审条件（资质最低要求）**

| 施工企业资质等级要求 |
| --- |
| |

表2.7：具体财务要求由招标人在满足国家相关法律法规的前提下，根据招标项目具体特点和实际情况确定。例如，招标人可对申请人近3年的平均营业额、流动比率、资产负债率、净资产等提出要求。

**表2.7 资格预审条件（财务最低要求）**

| 财务要求 |
| --- |
| |

表2.8：具体业绩要求由招标人在满足国家相关法律法规的前提下，根据招标项目具体特点和实际情况确定，但不得设置过高的业绩资格条件。

**表2.8 资格预审条件（业绩最低要求）**

| 业绩要求 |
| --- |
| |

表2.9：具体信誉要求由招标人在满足国家相关法律法规的前提下，根据招标项目具体特点和实际情况确定，但不得与"申请人须知"第1.4.4项规定的内容重复。

**表2.9 资格预审条件（信誉最低要求）**

| 信誉要求 |
| --- |
| |

表2.10：a.对项目经理（以及备选人）和项目总工程师（以及备选人）的具体资格要求，由招标人在满足国家相关法律法规的前提下，根据招标项目具体特点和实际情况确定，但不得设置过高的资格条件。

b.招标人可不设置项目经理备选人和项目总工程师备选人。

**表2.10 资格预审条件(项目经理和项目总工程师最低要求)**

<table>
<tr><th>人　员</th><th>数　量</th><th>资格要求</th><th>在岗要求</th></tr>
<tr><td>项目经理</td><td></td><td rowspan="2"></td><td rowspan="4">无在岗项目(指目前未在其他项目上任职,或虽在其他项目上任职但本项目中标后能够从该项目撤离)</td></tr>
<tr><td>项目经理备选人</td><td></td></tr>
<tr><td>项目总工程师</td><td></td><td rowspan="2"></td></tr>
<tr><td>项目总工程师备选人</td><td></td></tr>
</table>

表2.11:本表仅适用于特别复杂的特大桥梁和特长隧道项目主体工程以及其他有特殊要求的工程。对其他管理和技术人员(如项目副经理、专业工程师等)的最低要求,由招标人在满足国家相关法律法规的前提下,根据招标项目具体特点和实际情况确定,但不得设置过高的资格条件。

**表2.11 资格预审条件(其他管理和技术人员最低要求)**

| 人　员 | 数　量 | 资格要求 |
| --- | --- | --- |
| | | |

表2.12:本表仅适用于特别复杂的特大桥梁和特长隧道项目主体工程以及其他有特殊要求的工程。对主要机械设备和试验检测设备的最低要求,由招标人在满足国家相关法律法规的前提下,根据招标项目具体特点和实际情况确定。

**表2.12 资格预审条件(主要机械设备和试验检测设备最低要求)**

| 设备名称 | 规格、功率及容量 | 单　位 | 最低数量要求 |
| --- | --- | --- | --- |
| | | | |

### 3)申请人资格要求

《公路工程标准施工招标资格预审文件》(2018年版)对申请人资格要求作表2.13的规定。

表 2.13　申请人资格要求

| 序号 | 申请人条件 | 申请人规定 |
| --- | --- | --- |
| 1 | 申请人应具备承担本标段施工的资质条件、能力和信誉 | 该部分内容为表 2.6 至表 2.12 中规定的内容 |
| 2 | 申请人须知前附表规定接受联合体申请资格预审的，联合体申请人除应具备资质条件、能力、信誉和申请人须知前附表的要求外，还应遵守的其他规定 | 1. 联合体各方必须按资格预审文件提供的格式签订联合体协议书，明确联合体牵头人和各方的权利义务，并承诺就中标项目向招标人承担连带责任<br>2. 由同一专业的单位组成的联合体，按照资质等级较低的单位确定资质等级<br>3. 通过资格预审的联合体，其各方组成结构或职责，以及财务能力、信誉情况等资格条件不得改变<br>4. 联合体各方不得再以自己名义单独或加入其他联合体在同一标段中参加资格预审<br>5. 联合体各方应分别按照本资格预审文件的要求，填写资格预审申请文件中的相应表格，并由联合体牵头人负责对联合体各成员的资料进行统一汇总后一并提交给招标人；联合体牵头人所提交的资格预审申请文件应认为已代表了联合体各成员的真实情况<br>6. 尽管委任了联合体牵头人，但联合体各成员在资格预审、投标、签订合同与履行合同的过程中，仍负有连带的和各自的法律责任 |
| 3 | 申请人（包括联合体各成员）不得与本标段相关单位存在关联关系 | 1. 为招标人不具有独立法人资格的附属机构（单位）<br>2. 与招标人存在利害关系且可能影响招标公正性<br>3. 为本标段前期准备提供设计或咨询服务的法人或其任何附属机构（单位）<br>4. 为本标段的监理人<br>5. 为本标段的代建人<br>6. 为本标段的招标代理机构<br>7. 与本标段的监理人或代建人或招标代理机构同为一个法定代表人<br>8. 与本标段的监理人或代建人或招标代理机构存在控股或参股关系<br>9. 法律法规或申请人须知前附表规定的其他情形 |

续表

| 序号 | 申请人条件 | 申请人规定 |
|---|---|---|
| 4 | 申请人(包括联合体各成员)不得存在不良状况或不良信用记录 | 1. 被省级及以上交通运输主管部门取消招标项目所在地的投标资格且处于有效期内<br>2. 被责令停业,暂扣或吊销执照,或吊销资质证书<br>3. 进入清算程序,或被宣告破产,或其他丧失履约能力的情形<br>4. 在国家企业信用信息公示系统中被列入严重违法失信企业名单<br>5. 在"信用中国"网站中被列入失信被执行人名单<br>6. 申请人或其法定代表人、拟委任的项目经理在近3年内有行贿犯罪行为的(行贿犯罪行为的认定以检察机关职务犯罪预防部门出具的查询结果为准)<br>7. 法律法规或申请人须知前附表规定的其他情形 |
| 5 | 申请人企业名录和名称资质 | 申请人(包括联合体各成员)应进入交通运输部"全国公路建设市场信用信息管理系统"中的公路工程施工资质企业名录,且申请人名称和资质与该名录中的相应企业名称和资质完全一致。申请人不满足本项规定条件的,不能通过资格预审。本项规定仅适用于根据《关于发布公路工程从业企业资质名录的通知》(厅公路字〔2011〕114号)要求,招标人应通过名录对申请人资质条件进行审核的公路施工企业 |
| 6 | 单位负责人 | 单位负责人为同一人或存在控股、管理关系的不同单位,对同一标段提出资格预审申请的,最多只能有一家单位通过资格预审 |

# 单元练习

**一、判断题**

1. 招标人采用资格预审办法对潜在投标人进行资格审查的,应发布招标公告、编制招标文件。 (　　)

2. 资格预审文件的组成分为资格预审公告、申请人须知、资格预审办法(合格制、有限数量制)、资格预审申请文件格式、项目建设情况5个部分。 (　　)

**二、填空题**

1. 资格预审通过者的数量可采用____________和____________方法,应在前附表中注明。

2. 资格预审分两个阶段进行,分别是____________和____________。

**三、单选题**

1. 在申请人须知中,下列属于招标项目情况介绍的是(　　)。

A. 申请人应具备的资质条件、能力和信誉的最低要求　　B. 是否接受联合体投标

C. 拒绝作为资格预审申请人情况　　D. 招标人和招标代理机构

2. 申请投标人编制资格预审文件时，不包括在资格预审时期内文件中的是(　　)。

A. 联合体协议书　　B. 申请人须知　　C. 近年财务状况　　D. 资格预审申请函

3. 资格审查分为资格预审和(　　)。

A. 合格制　　B. 资格后审　　C. 有限数量制　　D. 资料审查

4. 资格预审文件澄清、修改将影响投标人编制资格预审申请文件的，招标人应在提交资格预审申请文件截止时间至少(　　)日前，以书面形式通知所有获取资格预审文件的潜在投标人。不足(　　)日的，招标人应顺延提交资格预审申请文件的截止时间。

A. 5,5　　B. 3,3　　C. 10,10　　D. 15,15

5. 根据资格预审相关规定，应在资格预审初步审查阶段对投标申请人审查的内容是(　　)。

A. 提供资料的有效性和完整性　　B. 企业资质条件

C. 拟派项目经理资格　　D. 企业类似工程业绩

6. 若某工程项目提交资格预审申请文件的申请人少于(　　)家，招标人应重新组织资格预审或不再组织资格预审而直接招标。

A. 2　　B. 3　　C. 4　　D. 5

# 单元3　编制公路工程招标文件

**1. 招标公告或投标邀请书的编制**

1）招标公告

《中华人民共和国招标投标法》规定，招标人采用公开招标方式的，应当发布招标公告。依法必须进行招标项目的招标公告，应当通过国家指定的报刊信息网络或者其他媒介发布。招标公告应当载明招标人的名称和地址、招标项目的性质、数量、实施地点和时间以及获取招标文件的办法。

**招标公告包含的基本内容**

《公路工程建设项目招标投标管理办法》（2015年）规定，公路工程建设项目招标人是提出招标项目、进行招标的项目法人或者其他组织。对按照国家有关规定需要履行项目审批、核准手续的依法必须进行招标的公路工程建设项目，招标人应当按照项目审批、核准部门确定的招标范围、招标方式、招标组织形式开展招标。公路工程建设项目履行项目审批或者核准手续后，方可开展勘察设计招标；初步设计文件批准后，方可开展施工监理、设计施工总承包招标；施工图设计文件批准后，方可开展施工招标。

《公路工程标准施工招标文件》（2018年版）给出了公路工程项目招标公告的编制格式。

**第一章　招标公告（未进行资格预审）**

**（项目名称）　标段施工招标公告**

1. 招标条件

本招标项目______（项目名称）已由______（项目审批、核准或备案机关名称）以______（批文名称及编号）批准建设，施工图设计已由______（批准机关名称）以______（批文名称及编号）批准，项目业主为______，建设资金来自______（资金来源），出资比例为______，招标人为______。项目已具备招标条件，现对该项目的施工进行公开招标。

2. 项目概况与招标范围

________(说明本次招标项目的建设地点、规模、计划工期、招标范围、标段划分等)。

3. 投标人资格要求

3.1　本次招标要求投标人须具备______资质、______业绩,并在人员、设备、资金等方面具有相应的施工能力。

投标人应进入交通运输部"全国公路建设市场信用信息管理系统"中的公路工程施工资质企业名录,且投标人名称和资质与该名录中的相应企业名称和资质完全一致。

3.2　本次招标______(接受或不接受)联合体投标。联合体投标的,应满足下列要求:________。

3.3　每个投标人最多可对______(具体数量)个标段投标;被招标项目所在地省级交通运输主管部门评为______信用等级的投标人,最多可对______(具体数量)个标段投标。每个投标人允许中______个标。对投标人信用等级的认定条件为:________。

3.4　与招标人存在利害关系可能影响招标公正性的单位,不得参加投标。单位负责人为同一人或存在控股、管理关系的不同单位,不得参加同一标段投标;否则,相关投标均无效。

3.5　在"信用中国"网站中被列入失信被执行人名单的投标人,不得参加投标。

4. 招标文件的获取

4.1　凡有意参加投标者,请于______年______月______日至______年______月______日,每日上午______时______分至______时______分,下午______时______分至______时______分(北京时间,下同),在______(详细地址)持单位介绍信和经办人身份证购买招标文件。参加多个标段投标的投标人必须分别购买相应标段的招标文件,并对每个标段单独递交投标文件。

4.2　招标文件每套售价______元,图纸每套售价______元,招标人根据对本合同工程勘察所取得的水文、地质、气象和料场分布、取土场、弃土场位置等资料编制的参考资料每套售价______元,售后不退。

5. 投标文件的递交及相关事宜

5.1　招标人将于下列时间和地点组织进行工程现场踏勘并召开投标预备会。

踏勘现场时间:______年______月______日______时______分,集中地点:________。

投标预备会时间:______年______月______日______时______分,地点:________。

5.2　投标文件递交的截止时间(投标截止时间,下同)为______年______月______日______时______分,投标人应于当日______时______分至______时______分将投标文件递交至______(详细地址)。

5.3　逾期送达的、未送达指定地点的或不按照招标文件要求密封的投标文件,招标人将予以拒收。

6. 发布公告的媒介

本次招标公告同时在________(发布公告的媒介名称)上发布。

7. 联系方式

| | |
|---|---|
| 招　标　人:________________ | 招标代理机构:________________ |
| 地　　址:________________ | 地　　址:________________ |
| 邮政编码:________________ | 邮政编码:________________ |
| 联　系　人:________________ | 联　系　人:________________ |

| | |
|---|---|
| 电　　话：________ | 电　　话：________ |
| 传　　真：________ | 传　　真：________ |
| 电子邮件：________ | 电子邮件：________ |
| 网　　址：________ | 网　　址：________ |
| 开户银行：________ | 开户银行：________ |
| 账　　号：________ | 账　　号：________ |
| | ________年________月________日 |

《公路工程标准施工招标文件》(2018 年版)还对招标公告的编制作了详细的说明，具体如下：

①招标人可根据项目具体特点和实际需要对本章内容进行补充、细化，但应遵守《中华人民共和国招标投标法》第十六条和《招标公告和公示信息发布管理办法》等有关法律法规的规定。

②招标人应自招标文件开始发售之日起，将招标文件的关键内容上传至具有招标监督职责的交通运输主管部门政府网站或其指定的其他网站上进行公开，公开内容包括项目概况、对投标人的全部资格条件要求、评标办法全文、招标人联系方式等。招标人可将招标文件的关键内容全部载明在招标公告正文中，或作为招标公告的附件进行公开，或作为独立文件在网站上进行公开。

③本规定仅适用于根据《关于发布公路工程从业企业资质名录的通知》(厅公路字〔2011〕114 号)要求，招标人应通过名录对投标人资质条件进行审核的公路施工企业。

④招标人可根据招标项目所在地省级交通运输主管部门的有关规定，对信用等级高的投标人，给予增加参与投标标段数量的优惠。

⑤招标文件(未进行资格预审)的发售时间不得少于 5 日。

⑥招标文件中提到的货币单位除有特别说明外，均指人民币元。

⑦每套招标文件售价只计工本费，最高不超过 1 000 元(不含图纸部分)；图纸每套售价最高不超过 3 000 元；参考资料也应只计工本费，最高不超过 1 000 元。

⑧依法必须进行招标的公路工程，自招标文件开始发售之日起至投标人递交投标文件截止之日止，不得少于 20 日。

2)投标邀请书

《中华人民共和国招标投标法》规定，招标人采用邀请招标方式的，应当向 3 个以上具备承担招标项目的能力、资信良好的特定的法人或者其他组织发出投标邀请书。投标邀请书应当载明招标人的名称和地址，招标项目的性质、数量、实施地点和时间以及获取招标文件的办法。

**第一章　投标邀请书(适用于邀请招标)**

**(项目名称)　标段施工投标邀请书**

________(被邀请单位名称)：

1. 招标条件

本招标项目________(项目名称)已由________(项目审批、核准或备案机关名称)以________(批文名称及编号)批准建设，施工图设计已由________(批准机关名称)以________(批文名称及编号)批准，项目业主为________，建设资金来自________(资金来源)，出资比例为________，招标人为________。项目已具备招标条件，现对该项目的施工进行公开招标。

2. 项目概况与招标范围

________（说明本次招标项目的建设地点、规模、计划工期、招标范围、标段划分等）。

3. 投标人资格要求

3.1　本次招标要求投标人须具备________资质、________业绩，并在人员、设备、资金等方面具有相应的施工能力。

投标人应进入交通运输部“全国公路建设市场信用信息管理系统”中的公路工程施工资质企业名录，且投标人名称和资质与该名录中的相应企业名称和资质完全一致。

3.2　本次招标________（接受或不接受）联合体投标。联合体投标的，应满足下列要求：________。

4. 招标文件的获取

4.1　凡有意参加投标者，请于______年______月______日至______年______月______日，每日上午______时______分至______时______分，下午______时______分至______时______分（北京时间，下同），在________（详细地址）持单位介绍信和经办人身份证购买招标文件。参加多个标段投标的投标人必须分别购买相应标段的招标文件，并对每个标段单独递交投标文件。

4.2　招标文件每套售价______元，图纸每套售价______元，招标人根据对本合同工程勘察所取得的水文、地质、气象和料场分布、取土场、弃土场位置等资料编制的参考资料每套售价______元，售后不退。

5. 投标文件的递交及相关事宜

5.1　招标人将于下列时间和地点组织进行工程现场踏勘并召开投标预备会。

踏勘现场时间：______年______月______日______时______分，集中地点：________。

投标预备会时间：______年______月______日______时______分，地点：________。

5.2　投标文件递交的截止时间（投标截止时间，下同）为______年______月______日______时______分，投标人应于当日______时______分至______时______分将投标文件递交至______（详细地址）。

5.3　逾期送达的、未送达指定地点的或不按照招标文件要求密封的投标文件，招标人将予以拒收。

6. 确认

你单位收到本邀请书后，请于______年______月______日______时______分前，以书面形式确认是否参加投标。在本邀请书规定的时间内未表示是否参加投标或明确表示不参加投标的，不得再参加投标。

7. 联系方式

| | |
|---|---|
| 招 标 人：________ | 招标代理机构：________ |
| 地　　址：________ | 地　　　　址：________ |
| 邮政编码：________ | 邮 政 编 码：________ |
| 联 系 人：________ | 联　系　人：________ |
| 电　　话：________ | 电　　　　话：________ |
| 传　　真：________ | 传　　　　真：________ |

电子邮件：________　　电子邮件：________
网　　址：________　　网　　址：________
开户银行：________　　开户银行：________
账　　号：________　　账　　号：________
________年________月________日

**知识链接**

招标人可以根据招标项目本身的要求，在招标公告或者投标邀请书中，要求潜在投标人提供有关资质证明文件和业绩情况，并对潜在投标人进行资格审查；国家对投标人的资格条件有规定的，依照其规定。招标人不得以不合理的条件限制或者排斥潜在投标人，不得对潜在投标人实行歧视待遇。

公路工程建设项目采用公开招标方式的，原则上采用资格后审办法对投标人进行资格审查。

**典型案例**

某省拟进行一条二级公路的预防性养护维修工程施工，共一个标段，项目已由省发展和改革委员会批准，资金来源为财政资金，项目已具备招标条件，现对该项目的施工进行公开招标。

具体招标情况简述如下：

该项目开工时间为2020年9月，工程地点为某市××国道干线公路，总里程为20 km，封层面积为30万$m^2$，计划工期30天。

任务：请编写该工程的招标公告。

**××市工程建设项目招标公告**

**××市××公路碎石封层预防性养护维修工程施工招标公告**

1. 招标条件

本招标项目××公路碎石封层预防性养护维修工程施工招标公告已由××发展和改革委批准建设，项目业主为××市交通运输局项目办，建设资金来自财政资金，招标人为××工程招标代理公司。项目已具备招标条件，现对该项目的施工进行公开招标。

2. 项目概况与招标范围

建设地点：××市××线干线公路。建设规模：封层面积为30万$m^2$。计划工期：30天。招标范围：以招标文件工程量清单及施工图纸为准，标段划分为一个标段。

3. 投标人资格要求

3.1　本次招标要求投标人须具备公路工程施工总承包二级及以上资质或省级交通运输主管部门颁发的公路养护工程从业资质，能够承担一级公路、二级及以下公路的路面维修工程。同时在业绩、人员、设备、资金等方面具有相应的施工能力，并提供相应证明材料。投标人应进入交通运输部“全国公路建设市场信用信息管理系统”中的公路工程施工资质企业名录，且投标人名称和资质与该名录中的相应企业名称和资质完全一致。

3.2　本次招标不接受联合体投标。

3.3　每个投标人最多可对 1 个标段投标。

3.4　与招标人存在利害关系可能影响招标公正性的单位，不得参加投标。单位负责人为同一人或存在控股、管理关系的不同单位，不得参加同一标段投标；否则，相关投标均无效。

3.5　存在下列不良状况或不良信用记录的单位，不得参加投标：

(1)被省级及以上交通运输主管部门取消招标项目所在地的投标资格且处于有效期内。

(2)被责令停业，暂扣或吊销执照，或吊销资质证书。

(3)在国家企业信用信息公示系统中被列入严重违法失信企业名单。

(4)在“信用中国”网站中被列入失信被执行人名单的投标人，不得参加投标。

(5)投标人或其法定代表人、拟委任的项目经理近3年内有行贿犯罪行为。

(6)法律法规规定的其他情形。

4.招标文件的获取

4.1　凡有意参加投标者，请于2020年7月19日至2020年7月25日，每日上午9时00分至12时00分，下午15时00分至18时00分（北京时间，下同），在××市公共资源交易中心办事大厅持单位法定代表人授权委托书和经办人身份证购买招标文件。

4.2　招标文件每套售价500元。

5.投标文件的递交及相关事宜

5.1　投标文件递交的截止时间（投标截止时间，下同）为2020年8月26日9时00分，将投标文件递交至××市公共资源交易中心第一开标室。

5.2　逾期送达的、未送达指定地点的或不按照招标文件要求密封的投标文件，招标人将予以拒收。

6.发布公告的媒介

本次招标公告同时在××省招投标监管网上发布。

7.联系方式

| | |
|---|---|
| 招　标　人：________ | 招标代理机构：________ |
| 地　　　址：________ | 地　　　址：________ |
| 邮政编码：________ | 邮　政　编　码：________ |
| 联　系　人：________ | 联　　系　　人：________ |
| 电　　　话：________ | 电　　　话：________ |
| 传　　　真：________ | 传　　　真：________ |
| 电子邮件：________ | 电　子　邮　件：________ |
| 网　　　址：________ | 网　　　址：________ |
| 开户银行：________ | 开　户　银　行：________ |
| 账　　　号：________ | 账　　　号：________ |

2020年7月10日

### 2. 招标文件的组成与编制

#### 1)招标文件的组成

《公路工程标准施工招标文件》(2018 年版)中规定,招标文件的组成主要包括以下内容:

(1)招标公告(或投标邀请书)

招标公告有关内容可参照本单元第一部分内容学习,这里不再赘述。

(2)投标人须知

投标人须知是招标文件的重要组成部分,是投标人的投标指南。投标人须知包括投标人须知前附表(表 2.14)、附录和正文 3 个部分。

**表 2.14 投标人须知前附表**

| 条款号 | 条款名称 | 编列内容 |
|---|---|---|
| 1.1.2 | 招标人 | 名称:<br>地址:<br>联系人:<br>电话: |
| 1.1.3 | 招标代理机构 | 名称:<br>地址:<br>联系人:<br>电话: |
| 1.1.4 | 招标项目名称 | |
| 1.1.5 | 标段建设地点 | |
| 1.2.1 | 资金来源及比例 | |
| 1.2.2 | 资金落实情况 | |
| 1.3.1 | 招标范围 | |
| 1.3.2 | 计划工期 | 计划工期:________日历天<br>计划开工日期:________年________月________日<br>计划交工日期:________年________月________日 |
| 1.3.3 | 质量要求 | 标段工程交工验收的质量评定:________<br>竣工验收的质量评定:________ |
| 1.3.4 | 安全目标 | |
| 1.4.1 | 投标人资质条件、能力和信誉 | 资质要求、财务要求、业绩要求、信誉要求、项目经理和项目总工程师资格、其他要求 |
| 1.4.2 | 是否接受联合体投标 | □不接受<br>□接受,应满足下列要求:<br>(1)联合体所有成员数量不得超过______家;<br>(2)联合体牵头人应具有________资质 |

续表

| 条款号 | 条款名称 | 编列内容 |
|---|---|---|
| 1.4.3 | 投标人不得存在的其他关联情形 | |
| 1.4.4 | 投标人不得存在的其他不良状况或不良信用记录 | |
| 1.10.2 | 投标人在投标预备会前提出问题 | 时间: |
| | | 形式: |
| 1.11.1 | 分包 | □不允许<br>□允许,允许分包的分项工程(或不允许分包的专项工程):__________<br>对分包人的资格要求:__________ |
| 2.1 | 构成招标文件的其他资料 | |
| 2.1.1 | 投标人要求澄清招标文件 | 时间:______年_____月_____日_____时_____分 |
| | | 形式: |
| 2.2.2 | 招标文件澄清发出的形式 | |
| 2.2.3 | 投标人确认收到招标文件澄清 | 时间:收到澄清后______小时内(以发出时间为准) |
| | | 形式: |
| 2.3.1 | 招标文件修改发出的形式 | |
| 2.3.2 | 投标人确认收到招标文件修改 | 时间:收到修改后______小时内(以发出时间为准) |
| | | 形式: |
| 3.1.1 | 投标文件密封形式 | □双信封 |
| | | □单信封 |
| 3.1.2 | 构成投标文件的其他资料 | |
| 3.2.1 | 增值税税金的计算方法 | |
| 3.2.2 | 工程量清单的填写方式 | □投标人按照招标人提供的工程量固化清单电子文件填写工程量清单,下载网站:__________<br>□投标人按照招标人提供的书面工程量清单填写工程量清单 |
| 3.2.3 | 报价方式 | □单价<br>□总价 |
| 3.2.6 | 是否接受调价函 | □是<br>□否 |

续表

| 条款号 | 条款名称 | 编列内容 |
|---|---|---|
| 3.2.8 | 最高投标限价 | □无<br>□有，最高投标限价______元(其中含暂列金额______元) |
| 3.2.9 | 投标报价的其他要求 | |
| 3.3.1 | 投标有效期 | 自投标人提交投标文件截止之日起计算______日 |
| 3.4.1 | 投标保证金 | 是否要求投标人递交投标保证金：<br>□要求：投标保证金的金额：________________<br>投标保证金可采用的其他形式：________________<br>投标人指定的开户银行及账号如下：<br>账号名称：____________________<br>开户银行：____________________<br>账　　号：____________________<br>采用银行保函时，出具保函的银行级别：______<br>□不要求： |
| 3.4.3 | 投标保证金的利息计算原则 | (1)计算利息的起始日期为投标截至当日，终止日期为招标人退还投标保证金日期的前一日；<br>(2)投标保证金的利息按照第(1)款所述计息时间段内招标人指定汇入银行公告的活期存款利率计付，并扣除招标人汇款手续费；<br>(3)利息金额计算至分位，分以下尾数四舍五入 |
| 3.4.4 | 其他可以不予退还投标保证金的情形 | |
| 3.5 | 资格审查资料的特殊要求 | □无<br>□有，具体要求： |
| 3.5.2 | 近期财务状况的年份要求 | ______年至______年 |
| 3.5.3 | 近年完成的类似项目情况的时间要求 | ______年______月______日至______年______月______日 |
| 3.6.1 | 是否允许递交备选投标方案 | □不允许<br>□允许 |
| 3.7.4 | 投标文件副本份数及其他要求 | 投标文件副本份数：______<br>是否要求提交电子版文件：______<br>其他要求：____________________ |
| 3.7.5 | 装订的其他要求 | |

续表

| 条款号 | 条款名称 | 编列内容 |
| --- | --- | --- |
| 4.1.2 | 封套上应载明的信息（适用于采用双信封形式的招标文件） | 投标文件第一个信封（商务及技术文件）封套：<br>投标人名称：__________<br>投标人地址：__________<br>____（项目名称）____标段施工招标第一个信封（商务及技术文件）投标文件。<br>招标项目编号：____<br>在____年____月____日____时____分前不得开启<br>投标人名称：____<br><br>投标文件第二信封（报价文件）封套：<br>招标人名称：__________<br>招标人地址：__________<br>____（项目名称）____标段施工招标第二个信封（报价文件）投标文件<br>招标项目编号：____<br>在投标文件第二信封（报价文件）开标前不得开启<br>投标人名称：__________<br>投标人地址：__________<br><br>银行保函封套：<br>招标人名称：__________<br>招标人地址：__________<br>____（项目名称）____标段施工招标投标保证金（银行保函原件）<br>招标项目编号：____<br>投标人名称：__________ |
| 4.1.2 | 封套上应载明的信息（适用于采用单信封形式的招标文件） | 投标文件封套：<br>投标人名称：__________<br>投标人地址：__________<br>____（项目名称）____标段施工招标投标文件。<br>招标项目编号：____<br>在____年____月____日____时____分前不得开启<br>投标人名称：__________<br><br>银行保函封套：<br>招标人名称：__________<br>招标人地址：__________<br>____（项目名称）____标段施工招标投标保证金（银行保函原件）<br>招标项目编号：__________<br>投标人名称：__________ |

续表

| 条款号 | 条款名称 | 编列内容 |
|---|---|---|
| 4.2.3 | 是否退还投标文件 | □否<br>□是，退还时间： |
| 5.1 | 开标时间和地点<br>（适用于采用双信封形式的招标文件） | 投标文件第一个信封（商务及技术文件）开标时间：同投标截止时间<br>投标文件第一个信封（商务及技术文件）开标地点：同递交投标文件地点<br>投标文件第二个信封（报价文件）开标时间：________<br>投标文件第二个信封（报价文件）开标地点：________ |
| 5.1 | 开标时间和地点<br>（适用于采用单信封形式的招标文件） | 开标时间：同投标截止时间<br>开标地点：同递交投标文件地点 |
| 5.2.1 | 第一个信封（商务及技术文件）开标程序 | （4）密封情况检查：<u>检查商务及技术文件是否存在提前开启情况</u><br>（5）开标顺序：________ |
| 5.2.3 | 第二个信封（报价文件）开标程序 | （4）密封情况检查：<u>检查报价文件是否存在提前开启情况</u><br>（5）开标顺序：________ |
| 5.2.1 | 开标程序<br>（适用于采用单信封形式的招标文件） | （4）密封情况检查：<u>检查投标文件是否存在提前开启情况</u><br>（5）开标顺序：________ |
| 6.1.1 | 评标委员会的组建 | 评标委员会构成：____人，其中招标人代表____人，专家____人；<br>评标专家确定方式：依法从相应评标专家库中随机抽取 |
| 6.3.2 | 评标委员会推荐中标候选人的人数 | |
| 7.1 | 中标候选人公示媒介及期限 | 公示媒介：<br>公示期限：________日<br>公示的其他内容：________ |
| 7.4 | 是否授权评标委员会确定中标人 | □是<br>□否 |
| 7.5 | 中标通知书和中标结果通知发出的形式 | |
| 7.6 | 中标结果公告媒介及期限 | 公告媒介：________<br>公告期限：________日 |

续表

| 条款号 | 条款名称 | 编列内容 |
| --- | --- | --- |
| 7.7.1 | 履约保证金 | 是否要求中标人提交履约保证金：<br>□要求，履约保证金的形式：银行保函或现金、支票形式。<br>履约保证金的金额：______%签约合同价，被招标项目所在地省级交通运输主管部门评为______信用等级的中标人，履约保证金金额为______%签约合同价。<br>采用银行保函时，出具保函的银行级别：______<br>□不要求 |
| 8.5.1 | 监督部门 | 监督部门：______<br>地　　址：______<br>电　　话：______<br>传　　真：______<br>邮政编码：______ |
| 9 | 是否采用 | □否 |

(3)评标办法

评标办法应对评标方法、评审因素和标准、评标程序以及评标结果等作出规定。《公路工程标准施工招标文件》(2018 年版)中规定了合理低价法、技术评分最低标价法、综合评分法、经评审的最低投标价法 4 种评标方法，招标人应根据招标项目的具体特点和实际需要选择适宜的评标方法。招标人应针对初步评审和详细评审分别制订相应的评审因素和标准。

(4)合同条款及格式

《公路工程标准施工招标文件》(2018 年版)中关于合同条款及格式的主要内容包括通用合同条款、专用合同条款及合同附件的格式。其中，通用合同条款是适用于所有工程项目的标准化合同条款。专用合同条款是适用于所有公路工程项目的标准化合同条款，交通运输部结合公路工程施工招标特点和管理需要，对《标准施工招标文件》(2017 年版)中的通用合同条款进行补充、细化，形成了现行的《公路工程标准施工招标文件》(2018 年版)中的公路港工程专用合同条款。

(5)工程量清单

工程量清单的编制是编制招标文件中的一项重要工作，需要具有工程造价职业资格的工作人员来完成。工程量清单应根据《公路工程标准施工招标文件》(2018 年版)，结合招标项目的具体特点和需要进行编制，与“投标人须知”“通用合同条款”“专用合同条款”“技术规范”以及“图纸”相衔接。

(6)图纸

图纸是招标文件的组成部分，也是编制招标工程量清单的主要依据，《公路工程标准施工招标文件》(2018 年版)中规定图纸另册。

发包人提供的图纸中的工程数量表内数值，仅供施工作业时参考，并不代表承包人实际完成的工程数量。

承包人施工时应核对图中标注的构造物尺寸和高程。发现错误时，应立即和监理人联系，按照监理人批准的尺寸及高程实施。

合同授予后，监理人（发包人）可提供进一步的详细图纸或补充图纸，供完成施工工艺图参考。但这并不免除承包人完成施工工艺图和对施工质量负责的任何义务。承包人应向监理人提出图纸使用计划，以保证施工进度不被延误。

（7）技术规范

技术规范

技术规范是招标文件和合同文件中的重要组成部分，并具体说明了承包人履行合同时的具体要求，以及在项目实施过程中应遵守的施工技术规范、计量与支付的相关规定等。

技术规范共分 7 章，第 100 章　总则，第 200 章　路基，第 300 章　路面，第 400 章　桥梁、涵洞，第 500 章　隧道，第 600 章　安全设施及预埋管线，第 700 章　绿化及环境保护设施。每一章分为若干小节，每一节中又包括工程范围、材料要求、施工要求、质量检验、计量与支付等内容。

（8）工程量清单计量规则

工程量清单计量规则

公路工程工程量清单计量规则是《公路工程标准施工招标文件》（2018 年版）中第 8 章的内容，该部分计量规则共分 7 章，第 100 章　总则，第 200 章　路基，第 300 章　路面，第 400 章　桥梁、涵洞，第 500 章　隧道，第 600 章　安全设施及预埋管线，第 700 章　绿化及环境保护设施。标准文件中的标准格式规定了子目号、子目名称、单位、数量、单价和合价，部分内容是编制招标工程量清单，以及投标人编制报价的重要依据。工程量清单表的编制包括划分子目及计算整理工程量两项工作。

（9）投标文件格式

招标人应在此对投标文件的内容格式和编排顺序作出统一规定，以规范投标文件的编制，同时便于评标委员会评标。

招标人可按《公路工程标准施工招标文件》（2018 年版）规定的投标文件格式编制，也可结合招标项目的实际情况，对标准格式进行补充和优化，投标函附录需要招标人按规定的标准格式事先填好，投标人在编制投标文件时签署确认即可。

（10）投标人须知前附表规定的其他资料

《公路工程招标投标管理办法》（2015 年 24 号令）中说明招标人对信用等级高的资格预审申请人、投标人或者中标人，可以给予增加参与投标的标段数量，减免投标保证金，减少履约保证金、质量保证金等优惠措施。优惠措施以及信用评价结果的认定条件应在资格预审文件和招标文件中载明。

《公路工程标准施工招标文件》（2018 年版）规定附录表格内容如下：

表 2.15：资格审查条件（资质最低要求），具体资质要求由招标人在满足国家相关法律法规的前提下，根据招标项目具体特点和实际情况确定。

**表 2.15　资格审查条件（资质最低要求）**

| 施工企业资质等级要求 |
| --- |
| |

表2.16：资格审查条件（财务最低要求），具体财务要求由招标人在满足国家相关法律法规的前提下，根据招标项目具体特点和实际情况确定。例如，招标人可对投标人近3年的平均营业额、流动比率、资产负债率、净资产等提出要求。

表2.16　资格审查条件（财务最低要求）

| 财务要求 |
| --- |
| |

表2.17：资格审查条件（业绩最低要求），具体业绩要求由招标人在满足国家相关法律法规的前提下，根据招标项目具体特点和实际情况确定，但不得设置过高的业绩资格条件。

表2.17　资格审查条件（业绩最低要求）

| 信誉要求 |
| --- |
| |

表2.18：资格审查条件（信誉最低要求），具体信誉要求由招标人在满足国家相关法律法规的前提下，根据招标项目具体特点和实际情况确定，但不得与“投标人须知”第1.4.4项规定的内容重复。

表2.18　资格审查条件（信誉最低要求）

| 信誉要求 |
| --- |
| |

表2.19：资格审查条件（项目经理和项目总工程师最低要求），对项目经理和项目总工程师的具体资格要求由招标人在满足国家相关法律法规的前提下，根据招标项目具体特点和实际情况确定，但不得设置过高的资格条件。

表2.19　资格审查条件（项目经理和项目总工程师最低要求）

| 人　员 | 数　量 | 资格要求 | 在岗要求 |
| --- | --- | --- | --- |
| 项目经理 | | | 无在岗项目（指目前未在其他项目上任职，或虽在其他项目上任职但本项目中标后能够从该项目撤离） |
| 项目总工程师 | | | |

表2.20：资格审查条件（其他管理和技术人员最低要求），仅适用于特别复杂的特大桥梁和特长隧道项目主体工程以及其他有特殊要求的工程。对其他管理和技术人员（如项目副经理、专业工程师等）的最低要求，由招标人在满足国家相关法律法规的前提下，根据招标项目具体特点和实际情况确定，但不得设置过高的资格条件。

表 2.20　资格审查条件(其他管理和技术人员最低要求)

| 人　员 | 数　量 | 资格要求 |
| --- | --- | --- |
| | | |

表 2.21:资格审查条件(主要机械设备和试验检测设备最低要求),仅适用于特别复杂的特大桥梁和特长隧道项目主体工程以及其他有特殊要求的工程。对主要机械设备和试验检测设备的最低要求,由招标人在满足国家相关法律法规的前提下,根据招标项目具体特点和实际情况确定。

表 2.21　资格审查条件(主要机械设备和试验检测设备最低要求)

| 设备名称 | 规格、功率及容量 | 单　位 | 最低数量要求 |
| --- | --- | --- | --- |
| | | | |

**知识链接**

"投标人须知前附表"用于进一步明确正文中的未尽事宜,由招标人根据招标项目具体特点和实际需要编制和填写,且应与招标文件中其他章节相衔接,并不得与本章正文内容相抵触。

"投标人须知前附表"中的附录表格同属"投标人须知前附表"内容,具有同等效力。

**知识链接**

投标预备会后,招标人将对投标人所提问题进行澄清,以投标人须知前附表规定的形式通知所有购买招标文件的投标人。该澄清内容为招标文件的组成部分。招标文件所做的澄清、修改,构成招标文件的组成部分。

招标文件、招标文件的澄清或修改等在同一内容的表述上不一致时,以最后发出的书面文件为准。

**知识链接**

投标保证金是指投标人按照招标文件的要求向招标人出具的,以一定金额表示的投标责任担保。其实质是避免因投标人在投标有效期内随意撤回、撤销投标或中标后不能提交履约保证金和签署合同等行为而给招标人造成损失。投标保证金除现金外,可以是银行出具的银行保函、保兑支票、银行汇票或现金支票。

投标保证金的金额通常有相对比例金额和固定金额两种方式。工程建设项目的投标保证金一般不得超过投标总价的 2%,最高不得超过 80 万元。勘察设计项目的招标文件要求投标人提交投标保证金的,保证金数额一般不超过勘察设计费投标报价的 2%,最多不超过 10 万元。

投标保证金的形式一般有:银行保函或不可撤销的信用证;保兑支票;银行汇票;现金支票;现金;招标文件中规定的其他形式。在招投标实践中,招标人可以在法律法规允许投标保证金形式之外,规定其他可接受的形式,如银行电汇或电子汇兑等。

**知识链接**

《公路工程招标投标管理办法》(2015年24号令)中说明招标人对信用等级高的资格预审申请人、投标人或者中标人,可以给予增加参与投标的标段数量,减免投标保证金,减少履约保证金、质量保证金等优惠措施。优惠措施以及信用评价结果的认定条件应在资格预审文件和招标文件中载明。

2)招标文件的澄清

投标人应仔细阅读和检查招标文件的全部内容。如发现缺页或附件不全,应及时向招标人提出,以便补齐。如有疑问,应按投标人须知前附表规定的时间和形式将提出的问题送达招标人,要求招标人对招标文件予以澄清。

招标文件的澄清以投标人须知前附表规定的形式发给所有购买招标文件的投标人,但不指明澄清问题的来源。澄清发出的时间距规定的投标截止时间不足15日且澄清内容可能影响投标文件编制的,将相应延长投标截止时间。

投标人在收到澄清后,应按投标人须知前附表规定的时间和形式通知招标。

3)招标文件的修改

招标人以投标人须知前附表规定的形式修改招标文件,并通知所有已购买招标文件的投标人。修改招标文件的时间距投标截止时间不足15日且修改内容可能影响投标文件编制的,将相应延长投标截止时间。

投标人收到修改内容后,应按投标人须知前附表规定的时间和形式通知招标人,确认已收到该修改。

4)招标文件的异议

投标人或其他利害关系人对招标文件有异议的,应在投标截止时间10日前以书面形式向招标投标工作监督管理部门或招标人提出。招标人将在收到异议之日起3日内作出答复;作出答复前,将暂停招标投标活动。

## 单元练习

**一、判断题**

1. 投标人须知包括前附表、正文和附表格式3个部分。 (　　)

2. 投标人拒绝延长投标有效期的,无权收回投标保证金。 (　　)

**二、填空题**

1. 招标文件的发售日期不得少于____________日。

2. 招标人采用邀请招标方式的,应当向____________个以上具备承担招标项目的能力、资信良好的特定的法人或者其他组织发出投标邀请书。

**三、单选题**

1. 参与投标的投标人少于(　　)个的,招标人应依法重新招标。

A. 2　　B. 3　　C. 4　　D. 5

2. 不可做投标保证金的是(　　)。

A. 现金　　B. 某行政机关单位的信用担保

C. 银行汇票　　D. 银行保函

3. 根据我国《招标投标法》的规定,招标人需对发出的招标文件进行澄清或修改的,应在招标文件要求提交投标文件的截止时间至少(　　)天前,以书面形式通知所有招标文件收受人。

A. 10　　B. 15　　C. 20　　D. 30

4. 根据《招标投标法》的规定,依法必须进行招标的项目,自招标文件开始发出之日起至投标人提交投标文件截止之日止,最短不得少于(　　)日。

A. 15　　B. 20　　C. 25　　D. 30

5. 甲、乙、丙工程承包单位组成施工联合体参与某项目的投标,中标后联合体接到中标通知书,但尚未与招标人签订合同,联合体投标时提交了 3 万投标保证金。此时两家单位认为该项目盈利太少,于是放弃该项目,对此,《招标投标法》的相关规定是(　　)。

A. 5 万元投标保证金不予退还

B. 5 万元投标保证金退还一半

C. 若未给招标人造成损失,投标保证金退还

D. 若未给招标人造成损失,投标保证金可以退还一半

6. 招标人应当在招标文件中载明投标有效期,投标有效期从(　　)起算。

A. 提交投标文件之日　　B. 发布招标公告之日

C. 提交投标文件截止之日　　D. 提交投标保证金之日

7. 在招标投标过程中,载明招标文件获取方式的是(　　)。

A. 招标公告　　B. 资格预审公告　　C. 招标文件　　D. 投标文件

8. 根据标准施工招标文件,不属于招标文件组成的是(　　)。

A. 投标人须知　　B. 评标办法　　C. 工程量清单　　D. 发布公告的媒介

## 单元 4　编制公路工程标底与招标控制价

### 1. 工程标底的编制

#### 1) 标底的概念、作用及要求

(1) 标底的概念

标底是由招标人计算确定的招标项目的施工底价,是招标人对招标项目工程造价的期望值,也是招标项目在建设市场交易中的预期价格。标底一般作为对投标价进行评审和比较的一个参考价。

(2) 标底的作用

在招标、投标过程中,标底主要具有以下 3 个方面的作用:

①标底是招标过程中防止盲目报价、抑制低价抢标和串通哄抬标价的重要手段。

②标底是评标中衡量投标报价是否合理的尺度,是确定投标单位能否中标的重要依据。

③通过编制标底,可以控制工程造价,核实投资规模。

总之,通过标底的编制,可以促使业主事先加强对工程项目的成本调查和成本预测,做到对

各项费用心中有数，为搞好评标工作和施工过程的投资控制打好基础。

(3)标底的要求

①招标人可以根据项目特点自行决定是否编制标底。招标项目设有标底的，标底由招标人自行编制或委托中介机构编制，并送有关造价或招标管理部门审核后确定。

②标底应控制在批准的概算金额以内。

③一个招标项目只能有一个标底。

④标底的大小必须保密，只有在开标时才能公布标底。

**知识链接**

《中华人民共和国招标投标法》没有明确规定招标工程是否必须设置标底价格，招标人可根据工程的实际情况自己决定是否需要编制标底。一般情况下，即使采用无标底招标方式进行工程招标，招标人在招标时还需要对招标工程的建造费用合理估计，掌握一个基本价格底数，同时可以对各个投标价格的合理性作出理性的判断。

2)标底的编制依据

工程标底一般依据工程招标文件的发包内容范围和工程量清单，依据有关计价办法，按照现行有关工程消耗定额和人工、材料、机械的市场平均价格，结合常规施工组织设计方案编制。

各类工程建设项目标底编制的强制性、指导性和参考性依据主要有以下7点：

①各行业建设工程工程量清单计价规范；

②国家或省级行业建设主管部门颁发的计价定额和计价办法；

③建设工程设计文件及相关资料；

④招标文件的工程量清单及有关要求；

⑤工程建设项目的相关标准、规范、技术资料；

⑥工程造价管理机构或物价部门发布的工程造价信息或市场价格信息；

⑦其他相关资料。

公路工程招标项目标底的编制依据主要有以下6个方面：

①招标文件。标底作为衡量和评审投标价的尺度，招标人必须与投标人一样，要将招标文件中的投标人须知、合同条款、工程量清单及图纸等作为编制标底必须遵守的主要依据。

②概、预算定额。概、预算定额是国家按照合理的施工组织和一般正常的施工条件编制的专业或地区统一定额，是一种具有法定性的指标。要利用标底来控制投资额和作为招标工程的预期价格，就应该按现行概、预算定额及国家规定的其他计价依据来编制标底。

③费用定额。编制标底时，有关其他工程费、间接费、利润和税金等应根据有关费用定额规定的取费标准，结合招标工程的工程规模、招标方式、招标文件的有关规定及参加投标的各施工企业的情况而定。

④工、料、机价格。工、料、机价格是计算直接工程费的主要依据。人工工资应按国家规定的计价依据和当地规定的有关工资标准计算；材料预算单价采用地区规定的指导价或以市场供应价为基础分析的材料运抵工地的交验价格；机械台班预算单价按地区或行业统一的公路工程机械台班费用定额确定。

⑤设计概算或施工图预算文件。经上级主管部门或有关方面审查批准的初步设计和概算文件或施工图设计和预算文件，也是标底编制的主要依据。标底不能超过批准的设计概算或施

工图预算的金额。

⑥施工组织方案。标底的许多方面都与施工组织方案有关，如临时工程的数量、路基路面采用的施工机械、钻孔桩的钻机型号、架梁方案等。有了完善的施工组织方案，才能编好标底。

### 3）标底的编制程序

招标文件中的商务条款一经确定，即可进入标底编制阶段。工程标底的编制程序如下：

①确定标底的编制单位。标底由招标单位自行编制或委托经建设行政主管部门批准的具有编制标底资格和能力的中介机构代理编制。

②收集编制资料：

a. 全套施工图纸及现场地质、水文、地上情况的有关资料。

b. 招标文件。

c. 领取标底价格计算书、报审的有关表格。

③参加交底会及现场勘察。标底编审人员均应参加施工图交底、施工方案交底以及现场勘察、招标预备会，以便于进行标底的编审工作。

④编制标底。编制人员应严格按照国家的有关政策、规定，科学公正地编制标底价格。

⑤审核标底价格。

### 4）标底文件的主要内容

①标底的综合编制说明。

②标底价格审定书、标底价格计算书、带有价格的工程量清单、现场因素、各种施工措施费的测算明细以及采用固定价格工程的风险系数测算明细等。

③主要人工、材料、机械设备用量表。

④标底附件，如各项交底纪要，各种材料及设备的价格来源，现场的地质、水文、地上情况的有关资料，编制标底价格所依据的施工方案或施工组织设计等。

⑤标底价格编制的有关表格。

**知识链接**

标底的编制和概预算的区别在于标底根据招标文件（或合同）中明确的承包人的义务来编制，编制时仅考虑建筑安装工程费。

### 5）标底编制注意事项

编制一个合理、可靠的标底价格还必须在收集和分析各种资料的基础上考虑以下因素：

①标底必须适应目标工期的要求，应对提前工期因素有所反映。应将目标工期对照工期定额，按提前天数给出必要的赶工费和奖励，并列入标底。

②标底必须适应招标方的质量要求，应对高于国家施工及验收规范的质量因素有所反映。标底包括与造价相应的主要施工方案及质量保证措施。工程质量标准应按国家相关的施工及验收规范的要求。

③标底必须适应建筑材料采购渠道和市场价格的变化，考虑材料涨价因素，并将风险因素列入标底。标底与报价计算的口径要一致。

④标底必须合理考虑招标工程的自然地理条件和招标工程范围等因素。将地下工程及“三通一平”等招标工程范围内的费用正确地计入标底价格。自然条件导致的施工不利因素也应考虑计入标底。

⑤选择先进的施工方案计算标底价格，并应根据招标文件规定的工程发承包模式，确定相应的计价方式，考虑相应的风险费用。

**知识链接**

标底价格的审查有两种做法：一是报招标管理机构直接审查；二是由招标管理机构和各地造价管理部门委托当地2～3家资质较高、社会信誉较好、人员素质与能力较强的中介机构审查。招标人要求审查的时间比编制标底的时间更短，一般为1～3天。

### 2. 招标控制价的编制

#### 1）招标控制价的概念

招标控制价是《建设工程工程量清单计价规范》（GB 50500—2013）新增的术语。招标控制价是指招标人根据国家或省级、行业建设主管部门颁发的有关计价依据和办法，按设计施工图纸计算，对招标工程限定的最高工程造价，是招标人对招标工程的最高限价。

**知识链接**

《公路工程建设项目招标投标管理办法》（2015年24号令）规定，招标人可以自行决定是否编制标底或者设置最高投标限价。

#### 2）招标控制价的适用原则

《建设工程工程量清单计价规范》（GB 50500—2013）规定，国有资金投资的工程建设项目应实行工程量清单招标，并应编制招标控制价。招标控制价超过批准的概算时，招标人应将其增加部分报原概算审批部门审核。投标人的投标报价高于招标控制价的，其投标应予以拒绝。该条规包含以下3个原则：

①有利于客观合理地评审投标报价，避免哄抬标价，造成国有资产的流失。国有资金投资的工程建设项目应编制招标控制价，作为招标人能够接受的最高控制价格。

②我国对国有资金投资的工程建设项目的投资控制实行投资概算控制制度，因此，招标控制价超过批准的概算时，招标人应当将其报原概算审核部门审核。

③国有资金投资的工程其招标控制价相当于政府采购中的采购预算，根据《中华人民共和国采购法》中"投标人的报价均超过了采购预算，采购人不能支付"的精神，规定在国有资金投资工程的招投标活动中，投标人投标报价不能超过招标控制价，否则其投标将被拒绝。

招标控制价应由具有编制能力的招标人，或受其委托具有相应资质的工程造价咨询人编制。

#### 3）招标控制价的编制方法

招标控制价编制方法有工料单价法、综合单价法等方法。

（1）工料单价法

工料单价法指分部分项工程项目单价采用直接工程费单价（人工单价、材料单价、机械单价）的一种计价方法，综合费用（企业管理费和利润）、规费及税金单独计取。工料单价是指完成一个规定计量单位项目所需的人工费、材料费、施工机械使用费。

招标控制价按工料单价法编制的主要步骤如下：

①资料收集和市场调查；

②研究招标文件，进行现场考察，明确承包人的义务及风险责任；

③确定施工方案和施工方法，编制施工进度计划；

④编制施工图预算（或概算），计算建筑安装工程费及根据合同应发生在承包方的其他费用；

⑤工程细目的单价分析；

⑥综合形成控制价。

（2）综合单价法

综合单价法是建筑安装工程费计算中的一种计价方法。综合单价法的分部分项工程单价为全费用单价，全费用单价经综合计算后生成，其内容包括直接工程费、间接费、利润和风险因素（措施费也可按此方法生成全费用价格）。各分项工程量乘以综合单价的合价汇总后，再加规费和税金，便可生成建筑安装工程费。其编制方法和步骤与投标报价编制基本一致。

（3）区分工料单价法和综合单价法

①综合单价法是分部分项工程单价为全费用单价，全费用单价经综合计算后生成，其内容包括直接工程费、间接费、利润和税金（措施费也可按此方法生成全费用价格），而工料单价法的分部分项工程单价只包括直接工程费。

②工料单价法属于定额计价法，而综合单价法属于工程量清单计价法。

③结算时，综合单价法所含的各细目不能重复计量。

**知识链接**

2000 年实施的《中华人民共和国招标投标法》规定，招标工程如设有标底的，标底必须保密。但自 2003 年 7 月 1 日起施行工程量清单计价制度后，对招标时评标定价的管理方式已发生根本性的变化，很多省市取消低价中标的做法。投标企业为争取更大的效益开始串标与围标。为遏止投标人围标、串标、哄抬标价，许多省市相继出台控制最高限价的规定，名称不一，有的命名为拦标价、最高报价值，有的命名为预算控制价、最高限价等，均要求在招标文件中同时公布，并规定投标人的报价如超过公布的最高限价，其投标将作为废标处理，以解决上述问题。

为避免与《中华人民共和国招标投标法》关于标底必须保密的规定相违背，《建设工程工程量清单计价规范》（GB 50500—2013）将其定义为“招标控制价”。招标控制价应采用工程量清单计价法编制。

4）招标控制价的组成

招标控制价由 5 部分组成：分部分项工程量清单计价、措施项目清单计价、其他项目清单计价、规费和税金。招标控制价编制单位按工程量清单计算组价项目，根据项目特点进行综合分析，然后按市场价格和取费标准、取费程序及其他条件计算综合单价（含完成该项工程内容所需的所有费用），最后汇总成招标控制价。其中，措施项目费的编制要根据工程所在地常用的施工技术与施工方案计取。

各省、地区对招标控制价编制的方法与内容要求均作了详细的规定。对招标控制价公布的时间也作了相应的要求。

5）招标控制价的优点

①可有效控制投资，防止恶性哄抬报价所带来的投资风险。

②提高透明度，避免暗箱操作、寻租等违法活动的产生。

③使各投标人自主报价、公平竞争，符合市场规律。投标人自主报价，不受标底的左右。

④既设置控制上限，又尽量减少业主对评标基准价的影响。

### 6）招标控制价编制人资格要求

招标控制价应由具有编制能力的招标人编制。当招标人不具有编制招标控制价的能力时，可委托具有相应资质的工程造价咨询人编制。

所谓具有相应资质的工程造价咨询人是指根据《工程造价咨询企业管理办法》（建设部令第149号）的规定，依法取得工程造价咨询企业资质，并在其资质许可的范围内接受招标人的委托，编制招标控制价的工程造价咨询企业，即取得甲级工程造价咨询资质的咨询人可承担各类建设项目的招标控制价编制；取得乙级（包括乙级暂定）工程造价咨询资质的咨询人，则只能承担5 000万元以下的招标控制价的编制。另外，根据《招标代理服务收费管理暂行办法》（计价格〔2002〕1980号）的规定，取得资质的招标代理机构可以从事编制招标控制价（标底）的工作。

**知识链接**

根据《中华人民共和国招标投标法实施条例》第二十七条的规定，招标人设有最高投标限价的，应当在招标文件中明确最高投标限价或者最高投标限价的计算方法。招标人不得规定最低投标限价。

所以，招标控制价一般情况下应当在招标文件中载明，最迟发出时间不得迟于投标截止时间前15天。另外，住房和城乡建设部曾出台过“在投标截止时间前至少3天公布招标控制价”的规定。按照国家《中华人民共和国立法法》对法律、法规、部门规章、规范性文件效力层级和颁布时间先后的规定，应当执行《中华人民共和国招标投标法实施条例》的有关规定。

**典型案例**

某工程招标控制价公示文件如下所示，招标控制价分析表见表2.22，暂估价明细表见表2.23。

**××工程最高限价公示**

项目编号：××××

本工程的最高限价为3 817.80万元，标底为4 050.00万元。

其中：

食堂土建工程最高限价为329.00万元。

教学楼土建工程最高限价为1 128.00万元。

宿舍楼土建工程最高限价为940.00万元。

食堂安装工程最高限价为379.00万元。

教学楼安装工程最高限价为473.60万元。

宿舍楼安装工程最高限价为568.20万元。

公示期为20××年××月××日至20××年××月××日。

招标人（盖章）：　　　　招标代理机构（盖章）：

20××年××月××日　　　　20××年××月××日

**表 2.22　招标控制价分析表**

工程名称：

| 工程项目序号 | 单位工程名称 | 工程造价/元 | 其中暂估价/元（包括暂列金额、专业工程暂估价） |
|---|---|---|---|
| 1 | 食堂土建工程 | 3 500 000 | |
| 2 | 教学楼土建工程 | 12 000 000 | |
| 3 | 宿舍楼土建工程 | 10 000 000 | |
| 4 | 食堂安装工程 | 4 000 000 | 500 000 |
| 5 | 教学楼安装工程 | 5 000 000 | 600 000 |
| 6 | 宿舍楼安装工程 | 6 000 000 | 700 000 |
| 标底 | 合计（标底） | 40 500 000 | 1 800 000 |
| | | | |
| 其　中 | 暂估价其他项目（材料暂估以为）明细 | 金额/元 | 说　明 |
| 1 | 暂列金额 | 200 000 | 预留金 |
| 2 | 专业工程暂估价 | 50 000 | |
| | | | |
| | | | |
| 最高限价 | 38 178 000 元 | 限价让利比率 | 6% |
| 计算公式 | （标底－暂估价汇总）×（1－限价让利比率）＋暂估价汇总＝最高限价 | | |
| 计算结果 | （40 500 000－1 800 000）×（1－6%）＋1 800 000＝3 817 800（元） | | |
| | | | |

注：暂估价汇总包括单位工程中的暂估价合计、暂列金额、专业工程暂估价等，详细情况见“暂估价明细表”。

招标人：

招标代理机构：

20××年××月××日

**表 2.23　暂估价明细表**

工程名称：

| | 序　号 | 项目名称 | 价格/元 | 发包方式 | 备注 |
|---|---|---|---|---|---|
| 专业工程暂估价 | 1 | 幕墙 | 600 000 | 公开招标 | |
| | | | | | |

续表

| | 序 号 | 项目名称 | 数 量 | 暂定单价 | 总价/元 | 发包方式 | 备 注 |
|---|---|---|---|---|---|---|---|
| 其中 | 1 | 防火门 | 50 | 480 | 24 000 | 甲方指定发包 | |
| | 2 | 塑钢窗 | 1 140 | 400 | 456 000 | 公开招标 | |
| | 3 | 塑钢门 | 200 | 500 | 100 000 | | |
| | 4 | 不锈钢护栏 | 500 | 200 | 100 000 | 自行邀请招标 | |
| | 5 | 外墙涂料 | 20 000 | 25 | 500 000 | | |
| | 6 | 卫生间隔断 | 200 | 100 | 20 000 | 甲方指定发包 | |
| 暂估价合计 | 1 800 000 | | | | | | |

注：单项工程或材料采购超过50万元，应当公开招标；10万~50万元应当自行邀请招标；低于10万元或特殊项目（经批准）可采用直接发包。

招标人（盖章）：　　　　　　　　招标代理机构（盖章）：

问题：

1. 招标控制价公示时间如何规定？

2. 招标控制价公示所需资料有哪些？

3. 对招标控制价异议如何处理？

答案分析：

1. 招标控制价公示时间

①招标控制价必须在开标前3天进行网上公示。

②招标人或招标代理机构应当提前一天（开标前4天）向招标办提交“招标控制价公示文件”及其附件。

③未及时提交或提交资料不符合要求导致未能在开标前3天进行网上公示的，招标项目应延迟开标，相应法律后果由招标人及招标代理机构承担。

2. 招标控制价公示所需资料

①招标控制价公示文件（需加盖招标人及招标代理机构公章）。

②招标控制价分析表（需加盖招标人及招标代理机构公章）。

③暂估价明细表（需加盖招标人及招标代理机构公章）。

④标底封面（需招标代理机构及造价师签章）。

⑤标底编制说明（需招标代理机构及造价师签章）。

⑥标底价汇总表（需招标代理机构及造价师签章）。

⑦单位工程招标控制价汇总表（需招标代理机构及造价师签章）。

⑧关于招标控制价的说明（最高限价过低或过高时提供，加盖招标人及招标代理机构公章）。

3. 招标控制价异议处理

①如有投标单位对招标控制价提出异议，招标人及招标代理机构最晚应在开标前一天作出是否调整的决定。

②如不调整，则按期开标。

③如需调整，则需先向招标办报送暂缓开标的书面材料，并需通知所有投标单位。然后根据招标项目实际要求调整招标控制价。报送新的招标控制价公示时，除规定所需材料外，还需报送关于招标控制价调整的书面说明，写明调整的原因、理由、内容等。

## 单元练习

**一、判断题**

1. 一个公路工程项目只能编制一个标底。（　　）

2. 标底价格开标时不允许公开。（　　）

**二、填空题**

1. 招标人设有最高投标限价的，应在＿＿＿＿＿＿中明确最高投标限价或者最高投标限价的计算方法。

2. 建设工程项目招标控制价的编制主体是＿＿＿＿＿＿或＿＿＿＿＿＿。

**三、单选题**

1. 招标项目设有标底的，标底应当在（　　）时公布。

A. 发布招标公告　　B. 发售招标文件

C. 开标　　D. 评标

2. 在建设工程施工招投标过程中，关于招标项目标底或投标限价的说法，正确的是（　　）。

A. 若招标项目设有标底，开标前应当公布

B. 不应规定最低投标限价

C. 评标时可以投标报价接近标底作为中标条件

D. 可以投标报价超过标底上下15%作为否定投标的条件

3. 关于招标控制价的相关规定，下列说法中正确的是（　　）。

A. 国有资金投资的工程建设项目，应编制招标控制价

B. 招标控制价应在招标文件中公布，仅需公布总价

C. 招标控制价超过设计概算3%以内时，招标人不必将其报原概算审批部门审核

D. 当招标控制价复查结论超过原公布的招标控制价3%以内时，投标人应责成招标人改正

4. 关于招标控制价及其编制，下列说法中正确的是（　　）。

A. 招标人不得拒绝高于招标控制价的投标报价

B. 当重新公布招标控制价时，原投标截止期不变

C. 经复核认为招标控制价误差大于±3%时，投标人应责成招标人改正

D. 投标人经复核认为招标控制价未按规定编制的，应在招标控制价公布后向投标监督机构和工程造价管理机构投诉

**四、多选题**

招标控制价也可称为（　　）。

A. 拦标价　　B. 限定价　　C. 暂估价　　D. 预算控制价　　E. 最高报价

# 单元5 公路工程施工招标工作的组织实施

## 1. 建设工程招标基本程序

建设工程公开招标主要程序包括招标准备，编制招标文件，投标人的资格预审，发售招标文件，开标、评标与定标，签订合同。具体步骤如图2.1所示。

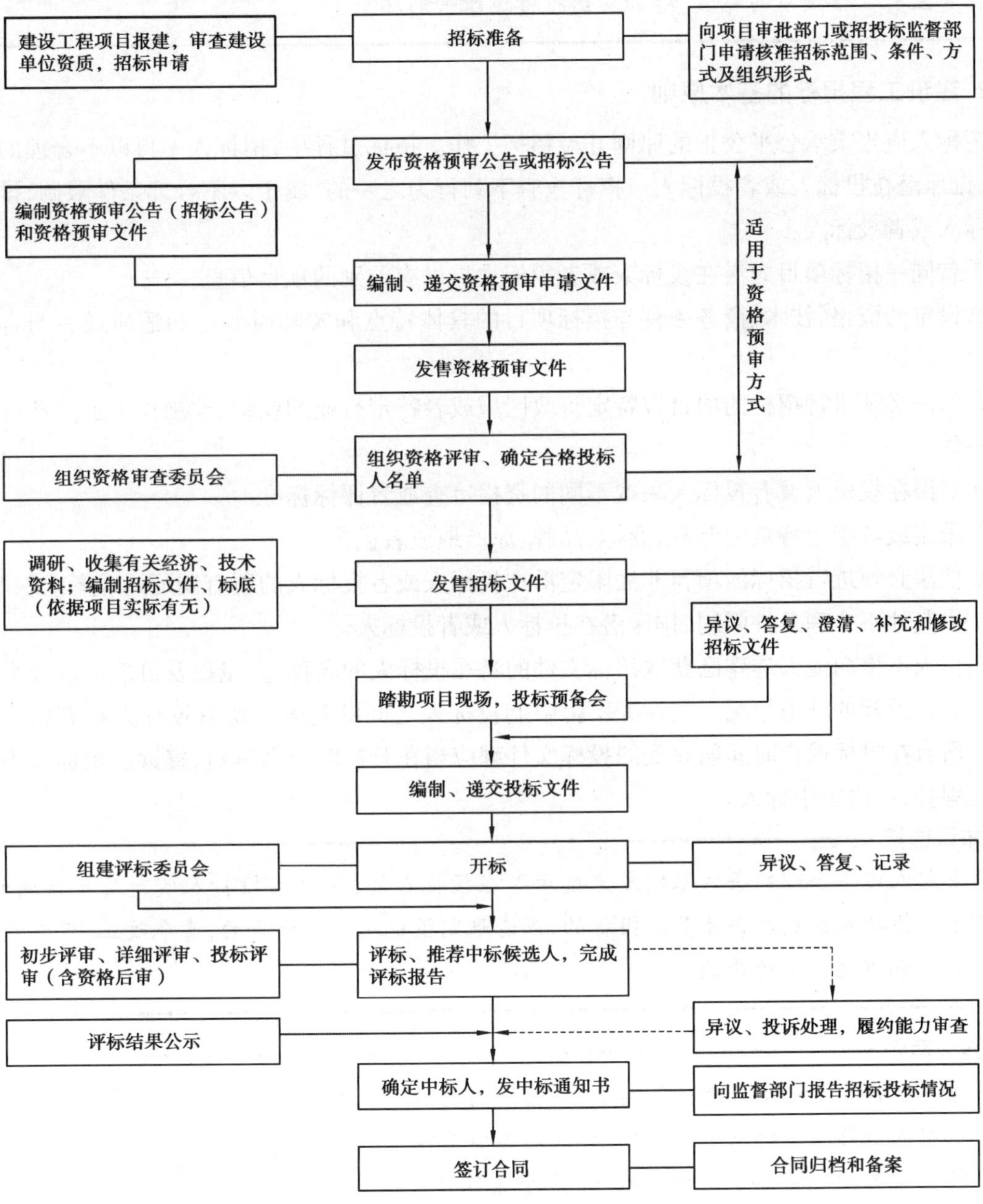


图2.1 建设工程公开招标主要程序

招标是招标人选择中标人并与其签订合同的过程，而投标则是投标人力争获得实施合同的竞争过程。招标人和投标人均需遵循招标投标的法律法规进行招投标活动。全部活动过程是有步骤、有秩序进行的，无论是招标人还是投标人都要进行大量的工作。在全部活动过程中，招投标管理机构都要起到相应的审查或监督作用。

建设工程公开招标一般都要经过3个阶段:第一阶段为招标准备阶段,从建设工程项目报建开始到编制招标控制价为止;第二阶段为招标投标阶段,从发布招标(资格预审)公告开始到接受投标文件为止;第三阶段为决标成交阶段,从开标开始到与中标人签订承包合同为止。

**知识链接**

邀请招标程序是招标人直接向投标人发出邀请,其程序与公开招标大同小异,主要区别在于没有资格预审的环节,增加发出投标邀请书的环节。

**2. 建设工程招标的基本原则**

招标人应当秉承公平公正的原则开展招标工作。招标过程中,招标人不得以不合理的条件限制、排斥潜在投标人或者投标人。招标人有下列行为之一的,属于以不合理条件限制、排斥潜在投标人或者投标人:

①就同一招标项目向潜在投标人或者投标人提供有差别的项目信息。

②设定的资格、技术、商务条件与招标项目的具体特点和实际需要不相适应或者与合同履行无关。

③依法必须进行招标的项目以特定行政区域或者特定行业的业绩、奖项作为加分条件或者中标条件。

④对潜在投标人或者投标人采取不同的资格审查或者评标标准。

⑤限定或者指定特定的专利、商标、品牌、原产地或者供应商。

⑥依法必须进行招标的项目非法限定潜在投标人或者投标人的所有制形式或者组织形式。

⑦以其他不合理条件限制、排斥潜在投标人或者投标人。

招标人不得向他人透露已获取招标文件的潜在投标人的名称、数量以及可能影响公平竞争的有关招标投标的其他情况。招标人不得限制投标人之间的竞争。所有投标人都有权参加开标会。所有在投标截止时间前收到的投标文件都应当在开标时当众拆封、宣读。招标人不得与投标人串标,或内定中标人。

**知识链接**

招标人以不合理的条件限制或者排斥潜在投标人的,对潜在投标人实行歧视待遇的,强制要求投标人组成联合体共同投标的,或者限制投标人之间竞争的,责令改正,可以处一万元以上五万元以下的罚款。

**典型案例**

某省将投资1亿元兴建一高速公路,其中高速公路施工采用公开招标方式选定施工单位。招标人依据项目特点,确定的招标采购各项工作需求时间如下:

①编制并确定招标方案和计划——3个工作日;

②协商并签订招标代理协议——3个工作日;

③编制资格预审文件——3个工作日;

④发布资格预审公告，出售资格预审文件——5 个工作日；

⑤潜在投标人编制资格预审申请文件——5 个工作日；

⑥接受资格预审申请文件并组织资格评审——2 个工作日；

⑦招标人提供施工图纸及有关技术资料——签订委托协议后 3 个工作日内；

⑧编制招标文件——接到图纸后 5 个工作日；

⑨编制工程标底——10 个工作日；

⑩发出资格预审合格通知书，发售招标文件——5 个工作日。

根据上述内容回答以下问题：

(1)对于工程建设施工项目，出售招标文件、投标人编制投标文件、招标文件书面澄清文件发出的时限分别是什么？

(2)试画出本项目招标工作流程的关键路径，并计算招标全过程所需的总时间。

【焦点分析】

(1)按照国家规定，工程建设施工项目，出售招标文件的时间不应少于 5 个工作日，投标人编制投标文件的时间不应少于 20 日，招标文件书面澄清文件应在投标截止日至少 15 日前发出。

(2)根据本例中招标各环节的时间和先后顺序，可分析出关键路径：2-4-5-6-10-0-0-4-6-6-0。

此外，还需注意以下 6 点：

a. 招标方案和计划的编制①可与委托协议的签订②同步进行；

b. 提供图纸⑦和编制招标文件⑧可与资格预审过程同步进行；

c. 编制工程标底⑨可在开标评标前 1 个工作日完成；

d. 编制投标文件⑧自发售招标文件⑩开始之日起计算；

e. 现场踏勘及答疑会可在编制投标文件⑧的过程中同步进行（注意答疑会需在开标前 15 日完成）；

f. 抽取评标专家可在开评标前 1 个工作日内完成。

根据上述分析，招标全过程所需的总时间为 54 个工作日。

## 单元练习

### 一、判断题

1. 招标人应当秉承公平公正的原则开展招标工作。（　　）

2. 招标人不得以不合理的条件限制、排斥潜在投标人或者投标人。（　　）

### 二、填空题

建设工程公开招标一般都要经过 3 个阶段，分别为__________、__________、__________。

### 三、单选题

1. 工程建设招标的基本程序主要包括:①发售招标文件;②编制招标文件;③委托招标代理机构;④工程项目招标许可审批手续;⑤开标、评标;⑥签订合同;⑦发售招标公告;⑧发出中标通知书。上述程序正确的排列顺序是(　　)。

A. ④③②⑦①⑤⑧⑥　　B. ①②③④⑤⑥⑦⑧

C. ③②④⑦①⑤⑧⑥　　D. ②③①④⑦⑤⑥⑧

2. 下列关于工程施工招标程序的相关说法,错误的是(　　)。

A. 现场踏勘是由招标人组织的

B. 招标人必须委托招标代理机构进行招标事宜

C. 评标委员会成员中技术、经济等方面的专家不得少于成员总数的2/3

D. 在踏勘现场后组织投标预备会

### 四、多选题

1. 下列情况,应当进行重新招标的情形有(　　)。

A. 投标截止时间后招标人不同意开标的　　B. 投标截止时间止,投标人少于3家的

C. 投标人投诉中标人　　D. 经评标委员会评审后否决所有投标的

E. 投标人不接受评标评审结果的

2. 下列工作中,在组织现场踏勘前进行的工作为(　　)。

A. 发布招标公告　　B. 编制发放资格预审文件

C. 确定合格投标申请人　　D. 召开投标预备会

E. 接受投标文件

3. 组织投标人踏勘现场的时间一般应在(　　)之前进行。

A. 投标预备会召开15日之前　　B. 投标预备会召开之前

C. 投标人资格预审之前　　D. 发售招标文件之前

E. 投标截止时间15日之前

4. 在工程施工招投标过程中,关于投标预备会的说法,正确的是(　　)。

A. 投标预备会是法定的招标程序　　B. 投标预备会上应进行招标工程交底

C. 投标预备会由工程监理单位组织召开　　D. 投标预备会应澄清投标人提出的质疑

E. 投标预备会后投标人不得再提出质疑的问题

5. 招标过程可以粗略地划分为招标准备阶段、接受投标书阶段、评标决标阶段顺序进行,评标、决标阶段的工作包括(　　)。

A. 开标　　B. 评标　　C. 澄清投标书的质疑

D. 提交评标报告　　E. 提交投标保证金

# 模块3　公路工程施工投标

【知识框架】

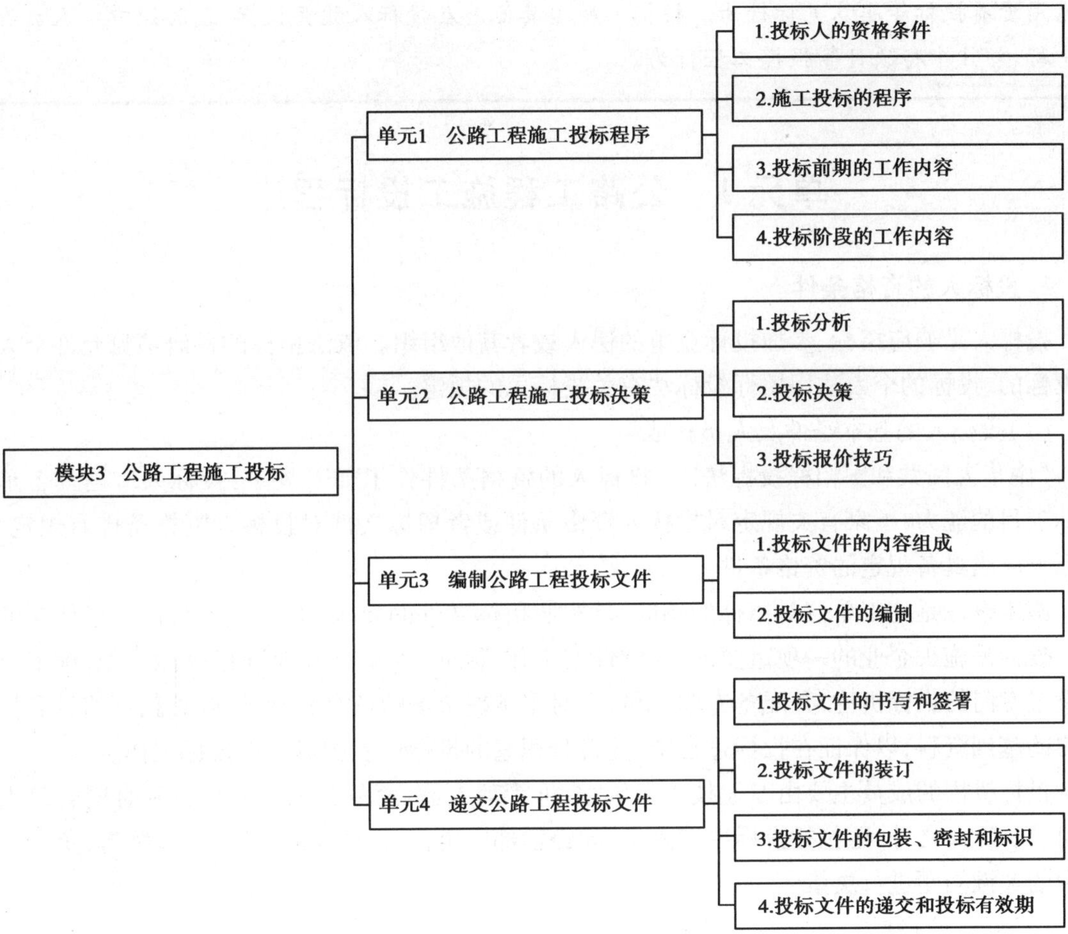


【知识目标】

1. 掌握投标人的资格条件。

2. 熟悉公路工程施工的基本程序。

3. 熟悉决策树的计算过程和使用方法。

【能力目标】

1. 能根据公路工程施工的基本程序有效开展各阶段工作。

2. 能结合实际工程项目特点选择投标决策方法、灵活应用多种报价技巧。

3. 能编制投标文件并完成投标文件的递交。

**课程导入**

2021年8月21日，中华人民共和国住房和城乡建设部办公厅开展工程建设领域整治工作，内容中强调为深入贯彻党中央关于常态化开展扫黑除恶专项斗争的决策部署，落实全国扫黑除恶专项斗争领导小组工作要求，加强房屋建筑和市政基础设施工程招标投标活动监管，治理恶意竞标、强揽工程等突出问题，决定开展房屋建筑和市政基础设施工程建设领域（以下简称“工程建设领域”）整治工作。总体要求以习近平新时代中国特色社会主义思想为指导，聚焦工程建设领域存在的恶意竞标、强揽工程等突出问题，严格依法查处违法违规行为，及时发现和堵塞监管漏洞，建立健全源头治理的防范整治长效机制，持续规范建筑市场秩序。整治重点整治工作中开展投标人串通投标、以行贿的手段谋取中标、挂靠或借用资质投标等恶意竞标行为。投标人胁迫其他潜在投标人放弃投标，或胁迫中标人放弃中标、转让中标项目等强揽工程行为。

## 单元1　公路工程施工投标程序

### 1. 投标人的资格条件

投标人是响应招标、参加投标竞争的法人或者其他组织。依法招标的科研项目允许个人参加投标的，投标的个人适用招标投标法有关投标人的规定。

（1）投标人的基本条件及人员构成

《中华人民共和国招标投标法》对投标人的资格条件作了如下规定：投标人应当具备承担招标项目的能力；国家有关规定对投标人资格条件或者招标文件对投标人资格条件有规定的，投标人应当具备规定的资格条件。

施工投标是施工单位对招标的响应，是按照招标文件的要求，通过竞争获得工程任务的过程。投标是施工企业的一项重要的、经常性的工作，因而，为了有效地进行投标工作，施工企业应设置专门的投标机构，并配备专职人员，平时多掌握市场的信息和动态，收集招标信息和投标所需的基础资料，以保证在投标过程中，凭自身积累的投标经验积极开展投标工作。

投标机构的成员主要由专业技术人员、造价管理人员、商务金融专业人员和合同管理类人员组成。除此之外，还包括投标决策人员，如经营部门负责人、公司经理、总工程师等，负责对投标中的关键问题进行决策。

（2）联合体投标

两个以上法人或者其他组织可以组成一个联合体，以一个投标人的身份共同投标。联合体各方签订共同投标协议后，不得再以自己的名义单独投标，也不得组成新的联合体或参加其他联合体在同一项目中投标。

招标人接受联合体投标并进行资格预审的，联合体应当在提交资格预审申请文件前组成。资格预审后联合体增减、更换成员的，其投标无效。联合体各方应当指定牵头人，授权其代表所有联合体成员负责投标和合同实施阶段的主办、协调工作，并应当向招标人提交由所有联合体成员法定代表人签署的授权书。

联合体投标的，应当以联合体各方或者联合体中牵头人的名义提交投标保证金。以联合体中牵头人名义提交的投标保证金，对联合体各成员具有约束力。

**知识链接**

与招标人存在利害关系可能影响招标公正性的法人、其他组织或个人，不得参加投标。单位负责人为同一人或者存在控股、管理关系的不同单位，不得参加同一标段投标或者未划分标段的同一招标项目投标。违反规定的，相关投标均无效。

下列行为均属投标人串通投标报价：

①投标人之间相互约定抬高或压低投标报价；

②投标人之间相互约定，在招标项目中分别以高、中、低价位报价；

③投标人之间先进行内部竞价，内定中标人，然后再参加投标；

④投标人之间其他串通投标报价的行为。

下列行为均属招标人与投标人串通投标：

①招标人在开标前开启投标文件并将有关信息泄露给其他投标人，或者授意投标人撤换、修改投标文件；

②招标人向投标人泄露标底、评标委员会成员等信息；

③招标人明示或者暗示投标人压低或抬高投标标价；

④招标人明示或者暗示投标人为特定投标人中标提供方便；

⑤招标人与投标人为谋求特定中标人采取的其他串通行为。

**2. 施工投标的程序**

我国公路工程市场已广泛采用招投标的方式、竞争确定中标单位、投标的程序与招标程序相配合，具体投标程序如图3.1所示。对收集到的招标信息，施工单位首先应根据招标条件，通过调查、分析、研究，选定投标项目，并按要求购买资格预审文件参加资格预审。如果通过资格预审，就可以取得投标资格。然后，投标人购买招标文件，并对其进行分析、研究，进行工程现场勘察和市场调查，收集有关信息资料，在此基础上计算投标报价并编制投标文件，最后按规定的时间和地点递交投标文件。

**3. 投标前期的工作内容**

1）进行市场调查和收集信息资料

投标竞争是一件十分复杂且充满风险的工作，在投标前投标企业应当进行大量的准备工作，对工程建设市场进行详尽的调查研究，广泛收集有关项目及招投标信息，同时认真研究和分析所收集的资料，从而为投标决策提供依据，为参加项目投标做好准备。投标时也要广泛收集市场报价信息，并且根据招标文件的要求在规定的期限内向招标单位递交投标文件，提出合理报价，以争取中标。

2）选择投标项目

投标项目的选择情况将直接影响是否中标及中标后给企业带来的利益，所以，投标项目的选择是企业投标前的重要决策。

在获取招标信息后，施工企业首先要根据招标工程的特点，工程所在地的环境情况，本公司可以投入的人员、设备及资金情况，近期及长远目标等关键因素进行可行性研究分析，进而做出投标决策，正确决定是否投标、投什么项目的标。

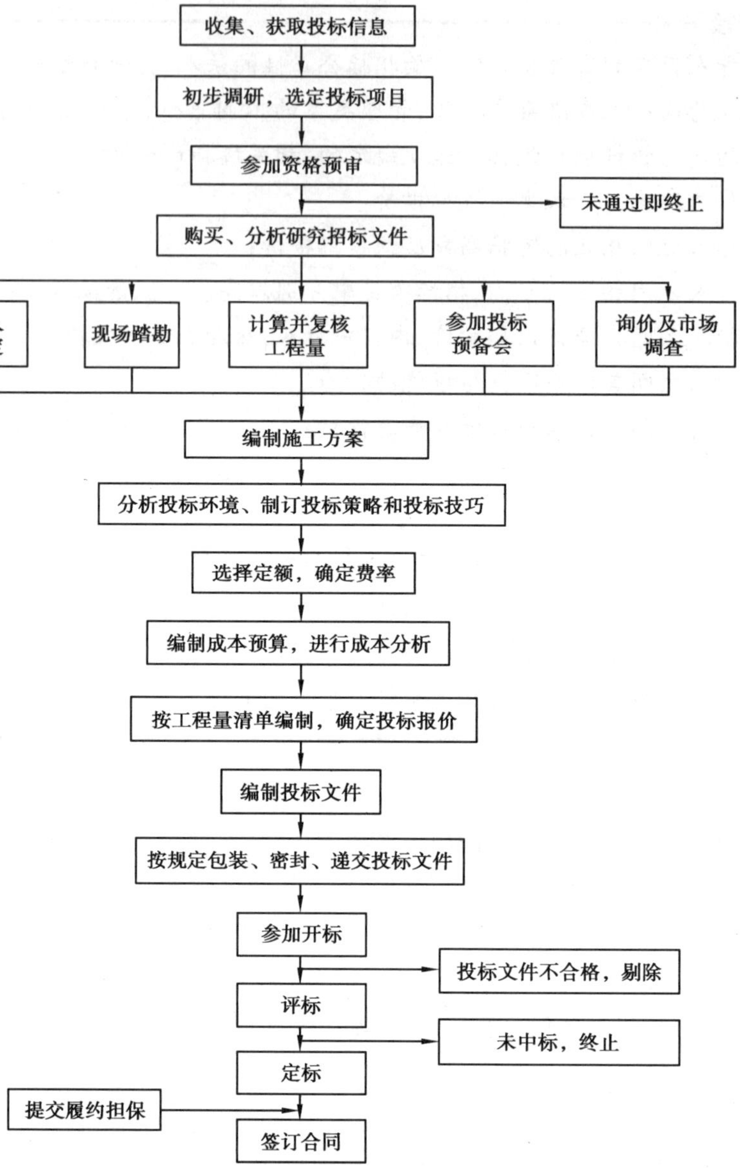


图3.1　施工投标基本程序

施工企业应该选择有一定利润空间、投标环境良好、符合公司的目标和经营宗旨、符合公司的自身条件且能充分利用企业现有施工设备，能发挥企业自身专业特长和技术优势、有一定竞争取胜的把握和机会、项目的可靠性和资金来源能够得到保证的项目进行投标。

总体来说，选择投标项目要根据市场的发展前景和公司的战略方针而定，应该选择能更好发挥自身优势、更好体现自身竞争力、更有利的项目投标。

3）参加资格预审

施工单位应首先按资格预审公告的规定购买拟投标段的资格预审文件，然后按资格预审文件的规定编制资格预审申请文件并递交，参加资格预审的评审。资格预审申请文件的编制情况直接关系投标人能否通过资格预审并参加投标。

资格预审申请文件的内容主要包括两部分:一部分是规定的申请表格;另一部分是证明材料。

投标人应充分理解拟投标项目的技术经济特点和业主对该项目的要求,除提供规定的资料外,还应尽可能有针对性地提交在该项目上反映本企业特长和优势的材料。另外,资格预审申请文件的装帧一定要美观大方,以引起招标人的注意,给招标人留下一个良好的印象,为下一步投标竞争奠定基础。

(1)资格预审申请工作程序

①资格预审报名购买资格预审文件。根据资格预审通告规定的时间和地点,持单位介绍信和本人身份证报名,并购买资格预审文件。

②选择拟投标标段、投标形式和分包商。根据招标人的规定和企业实力,选择拟申请投标的标段。选择标段主要考虑有利于本单位的竞争优势。例如,选择能充分利用现有施工设备或能充分发挥本企业优势的标段。然后根据拟投标段工程规模和难度以及本单位能力和需要,确定独家投标或是与其他单位组成联合体投标,或者需要分包部分工程。

在资格预审阶段,投标人必须对投标形式做出决策:是独立投标还是联合体投标。因为独立投标和联合体投标在资格预审材料方面的要求不同,联合体投标需填写联合体各方的有关资格预审材料。

③填写资格预审表格。按照惯例,资格预审通常采用表格形式进行。招标人根据项目的技术经济特点和有关规定,制订统一规范的资格预审表格。投标人根据资格预审须知要求,对照表格内容逐一填写。

④提交资格预审申请文件。资格预审申请文件(正本)应加盖法人单位公章,并由其法定代表人或其授权代理人签字。按要求密封,并按照资格预审文件规定的时间、地点和方式送达招标人。

(2)资格预审的基础工作

①分类建立企业资格预审资料信息库。资格预审时间通常很短,而所要填报的资料信息量大,只有平时充分做好资格预审基础材料工作,对基本资料、人员、设备、业绩、施工方案等资料分门别类地建立企业资格预审资料信息库,并注意随时更新,才能做好投标资格预审工作。投标基础资料主要包括:公司营业执照(复印件);公司资质证书(复印件);公司资信登记证书(复印件);公司简介(含公司概况表、公司组织机构框图、各类员工人数及相应证书扫描件、自有设备等资产、工程业绩证明材料等资料及图片);近5年已完成工程概况表和交(竣)工验收工程质量鉴定书复印件,或有关证明文件(注意随时更新);在建工程概况表,包括工程名称、规模、承包合同段、工期、投入施工人员等情况,如公司主要管理和技术人员资历表、有关资格证明文件,以及人员动态表,如公司拥有的施工机械、设备概况表(含名称、数量、型号、功率、购量年度、机械及在用状况);合作单位(拟作为联合体成员或分包单位)的资质、公司概况、业绩施工设备、财务,主要管理人员资历表等有关资料和证件;主要单位工程或分部分项工程的施工方案。

②注意外树形象,内强素质。投标人在对外交往中,必须时时注意维护自身形象,树立良好的公众形象,同时,还应不断改进管理,提高效率和技术能力,以便能够随时抓住市场机会。

③建立“信息雷达”,提高抓住机会的能力。工程建设招标信息的发布具有不定时、不通知

特定投标人的特点。因此，投标人必须建立良好的“信息雷达”，以提高抓住投标机会的能力。

**4. 投标阶段的工作内容**

投标人接到投标邀请书取得投标资格后，首先应按规定购买招标文件，然后按招标文件的要求开始投标的各项工作，最终编制出投标文件并递交。在投标阶段需进行的主要工作内容有分析研究招标文件、核实工程量、现场踏勘考察、参加投标预备会、市场调查、编制投标价和投标文件等。

1）分析研究招标文件

招标文件中规定了业主和承包人的职责与权利及有关投标的各项要求，因此，投标人必须高度重视。在整个投标期间，投标人均应对招标文件进行认真细致的分析研究。通过分析研究招标文件，可以使投标人全面了解招标人对投标的各项要求，全面了解承包人在合同中的权利和义务，深入分析施工中承包人所面临和需要承担的风险，进而为合理编制施工方案和施工进度计划、准确计算投标报价提供依据。

招标文件内容广泛，投标人应对可能影响投标报价内容进行有重点和有针对性的研究，如投标人须知、合同条款、技术规范、工程量清单及有关图纸等。

在分析研究招标文件过程中，对所发现的一些疑问应逐项记录。有些疑问可以通过现场考察找出答案，有些疑惑则应按规定向业主提出，由业主给予说明和澄清。对发现的漏洞和疏忽、对自己有利的，投标人可以在制定投标策略时作为参考并合理利用。

招标文件内容广泛，投标人应对以下可能影响中标结果的 4 个方面内容加以注意。

（1）投标人须知

通过公路工程招标内容的学习已经对投标人须知有所了解，它详细说明了投标人在整个投标阶段应遵守的程序、时间安排、注意事项、权利和义务。投标人一旦提交投标文件，则应在整个投标文件有效期内对其投标文件负责。在投标人须知中，应特别注意招标人评标的方法和标准、授予合同的条件等，以使投标人有针对性地投标。投标一旦偏离或者不完整，就有可能导致废标。

（2）认真研究合同条件

合同条件是合同的具体条款，工程合同条件通常由一般条件和专用条件两部分组成，前者为对每一项目都适用的通用条款，后者为针对某一具体项目问题的专用条款。合同条件是招标文件的重要组成部分，同时具有法律效力。投标人员平时应多看、多熟悉，研究通用条件。

专用条件则是针对本项目，由业主制订的，对通用条件起补充作用的条款。它体现了本地区、本项目的特点，要在投标阶段着重研究。其中，那些对投标书编制，特别是对投标报价影响较大的条款，尤其应反复研究。

①有关工期要求及延期惩罚（或提前完工奖励）的规定。工期对承包工程是硬指标，能否按期完成是承包商信誉的首要因素。延期往往被认为是承包商履约能力不强的表现，不但会给业主造成经济损失，而且由于延长工期，投标人自己的人工费、管理费、设备折旧费等开支将增加，还影响资金、施工设备、人员的周转使用，从而使工程成本加大，同时，还可能导致业主反索赔所带来的延期罚款。罚款额按日计算，一般以合同总额的几千分之一计。例如，每延迟 1 日罚款 1/5 000 ~ 1/2 000 合同金额，即大型工程每日罚款可达上万元，小型工程也有几千元。有

的标书还规定按累进原则进行处罚，达到规定额度（如达到合同金额的5%），业主就有权自行安排其他承包人承接部分或全部剩余工程，一切费用由原承包商承担，甚至取消合同，没收履约保函，冻结承包商资产，并进一步索取赔款。

为了取得信誉和避免经济损失，承包单位务必根据规定的工期安排施工计划，配备足够的施工设备和劳务。另外，工期的计算方法对施工组织计划也有影响，有些标书规定合同批准（生效）后即下达开工令，下达开工令后第二天就开始计算工期。这样就不得不把施工准备（如组建项目经理部驻点、组织机械人员进场）安排在工期之内，从而缩短工程的实际工作时间。也有许多标书规定，下达开工令后一段时间（如1个月或2个月）再开始计算工期。这样承包商就可在工期开始前进行现场施工准备工作，工程竣工只进行初步验收，直到缺陷责任期满才进行最终验收，因而缺陷责任期中出现的质量问题（仅仅指由于施工质量引起的损坏）仍由承包商负责修复。标书规定的缺陷责任期一般为2年，这就增加了承包商的责任和费用，应在投标时予以注意。

②关于预付款及保留金。开工预付款是业主在工程结算之前，提供给承包单位做施工准备购置施工机械和材料用的，属于无息贷款。在工程结算中，从开始或结算额到一定比例后逐月扣还。这可以缓解承包商初期资金的紧张程度。各个国家，不同的业主对预付款的规定差异较大，因此要仔细弄清。通常有开工预付款和材料、施工机械预付款。开工预付款一般为合同总额的10% ~20%，也有些项目没有开工预付款。材料预付款是指按规范要求外购的材料，送到工地经工程师检验后按一定比例（如按料价的70% ~80%）预先结算付款。材料预付款有最高额度，即预付总额不超过一定比例（如5% ~10%的合同总额）。施工机械预付款是按到场新机械的购置费或旧机械估算价的某种比例（如60%）预付，也有一定规定限额（如不超过合同总金额的20%），但大多数不单独开列，而与开工预付款联系起来，即包括在开工预付款的限额内，作为开工预付款的一种支付条件。

保留金实际上是工程结算时扣留的施工质量问题维修保证金，一般规定为结算金额的5% ~10%，在初步竣工验收后退还一部分外，在缺陷责任期满且工程最终验收后全部退还承包商。有的项目合同条款则规定只要提供保留金保函，就可不再扣留这笔款。这些条件要在研究合同特别条款时弄清楚。

③报价方式和支付条件。报价方式和支付条件是投标书编制中需要特别注意的问题。拿到招标文件后，首先要弄清招标文件规定的合同类型。公路工程一般以单价和按月计量支付为基础，但有时也有成本加酬金或其他类型的报价方案供选择。

④关于税收。许多地区在标书中要求承包商按照有关规定缴纳各种税款，但并不详细列举应考虑的纳税项目，或只列举一些主要项目，而并不提供有关细节。因此，承包商必须通过各种途径弄清纳税项目、税率和纳税程序。

⑤其他方面。标书中关于工程保险、第三者保险、承包商运输和工程机械保险的规定，以及有关各种保函的开具要求都要逐项研究。履约保函一般为合同金额的10%，但也有交担保金等形式。此外，还有预付款保函，一般要求开具全额保函。对改建道路或交叉道路，要求保证正常交通。因此，在施工组织中应采取相应措施，如修便道或半边施工，需要现场观察交通情况，以便制订相应措施。

(3)认真研究技术规范和报价项目内容

编制投标价要按照招标文件中技术规范的要求和工程量清单中开列的项目以及对每条项目工程内容的说明进行,任何疏忽都将造成失误。新到一个地区,要逐条深入阅读技术规范条文,不能认为有些条目与投标人在另一地区所遇到的大体相同而不再认真阅读分析,因为不同项目对同样的工作项目所包含的内容并不一定相同。对综合性项目,要注意所罗列的工作内容。

对技术规范规定的工作内容,在工程量清单中未开列出来或未明文包含进去的,也要在所列项目中计算进去,否则将成为漏项。如有不明确之处,可在标前会议向业主提出,对工程量清单所列内容含混的项目要特别注意。例如,清除植被包括清除草和灌木,但又未注明树木大小尺寸;结构开挖时,未分土、石,未分干、湿,这些都要到现场勘察后确定难易程度。有的标书对隐蔽工程未做勘探,只提出粗略估计数量,一旦数量出入较大,工程难度将超过预计。

例如,多年失修没有记录在案的地下管线,管道开挖中遇到大量坚硬石方,桥梁基础钻孔遇到特殊土质,都会给承包商带来严重困难。因此,在遇到类似的可疑情况时,应设法进行调查,甚至做试探性勘探。否则,就需要在投标书中提出相应的制约条件。例如,当发生工程数量大于所列清单"名义数量"的某种限度,应要求另行议价,以便在出现上述意外情况时能够进行索赔交涉,同时还应提高报价,以免承担过大的风险。

(4)招标图纸和参考资料

招标图纸是招标文件和合同的重要组成部分,是投标人在拟订施工组织方案、确定施工方法、提出替代方案、计算投标报价时必不可少的资料。投标人在投标时应严格按照招标文件和工程量清单计算投标价。招标图纸中所提供的地质钻孔柱状图、土层分层图等均为投标人的参考资料。招标人提供的水文、气象资料等也是参考资料。投标人应根据前述资料做出自己的分析和判断,据此拟订施工方案,确定施工方法,提出投标报价。

### 2)核实工程量

大部分公路工程采用单价合同或以单价合同为主的合同,一般由招标人提供带有数量的工程量清单供投标人报价使用。研究招标文件工程量清单时,应当仔细研究招标文件中的工程量清单的编制体系和方法,结合工程量清单、技术规范和合同条款研究永久性工程之外的项目有何报价要求,注意对不同种类的合同采取不同的投标方法和策略。对于承包商而言,在总价合同中承担工程量方面的风险,就应当尽量将工程量核算得准确一些;在单价合同中,承包商主要承担单价不准确的风险,因此,应对每一分项工程的单价作出详尽细致的分析。在实际工程项目报价过程中,有时也会出现工程量清单中的工程数量和图纸中的数量存在不一致的现象,因此无论合同采用单价合同还是总价合同,投标人都应依据工程招标图纸和技术规范,对招标文件的工程量清单中的各项工程数量逐一核对,发现问题及时与招标人取得联系提出质疑。

核实工程量时,应按如下方法进行:

①根据设计图纸逐项核实工程量清单中各分项的工程量。

②计算受施工方案(施工方法)影响而需额外发生(设计图纸中未能计算进去的)和消耗的工程量,如临时工程、辅助工程、现场设施及施工措施的工程量等。

③根据技术规范中计量与支付的规定折算出新的工程量,如对设计图纸中的工程量进行分解或合并而得出的工程量、附属工程量等。

通过核实工程量,可以使投标人全面掌握项目各分项工程的数量。投标人可按大项分类汇总工程总量,对工程项目的施工规模有一个全面清楚的认识,方便研究采用合适的施工方法和经济适用的机械设备,为准确制定投标策略、提高投标竞争能力奠定良好的基础。

3)现场踏勘考察

现场踏勘考察是投标人投标前全面了解工程现场施工环境及施工风险的重要途径,是做好投标报价的先决条件。所以,在投标过程中,投标人应对施工现场和周围环境进行踏勘考察,以收集当地有关地质、水文、气象、交通、风俗习惯及其他编制投标文件所必需的资料。

除参加业主统一组织的现场踏勘考察外,投标人还可根据需要随时自行到工程现场进行踏勘考察,并在当地进行材料、机械设备、劳务等方面调查研究,收集有关编制投标文件的资料。

购买招标文件后,参加现场勘察的所有投标人员应事先认真研究招标文件中的图纸和技术文件,拟定好现场考察的疑点和提纲,设计好现场调查表格,做到有准备、有计划地进行考察。考察时,应派有丰富工程施工经验的工程技术人员参加,需带工程沿线一定范围的平面地形图,以便详细标绘施工便道、便桥的现场布置及数量等。除一般性调查外,还应结合工程专业特点有重点地进行勘察。现场勘察时,招标人一般会进行现场指导说明,以帮助投标人更好地了解工程现场情况。

现场踏勘考察的主要内容包括地质、地形、地貌、气象和水文情况,当地建筑材料的料源分布、数量、开采及供货条件,当地取土地点、数量、运距;施工场地内外的交通运输条件,施工供电、供水、通信条件,生产、生活用房的场地及租赁情况,承包人驻地的建设位置,施工机械设备、燃料、动力和生活用品的供应情况,当地劳务市场情况(包括劳动力来源、工人的技术水平及工资水平等),工程所在地的民情、民俗、健康医疗、治安、安全、环保和废料处理要求等情况,少数民族地区的风俗民情等。

现场踏勘考察后要写出简洁明了的考察报告,并附有参考资料、结论和建议。投标人应根据考察的结果对是否参加此项工程的投标做出最终决策,因为此时投标人也可不参加投标。

4)参加投标预备会

投标预备会也称标前会议或招标文件交底会,由招标人统一组织召开,一般紧接在现场踏勘考察之后进行,与发售招标文件的时间间隔一般不得少于3天。通过投标预备会,可以澄清并解答投标人关于招标文件、现场考察及其他投标方面的问题,给所有投标人提供一次答疑的机会,也有利于投标人加深对招标文件的理解。凡是想参加投标并希望获得成功的投标人,都应认真准备和积极参加投标预备会。

在投标预备会之前,投标人应深入分析、研究招标文件,以便及时发现问题并向招标人提出。在会上,招标人会对图纸进行交底和解释,对招标文件中的重点、难点内容主动做出说明。投标人可以针对招标文件、现场踏勘及投标等方面的不明之处当场提问,以请招标人当场澄清、解答。

投标预备会结束后,招标人会在招标文件规定的时间内将澄清和解答的内容以书面方式送达所有购买招标文件的投标人。该澄清解答内容属于招标文件的组成部分。若口头答复与书面内容不一致,则应以书面内容为准。

典型案例

## 公路工程(1标段)施工招标答疑及补充公告

一、答疑

公路工程(1标段)施工各潜在投标人提出疑问时间已按招标文件规定时间(2019年9月8日09:30)截止,现对各潜在投标人提出的问题经过汇总归类,答复如下(类似问题不逐一答复):

1. 问:招标公告中业绩最低要求中有近3年内具有2个满足以下条件的类似新建(或改扩建)二级及以上公路施工业绩。请问近三年的具体起止时间是?

答:本项目施工招标文件,“第二章　投标人须知　一、投标人须知前附表中近年完成的类似项目情况的要求”中已载明为“2016年8月1日至2019年7月31日”。

2. 问:招标文件中评标办法的《××省公路工程标准施工招标文件(2019年版)范本》存在遗漏。

应当是:企业信用加分分值按××省交通运输厅近3年发布的企业信用评价结果进行权值分配,企业近3年均无省交通运输厅发布企业信用等级的,按交通运输部近3年发布的信用等级结果进行权值分配,当年在省发布的企业信用评价结果中无信用评价等级的,其当年的信用评价得分按上一年度发布的企业信用评价结果的信用等级结果进行评分。

××省交通运输厅2019年7月1日发布的《××省公路工程标准招标文件(2019年版)范本》的通知,是明确规定在某省交通运输厅未获得信用评分的企业,可以以交通运输部信用评分为准。

答:本项目施工招标文件,“第三章　评标办法(分类资审随机分配合理低价法)其他因素”中原内容为:“注:信用等级以××省交通运输厅发布的公路工程施工企业信用评价结果为准,企业信用加分分值按省交通运输厅近3年发布的企业信用评价结果进行权值分配,当年在省发布的公路工程施工企业信用评价结果中无信用评价等级的,其当年的信用评价得分按上一年度发布的公路工程施工企业信用评价结果的信用等级结果进行评分(其中上一年度发布的信用评价结果为AA级的企业,按照A级计算当年信用评价得分);上一年度发布的公路工程施工企业信用评价结果也没有信用等级结果的,其当年的信用评价得分按0分计。”

现修改为:“注:信用等级以省交通运输厅发布的公路工程施工企业信用评价结果为准,企业信用加分分值按交通运输厅近3年发布的企业信用评价结果进行权值分配,企业近3年均无省交通运输厅发布企业信用等级的,按交通运输部近3年发布的信用等级结果进行权值分配,当年在省发布的公路工程施工企业信用评价结果中无信用评价等级的,其当年的信用评价得分按上一年度发布的公路工程施工企业信用评价结果的信用等级结果进行评分(其中上一年度发布的信用评价结果为AA级的企业,按照A级计算当年信用评价得分);上一年度发布的公路工程施工企业信用评价结果也没有信用等级结果的,其当年的信用评价得分按0分计。”

二、补充招标公告

1. 原招标公告中,“5.4.1 投标保证金的金额:每个标段人民币柒拾万元整(¥700 000.00元)”。

现修改为:“5.4.1 本项目投标保证金的金额:人民币柒拾万元整(¥700 000.00元)”。

2.原招标公告中:“5.1 投标文件递交的截止时间(投标截止时间,下同)及开标时间为2019年9月18日09时30分,地点为××市公共资源交易中心(××市公共资源交易中心开标室,具体开标室见当天一楼大厅电子显示屏)。”

现修改为:

“5.1 投标文件递交的截止时间(投标截止时间,下同)及开标时间为2019年9月29日09时30分,地点为公共资源交易中心(公共资源交易中心开标室,具体开标室见当天一楼大厅电子显示屏)。”

3.投标保证金到账截止时间相应顺延。

本次答疑及补充公告是对本项目招标文件的进一步说明、解释或修改,是招标文件的组成部分,具有同等法律效力。招标文件与本公告有出入的地方,应以本公告为准。

其他事项不变。

联系方式:

招标人:××交通建设投资有限公司

地　址:交通运输局

联系人:张××

联系电话:186××××1234

招标代理机构:××项目管理有限公司

地址:××市××区××路123-4号

联系人:李××

联系电话:1234-××××××××　189××××1234

监管部门:交通运输局

联系电话:0123-××××××××

5)市场调查

投标人除通过现场踏勘考察获得有关投标资料外,还应进一步进行更广泛的市场调查,以便为投标报价提供充分必要的数据资料。市场调查的主要内容如下:

(1)调查潜在竞争对手的情况

①通过各种渠道,了解和分析有多少家公司将参加本次投标。

②调查潜在竞争对手的经营、实力、资信、业绩、在建项目及其与业主的关系等情况,了解其突出的优势和明显的弱点。

③调查收集竞争对手以往的报价资料,包括报价及与业主标底的差距、中标率、投标报价策略等,进而客观地分析竞争对手本次投标可能采取的投标策略和报价水平。

通过以上调查,可以明确本次投标的竞争形势,做到知己知彼,有针对性地制定投标策略和选择投标报价技巧,充分发挥自身优势,增加中标的概率。

(2)调查建筑材料、燃料、动力和生活物资的供应情况

应重点调查当地或附近地区建筑材料和生活物资的供应情况。对工程用量大的建筑材料,

如钢材、木材、砂石料、石灰、粉煤灰、水泥、沥青等，应通过走访厂家和供货商进行重点调查。调查内容包括货源分布、质量好坏、供货条件、供应价格及运杂费标准等，还应该分析近 3～5 年物价上涨率及今后的变化趋势。另外，如有业主提供材料，还应调查这类材料的品种、数量、价格、结算方式、报价处理方法等。通过这些调查为分析投标报价提供较为准确的资料。

(3)调查施工机械设备的供应与租赁情况

根据企业为项目提供新置施工机械设备的可能性，调查施工机械设备的供应情况及价格水平。公路工程施工所需机械类型繁多，但有些机械使用周期不长，利用率不高，全自备并不划算。例如，安装拌和站的大型吊车、集中供料时的运输车辆、各工序施工高峰期需要增加的各种工程机械等，都有临时租用的需要。因此，有必要调查当地机械的租赁情况。

(4)调查当地劳务市场的情况

工程施工所需劳动力大多在当地劳务市场解决，因此，应调查了解当地劳务市场可能提供的劳务工种、工人的技术水平和工资水平，在当地雇用熟练工人、半熟练工人和普通工人的可能性及雇用的手续等。

(5)调查收集有关报价资料

①调查收集当地近几年已完成同类工程的造价资料，用以预估当地市场价格水平。这是投标决策的一项重要工作。

②调查当地政府或主管部门颁发的有关收费标准。

③调查业主编制招标控制价的依据。

④收集当地工程定额站或造价管理部门定期公布的造价信息及补充定额等资料。

⑤收集本企业历年(至少 5 年)已完工程的成本分析资料。

投标人完成现场考察和市场调查工作后，可根据调查结果编制人工、材料和机械台班单价。这不仅为施工组织设计提供一手资料，也为编制合理的报价打下基础。

6)投标质疑

这是投标工作的重要一环。从招标人发售招标文件开始至招标文件规定的时间内，投标人有权以书面方式提出各种质疑。招标人也有权对招标文件中存在的任何问题进行修改和补遗。招标人对上述书面答复、修改和补遗，以编号的补遗文件寄给购买招标文件的所有投标人，且这些补遗文件也将成为招标文件的组成部分，对将来签订合同双方均具有法律约束力。在要求业主澄清招标文件时，应注意以下事项：

①招标文件中对投标者有利之处，不要轻易提请澄清(它可以成为投标人制订报价技巧的突破口)；

②不要轻易让竞争对手从投标人提出的问题中窥探出投标者的设想、施工方案；

③对含糊不清的重要合同条款，如工程范围不清楚、招标文件和图纸相互矛盾、技术规范明显不合理等问题，均可要求业主或招标人澄清解释；

④关于业主或招标人的澄清或答复，应以书面文件为准，切不可以口头答复为依据确定标价。

7)编制投标价和投标文件

(1)编写施工技术标书——施工组织设计

投标人在详细研究招标文件，考察施工现场并准备和掌握足够的基础资料、信息后，即可根据招标文件所附的格式和要求,编写施工组织设计文件。施工组织设计既是评标、定标的重要资料,也是投标人编制商务标书和报价文件的依据。

(2)编写商务标书

商务标书主要以表格的形式反映投标人基本信息、人员、设备、业绩、财务能力等基础数据,以及施工组织设计的有关参数摘要,是招标人了解和评价投标人的重要资料之一。

(3)制定报价策略、技巧,编制工程量清单等报价文件

报价文件是招标文件中最重要的部分,既是招标人评标、定标的重要依据,也是投标人能否中标和中标后能否实现效益的基础。

8)合成、报送标书,参加开标会

投标文件的商务部分、技术部分和报价部分编制完成,并经过反复校核无误后,投标人应将这3部分资料进行合成,统一编码,打印输出,按要求进行封装,然后在投标截止期前送交开标现场,并深入参加开标会,做好现场开标记录。

9)澄清投标书

开标后,投标人必须根据开标情况,分析自己投标书中可能需要澄清的地方,然后有针对性地准备好拟澄清资料,供需要时使用。

10)合同谈判,签订合同

如果投标人已收到中标通知书或已确定为中标候选人,就必须认真准备好用于合同谈判的资料,办理或准备好拟签订合同的履约担保、开工预付款担保等担保书,筹备或计划好拟进场的资源配置。

11)标后分析与总结经验

标后分析与总结是投标工作不可或缺的一环。通过这项工作,投标人可以分析得失,及时总结经验和教训,按时撤回投标保证金。

## 单元练习

**一、判断题**

1. 施工投标是施工单位对招标的响应,是按照招标文件的要求,通过竞争获得工程任务的过程。 (　　)

2. 无论是总价合同,还是单价合同,投标人都应依据工程招标图纸和技术规范,对招标文件中工程量清单的各项工程量逐项进行核对。 (　　)

**二、填空题**

1. 投标保证金有效期应与____________一致,招标人不得挪用投标保证金。

2. 联合体投标的,应当以____________或者____________的名义提交投标保证金。

**三、单选题**

1. 根据《招标投标法》,下列选项中(　　)关于联合体各方资格的规定。

A. 联合体各方均应当具备承担该项目的相应施工能力

B. 招标文件对投标人资格条件有规定的,联合体各方均应当具备规定的相应资格条件

C. 同一专业的不同单位组成联合体，按照资质等级较低的单位确定资质等级

D. 同一专业的不同单位组成联合体，按照资质等级较高的单位确定资质等级

2. 某项目采用公开招标，实行资格后审的，投标人的工作程序正确的是(　　)。

A. 获取招标信息→购买招标文件→参加投标预备会→组织踏勘现场→参加开标

B. 获取招标信息→购买招标文件→组织踏勘现场→召开投标预备会→开标

C. 获取招标信息→购买招标文件→踏勘现场→参加投标预备会→参加开标

D. 获取招标信息→购买招标文件→召开投标预备会→踏勘现场→参加开标

3. 某施工单位投标，下列说法错误的是(　　)。

A. 工程投标是指符合招标文件规定资格的工程企业按招标人的要求，提出自己的报价和相应条件的书面问答行为

B. 工程投标的首要工作是获取投标信息和进行投标决策

C. 投标人应在规定时间将投标书密封送达当地建设工程交易中心

D. 投标人在招标文件要求提交投标文件的截止日之前，可以修改、补充已提交的投标文件

4. 施工项目投标报价的工作包括：①收集投标信息；②选择报价策略；③组建投标班子；④确定基础标价；⑤确定投标报价；⑥研究招标文件。以下工作正确的先后顺序是(　　)。

A. ⑥①④②③⑤　　B. ③⑥①④②⑤　　C. ③①⑥②④⑤　　D. ⑥③①④②⑤

5. 施工投标报价的主要工作有：①复核工程量，②研究招标文件，③确定基础标价，④编制投标文件，其工作顺序是(　　)。

A. ①②③④　　B. ②③①④　　C. ①②④③　　D. ②①③④

6. 投标人在投标前期研究招标文件时，对合同形式进行分析的主要内容为(　　)。

A. 承包商任务　　B. 计价方式　　C. 付款方法　　D. 合同价款调整

## 单元2　公路工程施工投标决策

投标是一项复杂细致的工作，投标竞争的胜负不仅取决于投标人的实力大小，而且还取决于投标策略和技巧运用得是否恰当。

投标策略是投标人在激烈竞争的环境下，在投标报价中使用的对策和战略。它是投标决策的组成部分，用于指导投标报价的全过程。投标人应根据其经营状况和目标，考虑自身的优势和不足、竞争的激烈程度及投标项目的特点和施工条件等，正确地制定投标策略。投标策略运用是否得当，对投标人能否中标并获得利润有着很大的影响。另外，还可以采用一定的投标报价技巧，以提高中标概率或中标后获得较多的收益。

### 1. 投标分析

#### 1)参加现场踏勘和投标预备会

投标人拿到招标文件后，应进行全面细致的调查研究，按照招标文件的要求参加现场踏勘和投标预备会，收集更多的信息。投标人若有疑问需要招标人予以澄清和解答的，一般应在收到招标文件后5天以内以书面形式向招标人提出。

投标人现场踏勘主要是调查施工现场是否达到招标文件规定的条件。具体来说，应从以下3个方面进行调查。

（1）施工现场的自然地理条件

施工现场的自然地理条件包括工程所在地的地理位置和地形、地貌、用地范围等，气象、水文情况（包括温度、湿度、风力、降雨量等），地质情况（包括地质构造及特征、承载能力等），地震、洪水及其他自然灾害情况等。

（2）施工条件

施工条件包括工程现场周围的道路、进出场条件、交通限制情况，工程现场施工临时设施、大型施工机具、材料堆放场地安排情况，工程现场邻近建筑物的结构形式、基础埋深、新旧程度、高度以及与招标工程的间距，市政给排水管线位置、管径、压力、废水、污水处理方式，现场供电方式、方位、距离、电压等，工程现场通信线路的连接和敷设，当地政府有关部门对施工现场管理的一般要求、特殊要求及规定等。

（3）其他条件

其他条件包括各种构件、半成品及商品混凝土的供应能力和价格，以及现场附近的生活设施、治安情况等。

**知识链接**

开标后，投标人无权因现场踏勘不足、情况了解不细致或某些因素考虑不全而提出修改投标书、调整报价或提出补偿要求。

2）分析资格能力条件、招标项目的需求特征和市场竞争格局

投标人在收集各方面信息的基础上，全面分析内外部条件，准确作出评价和判断，决定是否参与投标，以及如何组织投标、采用何种投标策略。

（1）资格条件分析

投标人应当仔细阅读招标文件关于投标资格条件的要求，对照分析自身在资质、业绩、人员、设备、财务状况方面是否满足招标项目要求。例如，有的招标项目要求投标人必须通过ISO 9001质量管理体系认证，未通过该体系认证或认证期限已过的企业不具备投标资格。

投标人不符合招标资格时，切勿通过受让或者租借等方式获取的资格、资质证书投标，这属于《中华人民共和国招标投标法》中“利用他人名义投标”的禁止性行为，也不可伪造证件、材料、业绩等弄虚作假，否则将受到法律的制裁。

**知识链接**

《中华人民共和国招标投标法》第三十三条规定：“投标人不得以低于成本的报价竞标，也不得以他人名义投标或者以其他方式弄虚作假，骗取中标。”

投标人有下列情形之一的，属于上述规定中的以其他方式弄虚作假的行为：使用伪造、变造的许可证件；提供虚假的财务状况或者业绩；提供虚假的项目负责人或者主要技术人员简历、劳动关系证明；提供虚假的信用状况；其他弄虚作假的行为。

（2）自身能力分析

投标竞争不仅是投标报价的竞争，更是投标人综合能力的竞争，投标人参与投标竞争需要投入一定的人力、物力和财力，将影响其经济利益和以后发展。投标人应根据招标文件的要求，

结合自身人员结构、质量管理、成本控制、进度管理和合同管理等方面的能力、优势和特长,对投标的可行性进行综合分析和评价,选择适合自己承受能力、专业优势较为明显、中标可能性较大的项目进行投标,避免盲目投标而带来不应有的损失。

(3)项目特征和需求分析

投标人应当分析招标项目的质量、造价、工期等方面内容,梳理施工工艺和投标报价等方面的要求,通过踏勘现场、参加投标预备会、市场调研等形式,尽可能全面、准确地把握招标项目的整体特点和资源需求状况,形成分析结论。

(4)市场竞争格局分析

投标竞争的本质是投标人在经验、技术、管理、服务和信誉等方面实力的综合比拼。投标人应当分析可能出现的竞争对手及其特长、信誉、管理特色及社会影响力等方面的综合信息,包括竞争对手在同类项目的投标信息、投标报价特点和可能采取的投标策略。据此对市场竞争格局作出全面的分析判断,以作出投标决策和制定相应的投标策略。

(5)招标项目可靠性分析

投标人在决定投标前还要考虑招标项目是否可靠,应注意分析该建设项目是否已经正式批准、资金来源是否可靠、主要材料和设备供应是否已经落实、建设项目本身有无重大风险、招标单位的资信条件是否良好等。

**2. 投标决策**

投标决策主要包括 3 个方面:一是是否投标;二是投标的策略,投什么性质的标;三是投标中如何采用正确的策略和技巧,以达到中标的目的。

投标决策分为两阶段,前期阶段必须在购买投标人资格预审资料之前完成。投标人并不是每标必投,而应当结合自身经济实力和管理水平,对投标风险及预期效益进行分析,选择合适的投标策略。

1)放弃投标的决策

通常情况下,下列招标项目应放弃投标:

①投标人主营和兼营能力之外的工程项目;

②工程项目规模、技术要求超过投标人技术水平的工程项目;

③投标人该阶段生产饱满,而招标工程的盈利水平较低或风险较大的项目;

④投标人技术等级、信誉、施工技术、管理水平明显不如竞争对手的工程项目。

2)工程投标策略

投标策略可分为基本策略和附加策略。基本策略可分为赢利策略、保险策略、风险策略与保本策略。附加策略可分为优化设计策略、缩短工期策略、附加优惠策略和低价索赔策略。

(1)基本策略

①赢利策略:在投标中以获取较大的利润为投标目标的策略。这种投标策略通常在建筑市场任务多,投标人对该项目拥有技术上的绝对优势、工期短、竞争对手少;或招标人意向明确;或投标人任务饱满,利润丰厚,且考虑让企业超负荷运转时才采用。

②保险策略:对可以预见的情况,从技术、设备、资金等重大问题都有了解决的对策之后再投标的策略。这种投标策略通常是投标人经济实力较弱,经不起失误的打击,往往采用的策略。当前,我国多数投标人特别是在国际工程承包市场上都愿意采用这种投标策略。

③风险策略：在投标中明知工程难度大、风险大，且在技术、设备、资金上都有未解决的问题，但市场竞争激烈，竞争对手较强；或投标人急于打入市场；或因为工程赢利丰厚；或为了开拓新技术领域而决定参加投标，这种投标策略为风险策略。投标后，如果风险不发生、问题解决得好，即意味着投标人的投标成功；如果风险发生、问题解决得不好，则意味着投标人要承担极大的风险损失。因此，采取风险策略投标必须审慎从事。

④保本策略：当企业无后继工程或已经出现部分停工；或建筑市场供不应求，竞争对手又多；投标人为了维持当前状况，不去追求高额利润，以不产生亏损为目标时采用的投标策略。

(2)附加策略

①优化设计策略：发现并修改原有施工图设计中存在的不合理情况或采用新技术优化设计方案。如果这种设计能大幅度降低工程造价或缩短工期，且设计方案可靠，则这种设计方案一经采纳，投标人即可获得中标资格。

②缩短工期策略：通过先进的施工方案、施工方法、科学的施工组织或者优化设计来缩短合同工期。当评标的关键因素是工期时，则业主在评标过程中会将缩短工期后所带来的预期收益加以考虑，此时对投标人获取中标资格是有利的。

③附加优惠策略：在得知业主资金较紧张或者主要材料供应有一定困难的情形下，通过向业主提出相应的优惠条件来取得中标资格的一种投标策略。例如，当承包人在得知业主建设资金紧张的情况下，提出可以减免预付款甚至垫资施工，可以延期支付工程款。利用这种优惠条件，解决业主暂时困难，替业主分忧，为夺标创造条件。

④低价索赔策略：在发现招标文件中存在许多漏洞，业主提供的施工场地不具备施工条件，开工后必然违约的情形下有意将价格报低，先争取中标，中标后通过索赔来挽回低报价的损失。这种策略只有在合同条款中关于索赔的规定明显对己方有利的情形下才可采用，对以FIDIC条款作为合同条款的项目招标不宜采用这种方法。

投标竞争中无论采取何种策略，绝不能代替竞争的实力。实力是策略运用的前提，提高中标率最根本的还是靠投标人的经营管理水平，充分发挥投标人的人力、物力和财力优势；采用新技术、新工艺、新方法，提高质量，缩短工期，降低材料消耗，才能真正提高投标的中标率。

### 3)决策树分析法

投标决策工作应建立在掌握大量信息的基础上。企业在进行决策时，要对投标环境有客观、详尽的分析，要从企业外部环境和企业内部条件入手分析，主要考虑工程、业主、市场竞争和企业自身条件等多方面因素。在投标决策中，可借助一些决策理论和方法。这里介绍决策树法选择投标。

(1)决策树的构成

决策树的构成有4个要素：决策点、方案枝、状态结点和概率枝，如图3.2所示。

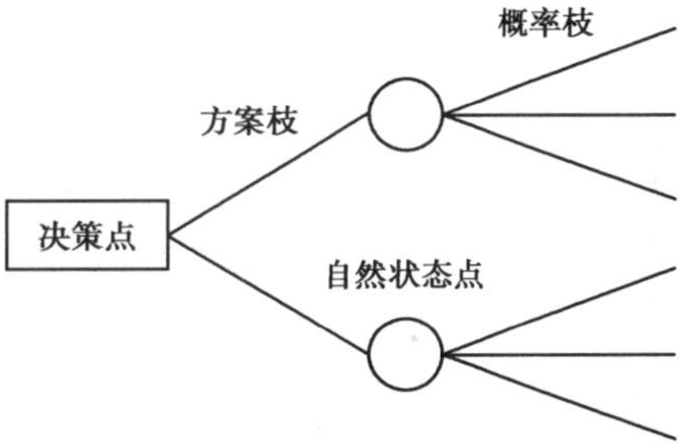

图3.2 决策树的构成

图3.2中方框称为决策点，从决策点向右引出的若干直线(或折线)称为方案枝，每一条线代表一个方案，方案枝的末端画一个圆称为自然状态点；从自然状态点引出代表各自然状态发生的概率分枝，并注明其发生的概率，各概率分枝之和等于1；如果某概率分枝导致最终结果，则

在概率分枝末端写出结果,称为结果点,在每一个结果点后均要标明损益值。某概率分枝还有分枝测在其末端再画一个圆,称为二级自然状态点,依此类推。

(2)决策树的分析方法

①绘制树形图。程序是从左向右分层展开。绘制树形图的前提是对决策条件进行细致分析,确定有哪些方案可供决策时选择,以及各种方案的实施会发生哪几种自然状态,然后展开其方案枝、状态节点和概率枝。

②计算期望值。程序是从右向左依次进行。首先将每种自然状态的收益值分别乘以各自概率枝上的概率,再乘以决策有效期限,最后将概率枝上的值相加,标于状态节点上。

③剪枝决策。比较各方案的收益值,如果方案实施中有费用发生,则应将状态节点值减去方案费用再进行比较,凡是期望值小的方案枝一律减掉,最后只剩下一条贯穿始终的方案枝,其期望值最大,将此最大值标于决策点上,即为最佳方案。

如果企业由于施工能力和资源的限制,只能在不同项目中选择一个项目进行投标,就会有多个方案,如项目投高标、投低标或不投标等。根据已承包过的同类型项目的统计资料,确定每种方案的利润和出现的概率,绘制决策树,最后得出投标的项目和方案。

**典型案例**

某企业只能在A和B两个工程项目上选择,对A和B两个项目方案,A、B两个项目方案的预测结果见表3.1,依此选择投标方案。

**表3.1 A、B两个项目方案的预测结果**

| 方案 | A高 | | | A低 | | | B高 | | | B低 | | | 不投 |
|---|---|---|---|---|---|---|---|---|---|---|---|---|---|
| 效果 | 优 | 一般 | 赔 | 优 | 一般 | 赔 | 优 | 一般 | 赔 | 优 | 一般 | 赔 | |
| 利润 | 500 | 100 | −100 | 400 | 50 | −120 | 700 | 300 | −150 | 600 | 100 | −100 | 0 |
| 概率 | 0.3 | 0.5 | 0.2 | 0.2 | 0.6 | 0.3 | 0.3 | 0.5 | 0.2 | 0.3 | 0.6 | 0.1 | 1 |

【解】 ①先画出决策树,把各状态的概率和损益值指标标在图上,如图3.3所示。

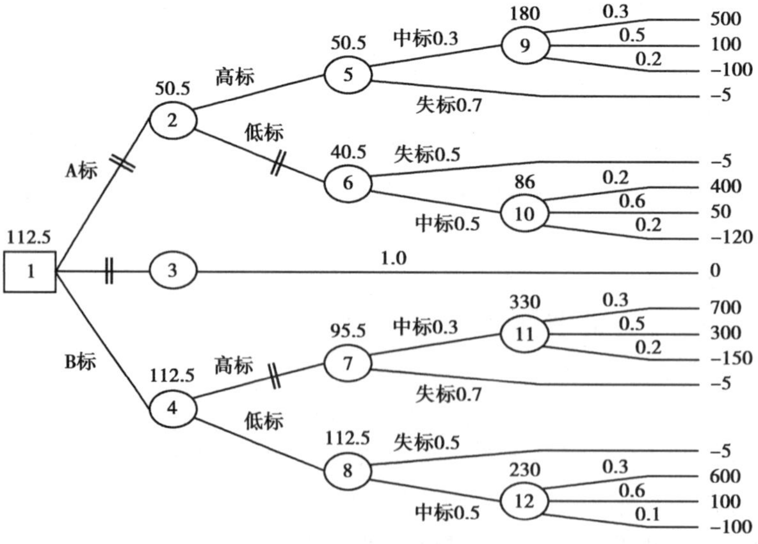


**图3.3 画决策树**

②计算各方案的期望值。

$E_{12}=600\times0.3+100\times0.6+(-100)\times0.1=230$

$E_{11}=700\times0.3+300\times0.5+(-150)\times0.2=330$

$E_{10}=400\times0.2+50\times0.6+(-120)\times0.2=86$

$E_{9}=500\times0.3+100\times0.5+(-100)\times0.2=180$

$E_{8}=230\times0.5+(-5)\times0.5=112.5$

$E_{7}=330\times0.3+(-5)\times0.7=95.5$

$E_{6}=86\times0.5+(-5)\times0.5=40.5$

$E_{5}=180\times0.3+(-5)\times0.5=50.5$

③通过比较,状态节点5的期望值大于状态节点6,所以剪掉低标方案枝,状态节点7的期望值小于状态节点8,所以剪掉高标方案枝。

在计算选择后各状态节点的期望值:

$E_4=E_8=112.5$,$E_2=E_5=50.5$,$E_3=0$

④决策。因为B标的期望值大于A标,所以选择B标。

### 3.投标报价技巧

投标人为了中标和取得期望的收益,应在确定投标报价时,在保证满足招标文件各项要求的条件下,研究和运用投标技巧。投标人能否中标,不仅取决于自身的经济和技术水平,也取决于竞争策略和投标技巧的运用。投标人应当在不违反法律法规和招标文件规定的前提下,适当应用一些有利于自己的投标报价策略和投标技巧,以便在竞争中获得主动地位。

投标人常用的三种投标策略

1)不平衡报价法

不平衡报价是指在不影响投标总报价的前提下,将某些分部分项工程的单价定得比正常水平高一些,某些分部分项工程的单价定得比正常水平低一些。这种报价方法的意义在于,既不提高总价影响中标,又能在结算时得到更理想的经济效益。巧妙地使用不平衡报价有利于提前资金回笼时间和转移风险。

一般可以考虑在以下几个方面采用不平衡报价:

①在总报价不变的前提下,对能早期得到结算付款的分部分项工程(如土方工程、基础工程等)的单价定得较高,对后期的施工分项(如粉刷、油漆、电气设备安装等)单价适当降低,以有利于资金周转。

②估计施工中可能变更或增加工程量的项目,可适当提高单价;对可能减少工程数量的项目,则相应降低其单价。

③图纸内容不明确或有错误,估计修改后工程量要增加的,其单价可提高;而工程量不明确的,其单价可降低。

④零星的用工和机械台班一般不计入总报价,可相对提高单价。

⑤对于暂定数额(或工程),其实施的可能性大的项目,可定高价;估计该工程不一定实施的,可定低价。

**知识链接**

**表 3.2　工程项目报价高低情况对比**

| 下列情况报价可高一些 | 下列情况报价应低一些 |
|---|---|
| ①施工条件差(如场地狭窄、地处闹市)的工程;<br>②专业要求高的技术密集型工程,而本公司这方面有专长,声望也高时;<br>③总价低的小工程,以及自己不愿做而被邀请投标时,不便于不投标的工程;<br>④特殊的工程,如港口码头工程、地下开挖工程等;<br>⑤业主对工期要求急的工程;<br>⑥投标对手少的工程;<br>⑦支付条件不理想的工程 | ①施工条件好的工程,工作简单、工程量大而一般公司都可以做的工程,如大量的土方工程、一般房建工程等;<br>②本公司目前急于打入某一市场、某一地区,以及虽已在某地区经营多年,但即将面临没有工程的情况(某些国家规定,在该国注册公司一年内没有经营项目时,就撤销营业执照),机械设备等无工地转移时;<br>③附近有工程而本项目可以利用该项工程的设备、劳务或有条件短期内突击完成的;<br>④投标对手多,竞争力激烈时;<br>⑤非急需工程;<br>⑥支付条件好,如有预付款、进度款支付比例高 |

2)突然降价法

突然降价法是一种在报价时迷惑竞争对手的方法。投标报价中各竞争对手往往通过多种渠道和手段来刺探对手的情况,因而先按一般情况报价或表现出自己对该工程兴趣不大,到投标快截止时,再突然降价,为最后中标打下基础。采用这种方法时,一定要在准备投标报价的过程中考虑好降价的幅度,在临近投标截止日期前,根据情报信息与分析判断再做最后决策。

3)多方案报价法

多方案报价法是利用招标文件中的工程说明书不够明确,或合同条款、技术要求过于苛刻时,以争取达到修改工程说明书和合同为目的的一种报价方法,先按原招标文件报一个价,然后再提出。如果某某条款作某些变动,报价可降低多少,由此可报出一个较低的价。这样可以降低总价而吸引业主。

**典型案例**

某工程在施工招标文件中规定:本工程有预付款,数额为合同价款的10%,在合同签署并生效后7天内支付;当进度款支付达到合同总价的60%时,一次性全额扣回,工程进度款按季度支付。

某承电商准备对该项目投标,根据图纸计算,报价为9 000万元,总工期为24个月,其中基础工程估价为1 200万元,工期为6个月,结构工程估价为1 800万元,工期为12个月;装体和实装工程估价为3 000万元,工期为6个月。

承包商为既不影响中标,又能在中标后取得较好的收益,决定采用不平衡报价法对原报价作适当调整,基础工程调整为1 300万元,结构工程调整为5 000万元,装饰和安装工程调整为2 700万元。

另外,该承包商还考虑到,该工程虽然有预付款,但平时工程款按季度支付不利于资金周转,决定除接上述调整后的数据报价外,还建议业主将支付条件改为预付款为合同价的5%,工程款按月支付,其余条款不变。

【问题】

①该承包商所采用的不平衡报价法是否恰当？

②除了不平衡报价法，该承包商还运用了哪种报价技巧？是否运用恰当？

【焦点评析】

①恰当。因为该承包商是将属于前期工程的基础工程和主体结构工程的报价调高，而将属于后期工程的装饰和安装工程的报价调低，可以在施工的早期阶段收到较多的工程款，从而可以提高承包商所得工程款的现值，减少工程后期资金回收风险。

②该承包商运用的另一种投标技巧是多方案报价法。该报价技巧运用恰当，因为承包商的报价既适用于原付款条件，也适用于建议的付款条件。

4）增加建议方案

有的招标文件中规定，投标人可以提一个建议方案，即投标人可以修改原设计方案，提出投标者的方案。此时，投标者应抓住机会，组织一批设计和施工经验丰富的工程师，对原招标文件的设计和施工方案仔细研究，提出更为合理的方案以吸引业主，促成自己的方案中标。

**知识链接**

采用增加建议方案法时，投标人要注意不能忽略对原招标方案的报价。投标人提出的建议方案不要写得太具体，要保留方案的技术关键，防止招标人将此方案交给其他承包商。同时，需要强调的是，建议方案一定要比较成熟，具有良好的操作性。

5）多标段交叉折扣报价

招标项目如有多个标段，招标文件允许投标人提供交叉折扣报价时，投标人为获得整个项目合同，对多个标段可以同时提出交叉折扣优惠，即如果招标人将多标段作为一个合同整体授予投标人，投标人可给予整体合同更多的降价优惠，以使投标报价处于更加有利的竞争地位。例如，某公路项目有3个标段，投标人对各标段分别降价优惠5%。如果招标人同时将3个标段合同授予投标人，投标人可给予整体优惠7%。

**典型案例**

某高速公路项目招标。某一投标单位在投标截止日期前一天递交一份符合要求的投标文件，其报价为5 000万元。在投标截止期前1 h，他又交了一封按投标文件要求密封的信，在该补充信中声明："因公司项目安排合理，为积极拓展该区域业务，更好地服务当地经济发展，本单位投标决定将计算总标价及所有单价都降低5%。"但招标单位有关工作人员认为，投标人不得递交两份投标文件，因而拒收该投标人的补充材料。

【问题】

①招标单位有关工作人员的做法合理吗？

②如果投标人在信中提出将其报价比评标价最低的投标降低5%，是否合理？

③投标人采用了什么报价技巧？

【焦点评析】

①招标单位有关工作人员的做法是错误的。他不应该拒收投标人的补充材料，因为，

投标人在投标截止期之前所提交的任何书面文件都是有效文件，都是投标文件的有效组成部分，补充投标资料与原已经递交的投标文件共同构成一份投标文件，而不是两份互相独立的投标文件。对投标人在投标截止期前修改的报价信在开标时应与原投标文件一起开。

②投标人在其信中提出将其报价比评标价最低的投标降低5%的情况是不能被接受的，因为这样做有以低于成本价竞标的嫌疑。这样的投标应视为不符合要求而予以拒绝。

③投标人采用突然降价法。原投标文件的递交时间比投标截止日期提前一天，这既符合常理，又为竞争对手调整、确定最终报价留有余地，起到迷惑竞争对手的作用。而在开标前1 h突然递交一份补充材料，这时竞争对手已不可能再调整报价。

## 单元练习

**一、判断题**

1. 投标策略是投标人在激烈竞争的环境下，在投标报价中使用的对策和战略。（　　）
2. 某投标项目工程款支付条件好，进度款支付比例高，则投标报价可以高一些。（　　）

**二、填空题**

1. 投标人若有疑问需要招标人予以澄清和解答的，一般应在收到招标文件后的__________天以内以书面形式向招标人提出。

2. 决策树是以方框与圆圈为节点，其中方框代表__________，圆圈代表机会点__________。

**三、单选题**

1. 投标人为使报价具有竞争力，下列有关生产要素询价的做法中，正确的是（　　）。

A. 在通过资格预审前进行询价　　B. 尽量向咨询公司进行询价

C. 不论何时何地尽量使用自有机械　　D. 劳务市场招募零散工有利于管理

2. 关于联合体投标需要遵循的规定，下列说法中正确的是（　　）。

A. 联合体各方签订共同投标协议后，可再以自己名义单独投标

B. 资格预审后联合体增减、更换成员的，其投标有效期待定

C. 由同一专业的单位组成的联合体，按其中较高资质确定联合体资质等级

D. 联合体投标的，可以联合体牵头人的名义提交投标保证金

3. 投标策略的集中方法中，（　　）适用于招标文件中的工程范围不明确，条款不很清楚或很不公正，条款不很清楚或很不公正，或技术规范要求过于苛刻的工程

A. 不平衡报价法　　B. 多方案报价法　　C. 无利润竞标法　　D. 平衡报价法

4. 突然降价法对投标单位的（　　）能力要求很高。

A. 分析判断和决策　　B. 决策和组织

C. 计划和决策　　D. 分析判断和实施控制

5. 根据《招标投标法实施条例》，对采用两阶段招标的项目。投标人在第一阶段向招标人提交的文件是（　　）。

A. 不带报价的技术建议　　B. 带报价的技术建议

C. 不带报价的技术方案　　D. 带报价的技术方案

6. 关于工程量清单方式招标工程合同价格风险及风险分担,下列说法中正确的是(　　)。

A. 当出现的风险内容及幅度在招标文件规定的范围内时,综合单价不变

B. 市场价格波动导致施工机具使用费发生变化时,承包人只承担5%以内的价格风险

C. 人工费变化发生的风险全部由发包人承担

D. 承包人管理费的风险一般由发承包人双方共同承担

**四、多选题**

1. 投标单位在(　　)情形下可以选择报低价。

A. 施工条件好的工程,工作简单、工程量大而其他投标人都可以做的工程

B. 投标对手少的工程

C. 附件有工程而本项目可利用该工程的设备、劳务或有条件短期内突击完成的工程

D. 支付条件好的工程

E. 工期要求紧的工程

2. 投标中,常用的报价绩效有(　　)。

A. 不平衡报价法　　B. 多方案报价法

C. 无利润竞标法　　D. 平衡报价法

E. 突然降价法

3. 多方案报价法的报价有(　　)。

A. 单价报价　　B. 符合招标文件条件的报价

C. 市场报价　　D. 计划报价

E. 加注解的报价

4. 无利润报价法通常在(　　)下采用。

A. 有可能在中标后,将大部分工程分包给索价较低的一些分包商

B. 可以通过该工程树立很好的企业形象,提高企业知名度

C. 对分期建设的工程项目,先以低价获得首期工程,而后赢得机会创造第二期工程中的竞争优势,并在以后的工程实施中获得盈利

D. 能够尽早结算的项目,提供充足现金流的项目

E. 较长时期内,投标单位没有在建工程项目,如果不中标,就难以维持生存

# 单元3　编制公路工程投标文件

**1. 投标文件的内容组成**

《公路工程标准施工招标文件》(2018年版)规定,根据投标人须知前附表规定的不同形式,投标文件的组成应满足相应条款要求。

(1)采用双信封形式

若采用双信封形式,投标文件应包括下列内容:

①第一个信封(商务及技术文件):

a. 投标函及投标函附录;

b. 授权委托书或法定代表人身份证明;

c. 联合体协议书;

d. 投标保证金;

e. 施工组织设计;

f. 项目管理机构;

g. 拟分包项目情况表;

h. 资格审查资料;

i. 投标人须知前附表规定的其他资料。

②第二个信封(报价文件):

a. 调价函及调价后的工程量清单(如有);

b. 投标函;

c. 已标价工程量清单;

d. 合同用款估算表。

投标人在评标过程中作出的符合法律法规和招标文件规定的澄清确认,构成投标文件的组成部分。

(2)采用单信封形式

若采用单信封形式,投标文件应包括下列内容:

①投标函及投标函附录;

②授权委托书或法定代表人身份证明;

③联合体协议书;

④投标保证金;

⑤已标价工程量清单;

⑥施工组织设计;

⑦项目管理机构;

⑧拟分包项目情况表;

⑨资格审查资料;

⑩调价函及调价后的工程量清单(如有);

⑪投标人须知前附表规定的其他资料。

投标人在评标过程中作出的符合法律法规和招标文件规定的澄清确认,构成投标文件的组成部分。

**知识链接**

投标人根据招标文件有关分包的规定,拟在中标后将中标项目的部分工作进行分包的,应当在投标文件中载明。投标人在投标文件中未列入分包计划的工程或者服务,中标后不得分包,法律法规或者招标文件另有规定的除外。

**2. 投标文件的编制**

1)投标函及投标函附录

投标人在编写投标文件时,应仔细阅读招标文件的所有内容,按招标文件的规定与要求编制投标文件,并保证所提供的全部资料的真实性。如果投标文件与招标文件的规定与要求不符合,则投标人应自行负责。凡与招标文件的规定有重大不符合的投标文件,将按有关重大偏差的规定处理。

投标文件应按“投标文件格式”进行编写,如有必要可以增加附页,作为投标文件的组成部分。其中,投标函附录在满足招标文件实质性要求的基础上,可以提出比招标文件要求更有利于招标人的承诺。

投标文件应对招标文件有关工期、投标有效期、质量要求、安全目标、技术标准和要求、招标范围等实质性内容做出响应。

(1)投标函

投标函是投标人按照招标文件的条件和要求，对所投项目的名称、标段、投标总价、工期、质量目标、投标保证金金额以及其他方面等关键性、实质性内容作出说明和承诺的概括性函件，是合同文件的重要组成部分，一般位于投标文件的首位。

投标文件的主要内容及主要内容的样式

投标函应根据招标项目特点及招标人的具体需求，严格按照招标文件提供的统一格式编写，不得随意增减内容。

《公路工程标准施工招标文件》(2018 年版)规定投标函的内容格式如下：

**(一) 投 标 函**

________________(招标人名称)：

1. 我方已仔细研究________(项目名称)________标段施工招标文件的全部内容(含补遗书第______号至第______号)，在考察工程现场后，愿意以第二个信封(报价文件)中的投标总报价(或根据招标文件规定修正核实后确定的另一金额)，按合同约定实施和完成承包工程，修补工程中的任何缺陷。

2. 我方承诺在招标文件规定的投标有效期内不撤销投标文件。

3. 工程质量：________，安全目标：________，工期：________日历天。

4. 如我方中标，我方承诺：

(1)在收到中标通知书后，在中标通知书规定的期限内与你方签订合同。

(2)在签订合同时不向你方提出附加条件。

(3)按照招标文件要求提交履约保证金。

(4)在合同约定的期限内完成合同规定的全部义务。

(5)在你方和我方进行合同谈判之前，我方将按照合同附件提出的最低要求填报派驻本标段的其他管理和技术人员及主要机械设备和试验检测设备，经你方审批后作为派驻本标段的项目管理机构主要人员和主要设备且不进行更换。如我方拟派驻的人员和设备不满足合同附件要求，你方有权取消我方中标资格。

5. 我方在此声明，所递交的投标文件及有关资料内容完整、真实和准确，且不存在招标文件第二章“投标人须知”第 1.4.3 项和第 1.4.4 项规定的任何一种情形。

6. 在合同协议书正式签署生效之前，本投标函连同你方的中标通知书将构成我们双方之间共同遵守的文件，对双方具有约束力。

7. ________________(其他补充说明)。

投　标　人：__________(盖单位章)

法定代表人或其委托代理人：__________(签字)

地　　址：________________

网　　址：________________

电　　话：________________

传　　真：________________

邮政编码：________________

________年________月________日

(2)投标函附录

投标函附录一般附于投标函后，主要是对招标文件合同条款中设计的关键性或实质性内容的条款以及一些重要数据进行说明或强调，是构成合同文件的重要组成部分，一般以表格形式摘录列举(表3.3、表3.4)。

**表3.3 投标函附录**

| 序 号 | 条款名称 | 合同条目号 | 约定内容 | 备注 |
|---|---|---|---|---|
| 1 | 缺陷责任期 | 1.1.4.5 | 自实际交工日期起计算________年 | |
| 2 | 逾期交工违约金 | 11.5(3) | ________元/天 | |
| 3 | 逾期交工违约金限额 | 11.5(3) | ________%签约合同价 | |
| 4 | 提前交工的奖金 | 11.6 | ________元/天 | |
| 5 | 提前交工的奖金限额 | 11.6 | ________%签约合同价 | |
| 6 | 价格调整的差额计算 | 16.1.1 | 见价格指数和权重表 | |
| 7 | 开工预付款金额 | 17.2.1(1) | ________%签约合同价 | |
| 8 | 材料、设备预付款比例 | 17.2.1(2) | ________等主要材料、设备单据所列费用的________% | |
| 9 | 进度付款证书最低限额 | 17.3.3(1) | ________%签约合同价或________万元 | |
| 10 | 逾期付款违约金的利率 | 17.3.3(2) | ________‰/天 | |
| 11 | 质量保证金金额 | 17.4.1 | ________%合同价格，若交工验收时承包人具备被招标项目所在地省级交通运输主管部门评定的最高信用等级，发包人给予________%合同价格质量保证金的优惠 | |
| 12 | 保修期 | 19.7(1) | 自实际交工日期起计算________年 | |

**表3.4 价格指数和权重表**

| 名 称 | | 基本价格指数 | | 权 重 | | | 价格指数来源 |
|---|---|---|---|---|---|---|---|
| | | 代号 | 指数值 | 代号 | 允许范围 | 投标人建议值 | |
| 定值部分 | | | | A | | | |
| 变值部分 | 人工费 | F01 | | B1 | ___至___ | | |
| | 钢材 | F02 | | B2 | ___至___ | | |
| | 水泥 | F03 | | B3 | ___至___ | | |
| 合 计 | | | | | | 1.00 | |

2)授权委托书或法定代表人身份证明

授权委托书和法定代表人身份证明格式如下：

**(一)授权委托书**

本人＿＿＿＿＿＿(姓名)系＿＿＿＿＿＿(投标人名称)的法定代表人，现委托＿＿＿＿＿＿(姓名)为我方代理人。代理人根据授权，以我方名义签署、澄清确认、递交、撤回、修改＿＿(项目名称)＿＿标段施工投标文件、签订合同和处理有关事宜，其法律后果由我方承担。

委托期限：自本委托书签署之日起至投标有效期期满。

代理人无转委托权。

附：法定代表人身份证复印件及委托代理人身份证复印件。

投标人：＿＿＿＿＿＿(盖单位章)

法定代表人：＿＿＿＿＿＿(签字)

身份证号码：＿＿＿＿＿＿

委托代理人：＿＿＿＿＿＿(签字)

身份证号码：＿＿＿＿＿＿

＿＿＿＿年＿＿＿＿月＿＿＿＿日

注：1. 法定代表人和委托代理人必须在授权委托书上亲笔签名，不得使用印章、签名章或其他电子制版签名代替。

2. 以联合体形式投标的，本授权委托书应由联合体牵头人的法定代表人按上述规定签署。

3. 如果由投标人的法定代表人签署投标文件，则无须提交授权委托书。

**(二)法定代表人身份证明**

投标人名称：＿＿＿＿＿＿

姓名：＿＿＿＿＿＿(法定代表人亲笔签字)＿＿　性别：＿＿＿＿＿＿年龄：＿＿＿＿＿＿

职务：＿＿＿＿＿＿

系＿＿＿＿＿＿(投标人名称)的法定代表人。

特此证明。

附：法定代表人身份证复印件。

投标人：＿＿＿＿(盖单位章)

＿＿＿＿年＿＿＿＿月＿＿＿＿日

注：法定代表人的签字必须亲笔签名，不得使用印章、签名章或其他电子制版签名代替。

3)联合体协议书

两个以上法人或其他组织可以组成一个联合体，以一个投标人的身份共同投标，为联合体投标。

联合体各方应按招标文件提供的格式签订联合体协议书，明确联合体牵头人和各方权利义务，牵头人代表联合体成员负责投标和合同实施阶段的主力、协调工作，并应当向招标人提交由所有联合体成员法定代表人签署的授权书。联合体各方签订共同投标协议后，不得再以自己名义单独投标，也不得组成新的联合体或参加其他联合体在同一项目中投标。

联合体各方应具备承担本施工项目的资质条件、能力和信誉。通过资格预审的联合体，其各方组成结构或职责，以及财务能力、信誉情况等资格条件不得改变。由同一专业的单位组成的联合体，按照各组成单位资质等级较低的等级确定联合体资质等级。

联合体投标的，应当以联合体各方或者联合体中牵头人的名义提交投标保证金。以联合体中牵头人名义提交的投标保证金，对联合体各成员具有约束力。

《公路工程标准施工招标文件》(2018 年版)中明确联合体协议书的格式如下：

**三、联合体协议书**

<u>　　　　(所有成员单位名称)</u>自愿组成__________(联合体名称)联合体，共同参加__________(项目名称)标段施工投标。现就联合体投标事宜订立如下协议。

1. __________(某成员单位名称)为__________(联合体名称)牵头人。

2. 联合体各成员授权牵头人代表联合体参加投标活动，签署文件，提交和接收相关的资料、信息及指示，进行合同谈判活动，负责合同实施阶段的组织和协调工作，以及处理与本招标项目有关的一切事宜。

3. 联合体牵头人在本项目中签署的一切文件和处理的一切事宜，联合体各成员均予以承认。联合体各成员将严格按照招标文件、投标文件和合同的要求全面履行义务，并向招标人承担连带责任。

4. 联合体各成员单位内部的职责分工如下：(牵头人名称)承担__________专业工程，占总工程量的__________%；__________(成员一名称)承担__________专业工程，占总工程量的__________%；……

5. 投标工作和联合体在中标后工程实施过程中的有关费用按各自承担的工作量分摊。

6. 本协议书自所有成员单位法定代表人签字并加盖单位章之日起生效，合同履行完毕后自动失效。

7. 本协议书一式__________份，联合体成员和招标人各执一份。

联合体牵头人名称：______________(盖单位章)

法 定 代 表 人：______________(签字)

联合体成员名称：______________(盖单位章)

法 定 代 表 人：______________(签字)

联合体成员名称：______________(盖单位章)

法 定 代 表 人：______________(签字)

……

________年________月________日

注：本联合体协议书格式适用于未进行资格预审的情况。如果采用资格预审，投标人应在此提供资格预审申请文件中所附的联合体协议书复印件。

招标人接受联合体投标并进行资格预审的,联合体应当在提交资格预审申请文件前组成。资格预审后联合体增减、更换成员的,其投标无效。

联合体各方应共同与发包人签订合同协议书。联合体各方应为履行合同承担连带责任。

联合体协议经发包人确认后作为合同附件。在履行合同的过程中,未经发包人同意,不得修改联合体协议。联合体牵头人负责与发包人和监理人联系,并接受指示,负责组织联合体各成员全面履行合同。

**知识链接**

招标人不得强制投标人组成联合体共同投标,不得限制投标人之间的竞争。

4)投标保证金

若采用现金或支票,投标人应提供汇款凭证的复印件。

若采用银行保函,银行保函复印件应装订在投标文件中,格式如下:

**投标保证金**

________(招标人名称):

鉴于________(投标人名称)(以下称"投标人")于________年________月________日参加________(项目名称)________标段施工的投标,________(担保人名称,以下简称"我方")无条件地、不可撤销地保证:若投标人在投标有效期内撤销投标文件,中标后无正当理由不与招标人订立合同,在签订合同时向招标人提出附加条件,不按照招标文件要求提交履约保证金,或发生招标文件明确规定可以不予退还投标保证金的其他情形,我方承担保证责任。收到你方书面通知后,我方在7日内向你方无条件支付人民币(大写)________元。

本保函在投标有效期或经延长的投标有效期内保持有效。要求我方承担保证责任的通知应在上述期限内送达我方。你方延长投标有效期的决定,应通知我方。

担保人名称:________(盖单位章)

法定代表人或其委托代理人:________(签字)

地　址:________

邮政编码:________

电　话:________

传　真:________

________年________月________日

5)已标价工程量清单

投标人计算确定最终投标报价后,应根据招标文件中提供的工程量清单及填报要求,逐项填报工程量清单,包括工程量清单说明、投标报价说明、计日工说明、其他说明及工程量清单各项表格。

已标价工程量清单是投标文件的重要组成部分,是决定是否中标的主要依据,也是支付工程进度款和办理工程结算、调整工程量以及工程索赔的依据。

6)施工组织设计

施工方案是投标报价的一个前提条件,也是招标人评标时考虑的因素之一。施工组织设计必须满足招标文件的工期、质量、安全等方面的要求,对招标文件的相关要求做出实质性的响应。投标人在编制施工组织设计时,应仔细分析招标项目的特点、施工条件,考虑自身的优势和劣势,尽可能地采用文字、图表、图片等图文并茂的形式,形象地说明施工方法、拟投入本标段的主要施工设备情况、拟配备本标段的试验和检测仪器设备情况、劳动力计划;结合工程特点提出切实可行的工程质量、安全生产、文明施工、工程进度和技术组织措施等同时应对关键工序、复杂环节等重点提出相应技术措施,如冬、雨期施工技术,减少噪声,降低环境污染,地下管线及其他地上地下设施的保护加固措施等。

施工组织设计除了采用文字表述外,还应按照招标文件规定的格式编写拟投入本标段的主要施工设备表、拟配备本标段的试验和检测仪器设备表、劳动计划表、计划开工竣工日期和施工进度网络图、施工总平面图、临时用地表等。

**知识链接**

施工组织设计由投标人的技术负责人主持制定。与指导具体施工的实施性施工组织设计不同,投标阶段的施工组织设计的目的是争取中标,重点在于向招标人或评标委员会介绍投标人的实力,应简洁明了,突出重点和长处,因此在技术措施、工期、质量安全以及降低成本方面宜对招标人有恰当的吸引力。

《公路工程标准施工招标文件》(2018 年版)中对施工组织设计按照不同的评标办法给出相应的编制要点。

(1)合理低价法和经评审的最低投标价法

投标人应按以下要点编制施工组织设计(文字宜精练、内容具有针对性):

①总体施工组织布置及规划;

②重点、关键和难点工程的施工方案;

③工期关键线路图及保证措施;

④关键工程质量保证措施;

⑤安全保证措施;

⑥环境保护、水土保持、文明施工、文物保护保证措施;

⑦项目风险预测与防范、事故应急预案;

⑧其他应说明的事项。

(2)技术评分最低标价法和综合评分法

投标人应按以下要点编制施工组织设计(文字宜精练、内容具有针对性):

①总体施工组织布置及规划;

②主要工程项目的施工方案、方法与技术措施(尤其对重点、关键和难点工程的施工方案、方法及措施);

③工期保证体系及保证措施;

④工程质量管理体系及保证措施;

⑤安全生产管理体系及保证措施;

⑥环境保护、水土保持保证体系及保证措施；

⑦文明施工、文物保护保证体系及保证措施；

⑧项目风险预测与防范、事故应急预案；

⑨其他应说明的事项。

（3）附图、附表

施工组织设计除采用文字表述外，可附下列图表：

施工组织设计图表

①附表一　施工总体计划表；

②附表二　分项工程进度率计划（斜率图）；

③附表三　工程管理曲线；

④附表四　分项工程生产率和施工周期表；

⑤附表五　施工总平面图；

⑥附表六　劳动力计划表；

⑦附表七　临时占地计划表；

⑧附表八　外供电力需求计划表。

### 7）项目管理机构

工程施工目前都实行项目管理模式，即由设置在施工现场的项目经理部独立承担合同工程的施工任务。项目经理部机构设置和人员配备，根据公车规模大小和特点而定。项目经理部的机构设置一般包括工程技术部、计划统计部、物资装备部、质量监控部、财务管理部、行政后勤部以及实验室等部门，并且下设若干专业施工队。人员可根据自身经验和实际需要而定。

将以上各部门按从属关系绘制成框图，即成为项目管理组织机构图，如图3.4所示。

| |
|---|
| 拟为承包本标段工程设立的组织机构以框图方式表示。 |
| 说明 |

**图3.4　项目管理机构图**

### 8）拟分包项目情况表

若投标人计划分包，则应填写拟分包项目请款单表。《公路工程标准施工招标文件》（2018年版）中规定的拟分包项目情况表，见表3.5。

**表3.5　拟分包项目情况表**

| 拟分包的工程项目 | 主要工程内容 | 预计造价/万元 | 备　注 |
|---|---|---|---|
| | | | 注：若无分包计划，则投标人应在本表填写“无” |
| | | | |
| | | | |
| | | | |
| 拟分包工程造价合计/万元 | | | |

分包包括专业分包和劳务分包。投标人不得将主体、关键性工程进行分包。专业分包的工程范围仅限于分部工程或分项工程、适合专业化队伍施工的工程,专业分包的工程量累计不得超过总工程量的30%。分包人的资格能力应与其分包工程的标准和规模相适应,具备相应的专业承包资质或劳务分包资质。

9)资格审查资料

对已进行资格预审的项目,投标人应按通过资格预审后的新情况及招标文件的规定对资格预审材料进行更新或补充。例如,财务状况方面的变化,新近取得银行信贷额度(如有必要)的证明或获得其他资金来源的证据及现已接受(中标或签约)的新合同工程对财务状况的影响;资格预审后新承包的工程名称、规模、进展程度和工程质量;资格预审后新交工的工程及评定的质量等级;最近的仲裁或诉讼介入情况;投标人名称的变更及有关批件等。资格审查资料的表格格式同资格预审文件规定。

《公路工程标准施工招标文件》(2018年版)给出了适用于未进行资格预审的资格审查资料表格,具体表格内容:

未进行资格预审的资格审查资料表格

除投标人须知前附表另有规定外,投标人应按下列规定提供资格审查资料,以证明其满足规定的资质、财务、业绩、信誉等要求。

(1)投标人基本情况表

该表投标人应根据招标文件第二章“投标人须知”要求在本表后附相关证明材料。投标人以联合体形式参与投标的,联合体各成员应分别填写该表。

“投标人基本情况表”应附企业法人营业执照副本和组织机构代码证副本(按照“三证合一”或“五证合一”登记制度进行登记的,可仅提供营业执照副本)、施工资质证书副本、安全生产许可证副本、基本账户开户许可证的复印件、投标人在交通运输部“全国公路建设市场信用信息管理系统”公路工程施工资质企业名录中的网页截图复印件,以及投标人在国家企业信用信息公示系统中基础信息(体现股东及出资详细信息)的网页截图或由法定的社会验资机构出具的验资报告或注册地工商部门出具的股东出资情况证明复印件。

企业法人营业执照副本和组织机构代码证副本、施工资质证书副本、安全生产许可证副本、基本账户开户许可证的复印件应提供全本(证书封面、封底、空白页除外),应包括投标人名称、投标人其他相关信息、颁发机构名称、投标人信息变更情况等关键页在内,并逐页加盖投标人单位章。

(2)投标人企业组织机构框图

项目管理机构是投标人拟为承包本标段工程设立的组织机构,一般以图框的方式表示,反映投标人的机构管理情况,如图3.5所示。

(3)近年财务状况

①财务状况表:投标人应根据招标文件“投标人须知”的要求在本表后附相关证明材料。本表所列数据必须与本表各附件中的数据相一致。以联合体形式参与投标的,联合体各成员应分别填写。

财务状况表应附经会计师事务所或审计机构审计的财务会计报表,包括资产负债表、现金流量表、利润表和财务情况说明书的复印件,具体年份要求见投标人须知前附表。投标人的成立时间少于投标人须知前附表规定年份的,应提供成立以来的财务状况表。

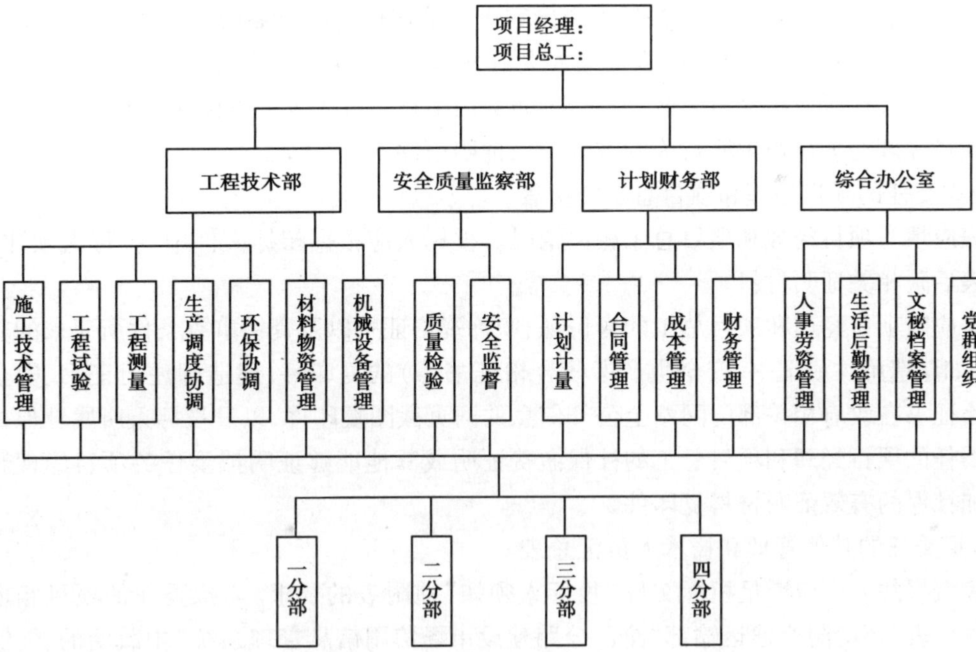


图3.5 项目管理机构(示例)

②银行信贷证明：招标人要求投标人提供银行信贷证明是为了避免投标人中标后因流动资金不足而影响工程施工，招标人可根据招标项目具体特点和实际情况选择是否要求投标人提供银行信贷证明。如采用银行信贷证明，招标人应在此规定开具信贷证明的银行级别。

(4)近年完成的类似项目表

该表每张表格只填写一个项目，并标明序号。投标人应根据招标文件第二章“投标人须知”的要求在本表后附相关证明材料。如近年来，投标人法人机构发生合法变更或重组或法人名称变更时，应提供相关部门的合法批件或其他相关证明材料来证明其所附业绩的继承性。以联合体形式参与投标的，联合体各成员应分别填写。

该表中填写的项目应是已列入交通运输主管部门“公路建设市场信用信息管理系统”并公开的主承包已建业绩或分包已建业绩，具体时间要求见投标人须知前附表。

“近年完成的类似项目情况表”应附在交通运输部“全国公路建设市场信用信息管理系统”中查询到的“业绩信息”相关项目网页截图复印件，即包括“项目名称”“标段类型”“合同价”“主要工程量”“项目主要管理人员”等栏目在内的项目详细信息网页截图复印件。在交通运输部“全国公路建设市场信用信息管理系统”中无法查询，但可在省级交通运输主管部门“公路建设市场信用信息管理系统”中查询的，应附省级交通运输主管部门“公路建设市场信用信息管理系统”中查询到的网页截图复印件。除网页截图复印件外，投标人无须再提供任何业绩证明材料。如投标人未提供相关项目网页截图复印件或相关项目网页截图中的信息无法证实投标人满足招标文件规定的资格审查条件(业绩最低要求)，则该项目业绩不予认定。

(5)投标人的信誉情况表

投标人应按照招标文件“投标人须知”前附表附录4和“投标人须知”正文规定，逐条说明其信誉情况。投标人应根据招标文件“投标人须知”的要求在本表后附相关证明材料。以联合体形式参与投标的，联合体各成员应分别填写。

“投标人的信誉情况表”应附投标人在国家企业信用信息公示系统中未被列入严重违法失信企业名单、在“信用中国”网站中未被列入失信被执行人名单的网页截图复印件，以及由项目所在地或投标人住所地检察机关职务犯罪预防部门出具的近3年内投标人及其法定代表人、拟委任的项目经理均无行贿犯罪行为的查询记录证明原件。

(6)拟委任的项目经理和项目总工资历表

本表应填写项目经理和项目总工相关情况。投标人应根据招标文件中“投标人须知”的要求在本表后附相关证明材料。

该表应附项目经理和项目总工的身份证、职称资格证书以及资格审查条件所要求的其他相关证书(如建造师注册证书、安全生产考核合格证书等)的复印件，建造师注册证书、安全生产考核合格证书在政府相关部门网站上公开信息的网页截图复印件，以及投标人所属社保机构出具的拟委任的项目经理和项目总工的社保缴费证明或其他能够证明拟委任的项目经理和项目总工参加社保的有效证明材料复印件。

(7)拟委任的其他管理和技术人员汇总表

本表填报的人员应满足招标文件“投标人须知”前附表的要求。“拟委任的项目经理和项目总工资历表”还应附交通运输部“全国公路建设市场信用信息管理系统”中载明的、能够证明项目经理和项目总工具有相关业绩的网页截图复印件。在交通运输部“全国公路建设市场信用信息管理系统”中无法查询，但可在省级交通运输主管部门“公路建设市场信用信息管理系统”中查询的，应附省级交通运输主管部门“公路建设市场信用信息管理系统”中查询到的网页截图复印件。除网页截图复印件外，投标人无须再提供任何业绩证明材料。如投标人未提供相关业绩网页截图复印件或相关业绩网页截图中的信息无法证实投标人满足招标文件规定的资格审查条件(项目经理和项目总工最低要求)，则该业绩不予认定。如项目经理或项目总工目前仍在其他项目上任职，则投标人应提供由该项目发包人出具的、承诺上述人员能够从该项目撤离的书面证明材料原件。

(8)拟委任的其他管理和技术人员资历表

投标人应根据招标文件中“投标人须知”的要求在本表后附相关证明材料。“拟委任的其他管理和技术人员汇总表”(如有)应填报满足投标人须知前附表规定的其他人员的相关信息。“拟委任的其他管理和技术人员资历表”(如有)中相关人员应附身份证、职称资格证书以及资格审查条件所要求的其他相关证书的复印件、相关业绩证明材料复印件，以及投标人所属社保机构出具的社保缴费证明或其他能够证明其参加社保的有效证明材料复印件。

(9)拟投入本标段的主要施工机械表

本表仅适用于特别复杂的特大桥梁和特长隧道项目主体工程以及其他有特殊要求的工程。

“拟投入本标段的主要施工机械表”“拟配备本标段的主要材料试验、测量、质检仪器设备表”(如有)应填报满足投标人须知前附表规定的机械设备和试验检测设备。投标人须知前附表规定接受联合体投标的，按规定的表格和资料应包括联合体各方相关情况。

拟配备本标段的主要材料试验、测量、质检仪器设备表，仅适用于特别复杂的特大桥梁和特长隧道项目主体工程以及其他有特殊要求的工程。

(10)其他资格审查资料

①除合同条款约定的特殊情形外，投标人在投标文件中填报的项目经理和项目总工不允许更换。

②投标人在投标文件中填报的资质、业绩、主要人员资历和目前在岗情况、信用等级等信息，应与其在交通运输主管部门“公路建设市场信用信息管理系统”上填报并发布的相关信息一致。投标人应根据本单位实际情况及时完成相关信息的申报、录入和动态更新，并对相关信息的真实性、完整性和准确性负责。

③招标人有权核查投标人在资格预审申请文件和投标文件中提供的资料。若在评标期间发现投标人提供虚假资料，其投标将被否决；若在签订合同前发现作为中标候选人的投标人提供虚假资料，招标人有权取消其中标资格；若在合同实施期间发现投标人提供虚假资料，招标人有权从工程支付款或履约保证金中扣除不超过10%签约合同价的金额作为违约金。同时招标人将投标人上述弄虚作假行为上报省级交通运输主管部门，作为不良记录纳入公路建设市场信用信息管理系统。

10）调价函及调价后的工程量清单

在投标过程中，投标人往往采用调价函的形式对已编制好的报价进行调价，多数为降低报价。这是因为投标报价作出最后决策的时间往往距离递交投标文件截止时间很短，由于来不及调整标价，只好采取在原报价的基础上另附一份调价函（降价）的办法来确定最终报价。

调价函一般是无条件的，即无额外要求。有时也可以是有条件的。例如，当允许中两个标段时，可以声明如两个标段同时中标可以降价。降价幅度一般不宜过大。如果降价幅度过大（如10%以上），就会被认为标价计算不慎重，或者报价不合理。

《公路工程标准施工招标文件》（2018年版）关于调价函说明为：除投标人须知前附表另有规定外，招标人不接受调价函。若招标人接受调价函，则应在招标文件中给出调价函的格式。投标人若有调价函则应遵循如下规定：

①调价函必须采用招标文件规定的格式；调价函应说明调价后的最终报价，并以最终报价为准，而且投标人只能有一次调价的机会。

②工程量清单中招标人指定的报价不允许调价。

③调价函必须附有调价后的工程量清单；调价函必须粘贴或机械装订在投标文件正本首页，与投标文件一起密封提交。

若投标人未提交调价后的工程量清单或调价函未装在投标文件正本首页，调价函均视为无效，仍以原报价作为最终报价。若投标人提交的调价函多于一个，或对不允许调价的内容进行调价，或调价函有附加条件，其投标将被否决。

④若招标人接受调价函，投标人调价后的工程量清单和有效调价函的大写金额报价应保持一致，如果报价金额出现差异，则以有效调价函的大写金额报价为准。

## 单元练习

**一、判断题**

1. 投标函附录，主要是对招标文件合同条款中设计的关键性或实质性内容的条款以及一些重要数据进行说明或强调，是构成合同文件的重要组成部分。（　　）

2. 投标人按招标文件的要求提交投标保证金，数额不得超过项目估算价的1%。（　　）

**二、填空题**

1. 采用双信封形式投标，第一信封为____________，第二信封为____________。

2.《公路工程标准施工招标文件》中，公路工程招投标工作中常用的4种评标方法分别是____________、____________、____________、____________。

**三、单选题**

1. 某工程施工项目，合同估算价为3 000万元，投标人应提交的投标保证金额度应不超过(　　)万元。

A. 60　　B. 80　　C. 350　　D. 300

2. 投标人按招标文件的要求提交投标保证金，数额不得超过项目估算价的(　　)。

A. 1%　　B. 2%　　C. 3%　　D. 5%

**四、多选题**

1. 关于施工投标报价中下列说法中正确的是(　　)。

A. 投标人应认真根据招标说明、图纸、地质资料等招标文件资料，计算主要清单工程量、复核工程量清单

B. 投标人应修改错误的工程量，并通知招标人

C. 投标人可以不向招标人提出复核工程量中发现的遗漏

D. 投标人可以通过复核防止由于订货超量带来的浪费

E. 投标人应根据复核工程量的结果选择适用的施工设备

2. 下列选项中，属于投标文件编制原则的有(　　)。

A. 响应招标文件，保证不被废标

B. 充分衡量自身人员和技术实力能否满足工程项目要求

C. 认真研究招标文件，深入体会招标文件意图

D. 对竞争激烈、风险特别大或把握不大的工程项目，应主动放弃投标

E. 投标文件要内容详细、层次分明、重点突出

3. 下列选项中，属于投标文件的有(　　)。

A. 投标保证金　　B. 已标价工程量清单

C. 联合体协议书　　D. 资格审查资料　　E. 评标办法

## 单元4　递交公路工程投标文件

### 1. 投标文件的书写和签署

投标文件应用不褪色的材料书写或打印。法定代表人或其委托代理人签字之处，必须由相关人员亲笔签名，不得使用印章、签名章或其他电子制版签名代替；明确要求投标人加盖单位章之处，必须加盖单位章。其中，投标函、调价函及对投标文件的澄清和说明应加盖投标人单位章，或由投标人的法定代表人或其委托代理人签字。

如果投标文件由委托代理人签署，则投标人须提交授权委托书。授权委托书应按“投标文件格式”的要求出具，并由法定代表人和委托代理人亲笔签名，不得使用印章、签名章或其他电子制版签名代替。

如果由投标人的法定代表人亲自签署投标文件,则投标人须提交法定代表人身份证明,身份证明应符合第九章“投标文件格式”的要求。

以联合体形式参与投标的,投标文件由联合体牵头人的法定代表人或其委托代理人按上述规定签署并加盖联合体牵头人单位章。法定代表人授权委托书或法定代表人身份证明须由联合体牵头人按上述规定出具。

投标文件应尽量避免涂改、行间插字或删除。如果出现上述情况,改动之处应由投标人的法定代表人或其授权的代理人签字或盖单位章。

**2. 投标文件的装订**

投标文件正本一份,副本份数与投标人须知前附表数理相同。正本和副本的封面右上角上应清楚地标记“正本”或“副本”字样。投标人应根据投标人须知前附表要求提供电子版文件。当副本和正本不一致或电子版文件和纸质正本文件不一致时,以纸质正本文件为准。

投标文件的正本与副本应分别装订成册(A4 纸幅),编制目录并逐页标注连续页码。投标文件不得采用活页夹装订,否则,招标人对由于投标文件装订松散而造成的丢失或其他后果不承担任何责任。装订的其他要求见投标人须知前附表。

**3. 投标文件的包装、密封和标识**

《公路工程项目招标投标管理办法》(2015 年版),关于投标文件的密封装订规定如下:

投标人应当按照招标文件要求装订、密封投标文件,并按照招标文件规定的时间、地点和方式将投标文件送达招标人。公路工程勘察设计和施工监理招标的投标文件应当以双信封形式密封,第一信封内为商务文件和技术文件,第二信封内为报价文件。对公路工程施工招标,招标人采用资格预审方式进行招标且评标方法为技术评分最低标价法的,或者采用资格后审方式进行招标的,投标文件应当以双信封形式密封,第一信封内为商务文件和技术文件,第二信封内为报价文件。

《公路工程标准施工招标文件》(2018 年版)中规定如下:

若采用双信封形式,投标文件第一个信封(商务及技术文件)以及第二个信封(报价文件)应单独密封包装。商务及技术文件的正本与副本应统一密封在一个封套中。报价文件的正本与副本、投标文件电子版文件(如需要)以及填写完毕的工程量固化清单电子文件(如采用工程量固化清单形式)应统一密封在另一个封套中。封套应加贴封条,并在封套的封口处加盖投标人单位章或由投标人的法定代表人或其委托代理人签字。采用银行保函形式提交投标保证金的,银行保函原件应密封在单独的封套中。投标文件第一个信封(商务及技术文件)、第二个信封(报价文件)以及银行保函封套上应写明的内容见投标人须知前附表。

若采用单信封形式,投标文件应采用单信封形式密封。投标文件的正本与副本、投标文件电子版文件(如需要)以及填写完毕的工程量固化清单电子文件(如采用工程量固化清单形式)应统一密封在一个封套中。封套应加贴封条,并在封套的封口处加盖投标人单位章或由投标人的法定代表人或其委托代理人签字。采用银行保函形式提交投标保证金的,银行保函原件应密封在单独的封套中。投标文件以及银行保函封套上应写明的内容见投标人须知前附表。

**知识链接**

未按《公路工程标准施工招标文件》(2018 年版)要求密封的投标文件,招标人将予以拒收。

**4. 投标文件的递交和投标有效期**

《中华人民共和国招标投标法》(2017 年修订)中规定,投标人应当在招标文件要求提交投标文件的截止时间前,将投标文件送达投标地点。招标人收到投标文件后,应当签收保存,不得开启。投标人少于 3 个的,招标人应当依法重新招标。

投标人在招标文件要求提交投标文件的截止时间前,可以补充、修改或者撤回已提交的投标文件,并书面通知招标人。

1)投标文件的递交

《公路工程项目招标投标管理办法》(2015 年版)中关于投标文件递交的时间和地点,规定如下:

①投标人应在"招标公告"或"投标邀请书"规定的投标截止时间前递交投标文件。

②投标人递交投标文件的地点见"招标公告"或"投标邀请书"。

③除投标人须知前附表另有规定外,投标人所递交的投标文件不予退还。投标人少于 3 个的,投标文件当场退还给投标人。

④逾期送达的或未送达指定地点的投标文件,招标人将予以拒收。

2)投标文件的修改与撤回

《公路工程项目招标投标管理办法》(2015 年版)中关于投标文件的修改和撤回规定如下:

①修改投标文件的函件是投标文件的组成部分,其编制形式、密封方式、送达时间等适用对投标文件的规定。

②投标人在投标截止时间前撤回投标文件且招标人已收取投标保证金的,招标人应当自收到投标人书面撤回通知之日起 5 日内退还其投标保证金。

③投标截止后投标人撤销投标文件的,招标人可以不退还投标保证金。

《公路工程标准施工招标文件》(2018 年版)中关于投标文件的修改和撤回规定如下:

①在招标文件或招标邀请书规定的投标截止时间前,投标人可以修改或撤回已递交的投标文件,但应以书面形式通知招标人。

②投标人撤回投标文件的,招标人自收到投标人书面撤回通知之日起 5 日内退还已收取的投标保证金。

③修改的内容为投标文件的组成部分。

④修改的投标文件应按照投标文件的编制和投标文件的递交相关规定进行编制、密封、标记和递交,并标明"修改"字样。

⑤投标文件按照要求送达后,在招标文件规定的投标截止时间前,投标人修改或者撤回投标文件的,应当以书面函件形式通知招标人。

3)投标文件的有效期

《中华人民共和国招标投标法实施条例》规定,招标人应当在招标文件中载明投标有效期。

投标有效期从提交投标文件的截止之日起算。

《公路工程标准施工招标文件》(2018年版)中指出,一般项目投标有效期为60～90日,大型项目为120日左右。出现特殊情况需要延长投标有效期的,招标人以书面形式通知所有投标人延长投标有效期。

**知识链接**

《中华人民共和国招标投标法实施条例》对投标人不正当的投标行为管理规定如下:

招标的相关法律规定

1.禁止投标人相互串通投标。

有下列情形之一的,属于投标人相互串通投标:

①投标人之间协商投标报价等投标文件的实质性内容;

②投标人之间约定中标人;

③投标人之间约定部分投标人放弃投标或者中标;

④属于同一集团、协会、商会等组织成员的投标人按照该组织要求协同投标;

⑤投标人之间为谋取中标或者排斥特定投标人而采取的其他联合行动。

有下列情形之一的,视为投标人相互串通投标:

①不同投标人的投标文件由同一单位或者个人编制;

②不同投标人委托同一单位或者个人办理投标事宜;

③不同投标人的投标文件载明的项目管理成员为同一人;

④不同投标人的投标文件异常一致或者投标报价呈规律性差异;

⑤不同投标人的投标文件相互混装;

⑥不同投标人的投标保证金从同一单位或者个人的账户转出。

有下列情形之一的,属于招标人与投标人串通投标:

①招标人在开标前开启投标文件并将有关信息泄露给其他投标人;

②招标人直接或者间接向投标人泄露标底、评标委员会成员等信息;

③招标人明示或者暗示投标人压低或者抬高投标报价;

④招标人授意投标人撤换、修改投标文件;

⑤招标人明示或者暗示投标人为特定投标人中标提供方便;

⑥招标人与投标人为谋求特定投标人中标而采取的其他串通行为。

2.使用通过受让或者租借等方式获取的资格、资质证书投标的,属于以他人名义投标。

投标人有下列情形之一的,属于以其他方式弄虚作假的行为:

①使用伪造、变造的许可证件;

②提供虚假的财务状况或者业绩;

③提供虚假的项目负责人或者主要技术人员简历、劳动关系证明;

④提供虚假的信用状况;

⑤其他弄虚作假的行为。

**典型案例**

某省跨河流域将建设一座斜拉桥，已委托代理公司负责招投标相关事宜。采用资格后审，在开标后发现以下问题：

①A 投标单位的投标文件未按建设单位要求的习惯做法密封；

②B 投标单位虽按招标文件的要求编制了投标文件，但有一页文件漏打了页码；

③C 投标单位投标保证金超过了招标文件中规定的金额；

④D 投标单位投标文件记载的招标项目完成期限超过招标文件规定的完成期限；

⑤E 投标单位某分项工程的报价有个别漏项。

【问题】

请问以上投标单位投递的标书是否有效，并说明原因。

【焦点分析】

A 单位投标文件属于无效投标文件。投标文件必须按照招标文件的要求密封。

B 单位投标文件属于有效标。漏打了一页页码属于细微偏差。

C 单位投标文件属于有效标。投标保证金只要符合招标文件规定的最低投标保证金。

D 单位投标文件属于应淘汰的投标书。完成期限超过招标文件规定的完成期限属于重大偏差。

E 单位投标文件属于有效标。个别漏项属于细微偏差，投标人根据要求进行补正。

## 单元练习

### 一、判断题

1. 招标人或其委托的招标代理机构应当采取有效措施，有关评标活动的参与人员应当严格遵守保密原则，不得泄露与评标有关的任何情况。 (　　)

2. 投标截止时间后投标人撤销投标文件的，投标保证金不予退回。 (　　)

### 二、填空题

1. 如果由投标人的法定代表人签署投标文件，则无须提交____________。

2. 投标人在投标截止时间前撤回投标文件的，投标保证金应在____________日内退还给投标人。

### 三、单选题

1. 工程项目投标出现下列情形，投标有效的是(　　)。

A. 投标人发生合并、分立不再具备招标文件规定的资格条件的

B. 资格预审后联合体增减更换成员的

C. 作为投标联合体的次要成员在同一项目中单独投标的

D. 资格预审后投标人书面告知招标人其所有制变化的

2. 关于投标文件密封性的检查，下列说法错误的是(　　)。

A. 投标人将投标文件送达投标地点后，应由招标人检查投标文件的密封情况

B. 开标时，投标文件密封情况的检查可由投标人或者投标人推选的代表进行

C. 开标时,可由招标人委托的公证机构对投标文件的密封情况进行检查

D. 开标时,投标文件密封情况应由行政监督人员检查

3. 甲公司参加某项目的投标,该项目招标文件开始发出之日为2015年6月1日,递交投标文件的截止时间为2015年6月26日上午9点30分,投标有效期为90天。甲公司修改投标文件应在(　　)进行。

A. 2015年9月25日上午9点30分

B. 2015年6月26日上午9点30分之前

C. 2015年6月26日上午9点30分之后

D. 2015年8月31日前

4. 关于投标,下列说法正确的是(　　)。

A. 投标文件应当对招标文件提出的形式性要求作出响应

B. 招标人收到投标文件后,应当立即开启

C. 投标人少于5人,招标人应当依照《招标投标法》重新招标

D. 投标人应当具备承担招标项目的能力

5. 投标人撤回已提交的投标文件,应当在(　　)前书面通知招标人。招标人已收取投标保证金的,应当自收到投标人书面撤回通知之日起(　　)日内退回。

A. 投标截止时间,5　　B. 投标截止时间,3　　C. 开标,5　　D. 开标,3

**四、多选题**

1. 下列关于投标文件的递交,描述正确的有(　　)。

A. 在招标文件要求提交投标文件的截止时间后送达或未送到指定地点的投标文件,为无效的投标文件

B. 联合体投标的,投标保证金由牵头人或联合体各方提交

C. 投标保证金的数额不得超过项目估算价的2%

D. 一般项目投标有效期为120天左右

E. 在招标文件规定的投标有效期内,投标人要求撤销或修改其投标文件,投标保证金不予返还

2. 关于投标文件的编制与递交,下列说法中正确的是(　　)。

A. 投标函附录中可以提出比招标文件要求更能吸引招标人的承诺

B. 当投标文件的正本与副本不一致时以正本为准

C. 允许递交备案投标方案时,所有投标人的备选方案应同等对待

D. 在要求提交投标文件的截止时间后送达的投标文件为无效的投标文件

E. 境内投标人以现金形式提交的投标保证金应当出自投标人的基本账户

3. 关于联合体的构成,下列说法正确的是(　　)。

A. 联合体对外以一个投标人的身份共同投标,联合体各方应当单独与招标人签订合同

B. 联合体中标的,其各方应单独与招标人签订合同,就中标项目向招标人承担无限责任

C. 组成联合体投标是联合体各方的自愿行为

D. 联合体各方签订共同投标协议后,可以再以自己的名义单独投标

E. 联合体各方签订共同投标协议后,不得参加其他联合体在同一项目中投标

4. 根据《招标投标法》的规定，下列关于投标的说法正确的是(　　)。

A. 由同一专业的单位组成的联合体投标，按照资质等级较低的单位确定资质等级

B. 在招标文件要求提交投标文件的截止时间前，投标人可以补充、修改或者撤回已提交的投标文件，并书面通知招标人

C. 投标人少于3个的，招标人应当依照《招标投标法》重新招标

D. 为了开拓市场，投标人可以以低于成本的报价投标

E. 投标人应当在招标文件要求提交投标文件的截止日期前，将投标文件送达投标地点

5. 下列(　　)有权检查招标文件的密封情况。

A. 投标人　　B. 招标人　　C. 行政监督部门

D. 招标人委托的公证机构　　E. 投标人推选的代表

6. 投标文件有下列(　　)情形的，招标人应当按照法律规定拒收或者不予受理。

A. 逾期送达的　　B. 提前送达的　　C. 未送达指定地点的

D. 不按照招标文件要求密封的　　E. 未通过资格预审的申请人提交的

# 模块4　公路工程施工开标、评标及定标

【知识框架】

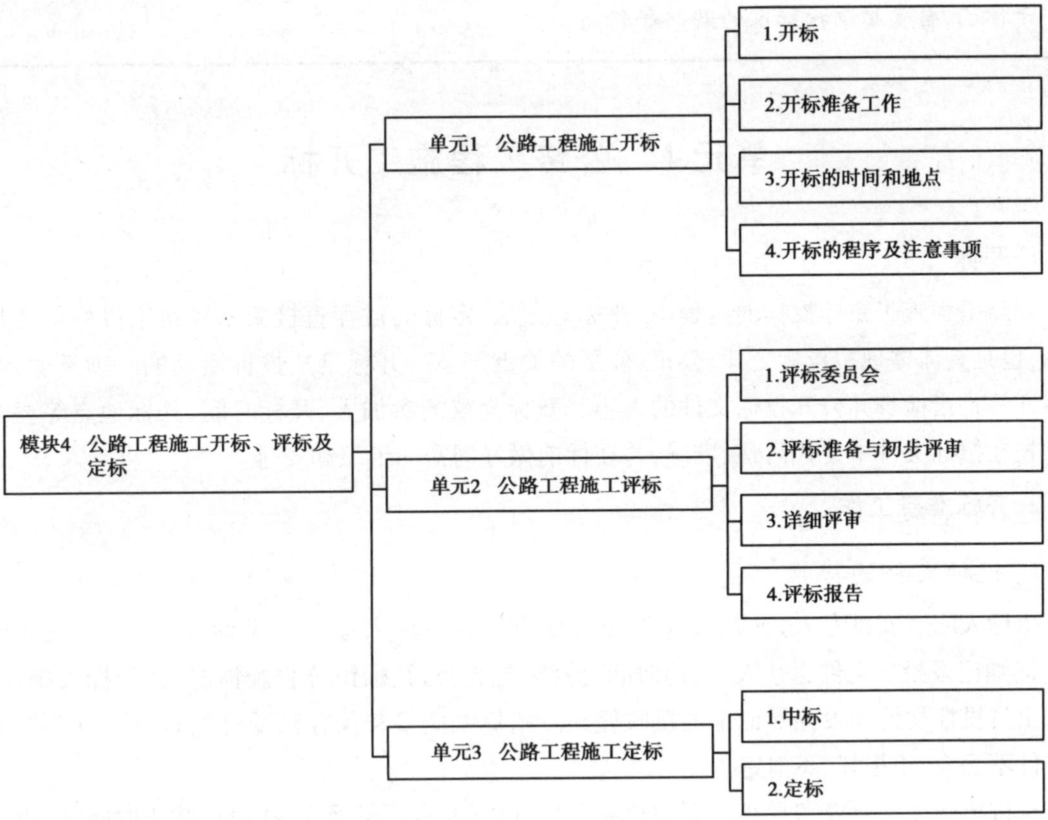


【知识目标】

1. 掌握开标的程序及注意事项。

2. 掌握评标委员会的组成,熟悉评标的方法和程序。

3. 熟悉中标候选人履约能力的审查。

【能力目标】

1. 能按招标文件的规定程序组织开标。

2. 能组织评标委员会,并根据规定方法、程序完成投标文件审查,并出具评标报告。

3. 能确定中标候选人,编制中标通知书。

**课程导入**

评审专家相当于裁判员,对投标人进行综合评判。裁判是否公正,将对工程项目的资金投入、质量保证,社会效益产生深远影响。一位合格的评审专家,要具备过硬的专业知识和良好的职业操守。评审专家的职业操守表现在3个方面:一是遵守评审纪律。出席评审活动时,主动配合工作人员进行专家身份核验;手机等通信工具集中保管;遵守评审时间规定,不迟到、早退;不擅自离开评审区域;不将评审资料带出评审场所;保守评审中获悉的商业秘密等。二是评审过程中,评审专家应当按照客观、公正、审慎的原则,根据评审程序、评审方法和评审标准,独立地、完整地审查所有投标人的响应文件,用自己的专业知识对投标人进行评价。三是坚守职业道德。在评审活动以外,评审专家要洁身自好,廉洁自律,做到严于律己,自觉抵制投标人的贿赂等行为。

## 单元1　公路工程施工开标

### 1. 开标

公路工程施工招标投标的过程中,评标的方法、定标的过程直接关系到每家投标单位是否中标,也是具体体现招投标公开、公正、公平的关键环节。开标是招投标活动的一项重要程序,所谓开标是指检查并公开投标文件的内容。开标会议的参加人、开标时间、开标地点等要求必须事先在招标文件中交代清楚、准确,并在标前做好周密的组织和安排。

### 2. 开标准备工作

#### 1)投标文件的接收

招标人应当安排专人,在招标文件指定地点接收投标人递交的投标文件(包括投标保证金),详细记录投标文件送达人、送达时间、份数、包装密封、标识等查验情况,经投标人确认后,向其出具投标文件和投标保证金的接收凭证。招标人应妥善保存已受理的投标文件并保证投标文件不丢失、不损坏、不泄密。

未按招标文件要求密封和标识的投标文件,招标人将不予受理,在投标截止时间前,应当允许投标人在投标文件接收场地之外自行更正修补。在投标截止时间后递交的投标文件招标人应当拒绝接收。

到投标截止时间提交投标文件的投标人少于3家的,不得开标。招标人应将接收的投标文件原封退回投标人,并依法重新组织招标。重新招标后投标人仍少于3家的,属于必须审批的工程建设项目,报经原审批部门批准后可以不再进行招标;其他工程建设项目,招标人可自行决定不再进行招标。

#### 2)开标现场

招标人应精细、周全地准备布置好开标现场,包括布置好开标会议室、准备好开标需要的设备、设施和服务等。另外,招标人应组织工作人员将已受理的投标文件及可能的撤销函送到开标地点。

3)开标资料

招标人应准备好开标所需资料,包括开标记录表、标底文件(如有)、投标文件接收登记表、签收凭证等。招标人还应准备好相关国家法律法规、招标文件及其澄清和修改内容以备必要时使用。

4)工作人员

参与开标会议的有关工作人员包括主持人、开标人、唱标人、记录人、监标人及其他辅助人员等,应按时到达开标现场。

**3.开标的时间和地点**

《公路工程标准施工招标文件》(2018年版)中,根据评标过程中采用双信封和单信封的形式不同,开标的时间和地点有所不同。

采用双信封时,招标人在规定的投标截止时间(开标时间),以及投标人须知前附表规定的地点对收到的投标文件第一个信封(商务及技术文件)公开开标,并邀请所有投标人的法定代表人或其委托代理人准时参加。招标人在投标人须知前附表规定的时间和地点对投标文件第二个信封(报价文件)公开开标,并邀请所有投标人的法定代表人或其委托代理人准时参加。

采用单信封形式时,招标人在规定的投标截止时间(开标时间)和投标人须知前附表规定的地点公开开标,并邀请所有投标人的法定代表人或其委托代理人准时参加。

无论采用双信封还是单信封,投标人若未派法定代表人或委托代理人出席开标活动,视为该投标人默认开标结果。

**4.开标的程序及注意事项**

《公路工程标准施工招标文件》(2018年版)中,根据评标过程中采用双信封和单信封的形式不同,开标程序有所不同。下面分别介绍以上两种方式的开标程序及注意事项。

1)采用单信封

采用单信封时,按下列程序进行开标:

①宣布开标纪律;

②公布在投标截止时间前递交投标文件的投标人数量;

③宣布开标人、唱标人、记录人等有关人员姓名;

④按照投标人须知前附表规定由投标人推选的代表检查投标文件的密封情况;

⑤按照投标人须知前附表规定的开标顺序当众开标,公布标段名称、投标人名称、投标保证金的递交情况、投标报价、工期及其他内容,并记录在案;

⑥计算并宣布评标基准价;

⑦投标人代表、招标人代表、记录人等有关人员在开标记录上签字确认;

⑧开标结束。

2)采用双信封

采用双信封时,首先对第一个信封商务技术文件开标。再对第二个信封报价文件开标。具体开标程序见表4.1。

**表 4.1　开标程序**

| 第一个信封商务技术文件开标 | 第二个信封报价文件开标 |
| --- | --- |
| ①宣布开标纪律；<br>②公布在投标截止时间前递交投标文件的投标人数量；<br>③宣布开标人、唱标人、记录人等有关人员姓名；<br>④按照投标人须知前附表规定由投标人推选的代表检查投标文件的密封情况；<br>⑤按照投标人须知前附表规定的开标顺序当众开标，公布标段名称、投标人名称、投标保证金的递交情况、工期及其他内容，并记录在案；<br>⑥投标人代表、招标人代表、记录人等有关人员在开标记录上签字确认；<br>⑦开标结束 | ①宣布开标纪律；<br>②当众拆开投标文件第一个信封（商务及技术文件）评审结果的密封袋，宣布通过投标文件第一个信封（商务及技术文件）评审的投标人名单；<br>③宣布开标人、唱标人、记录人等有关人员姓名；<br>④按照投标人须知前附表规定由投标人推选的代表检查投标文件的密封情况；<br>⑤按照投标人须知前附表规定的开标顺序当众开标，开标人只拆封通过第一个信封（商务及技术文件）评审的第二个信封（报价文件），公布标段名称、投标人名称、投标报价及其他内容，并记录在案。未通过商务文件和技术文件评审的，其第二个信封不予拆封并由招标人予以封存；<br>⑥计算并宣布评标基准价；<br>⑦将未通过投标文件第一个信封（商务及技术文件）评审的投标文件第二个信封（报价文件）退还给投标人；<br>⑧投标人代表、招标人代表、记录人等有关人员在开标记录上签字确认；<br>⑨开标结束 |

注：在投标文件第一个信封（商务及技术文件）开标现场，投标文件第二个信封（报价文件）不予开封，由招标人密封保存。

**知识链接**

若采用合理低价法或综合评分法，在投标文件第二个信封（报价文件）开标现场，招标人将按第三章“评标办法”规定的原则计算并宣布评标基准价。若招标人发现投标文件出现以下任一情况，其投标报价将不再参加评标基准价的计算：

①未在投标函上填写投标总价；

②投标报价或调价函中的报价超出招标人公布的最高投标限价（如有）；

③投标报价或调价函中报价的大写金额无法确定具体数值；

④投标函上填写的标段号与投标文件封套上标记的标段号不一致。

如果投标人认为某一标段的评标基准价计算有误，有权在开标现场提出，经招标人当场核实确认后，可重新宣布评标基准价。开标现场宣布的评标基准价除计算有误经评标委员会修正外，在整个评标期间保持不变，不随任何因素发生变化。

在投标文件第一个信封（商务及技术文件）或第二个信封（报价文件）开标过程中，若招标人宣读的内容与投标文件不符，投标人有权在开标现场提出疑问，经招标人当场核查确认后，可重新宣读其投标文件。若投标人现场未提出疑问，则认为投标人已确认招标人宣读的内容。

投标人对开标有异议的，应在开标现场提出，招标人当场作出答复，并制作记录，有异议的投标人代表、招标人代表、记录人等有关人员在记录上签字确认。

## 单元练习

### 一、判断题

1. 开标应当在招标文件确定的提交投标文件截止时间的同一时间公开进行，开标过程应当记录，并存档备查。（　　）

2. 开标由招标人主持，邀请中标人参加。（　　）

### 二、填空题

1. ____________是招投标活动的一项重要程序，是指检查并公开投标文件的内容。

2. 参与开标会议的有关工作人员包括____________、____________、____________、____________、____________及其他辅助人员等。

### 三、单选题

1. 下列选项中，符合《招标投标法》关于开标规定的是（　　）。

A. 开标由招标代理机构主持，邀请所有投标人参加

B. 开标应在招标文件确定的投标截止时间的同一时间公开进行

C. 投标人对开标有异议可直接向行政部门投诉

D. 投标人少于5个的，不得开标，应重新招标

2. 根据《招标投标法》，下列关于投标和开标的说法中，正确的是（　　）。

A. 投标人如果准备中标后将部分工程分包的，应在中标后通知招标人

B. 联合体投标中标的，应由联合体牵头方代表联合体与招标人签订合同

C. 开标应当在公证机构的主持下，在招标人通知的地点公开进行

D. 开标时，可以由投标人或者其推选的代表检查投标文件的密封情况

3. 公开招标时，对招标人和投标人均由法律约束力的投标有效期应从（　　）起算。

A. 发布招标公告日　　B. 开始资格预审日　　C. 发售招标文件日　　D. 投标截止日

4. 根据《招标投标法实施条例》，关于开标的程序说法错误的是（　　）。

A. 如果投标人代表未到场，也要开启其投标书，进行评标

B. 设有标底的，公布标底

C. 按照宣布的开标顺序当众开标

D. 检查投标文件的密封情况

5. 下列关于开标参与人中表述不正确的是（　　）。

A. 开标由招标人主持，也可由招标代理机构主持

B. 投标人或其授权代表有权出席开标会且必须参加

C. 招标人邀请所有投标人参加开标是法定的义务

D. 招标采购单位在开标前，应当通知同级人民政府财政部门及有关部门

6. 关于开标程序和内容中，下列选项顺序正确的是（　　）。

A. 密封情况检查—公证—拆封—唱标
B. 密封情况检查—拆封—公证—唱标
C. 密封情况检查—拆封—唱标—记录并存档
D. 密封情况检查—拆封—公证—记录并存档

7. 根据《招标投标法》的有关规定，下列符合开标程序的是(　　)。
A. 开标应当在招标文件确定的提交投标文件截止时间的同一时间公开进行
B. 开标地点由招标人在开标前通知
C. 开标由建设行政主管部门主持，邀请所有投标人参加
D. 开标由建设行政主管部门主持，邀请中标人参加

# 单元2　公路工程施工评标

## 1. 评标委员会

评标委员会依法组建，负责评标活动，向招标人推荐中标候选人或者根据招标人的授权直接确定中标人。评标委员会由招标人负责组建。评标委员会成员名单一般应于开标前确定。评标委员会成员名单在中标结果确定前应当保密。

### 1) 评标委员会的组成

评标委员会由招标人或其委托的招标代理机构熟悉相关业务的代表，以及有关技术、经济等方面的专家组成，成员人数为5人以上的单数，其中技术、经济等方面的专家不得少于成员总数的2/3。评标委员会设负责人的，评标委员会负责人由评标委员会成员推举产生或者由招标人确定。评标委员会负责人与评标委员会的其他成员有同等的表决权。

### 2) 评标专家的确定及要求

评标委员会的专家成员应当从省级以上人民政府有关部门提供的专家名册或者招标代理机构的专家库内的相关专家名单中确定。确定评标专家，可以采取随机抽取或者直接确定的方式。一般项目，可以采取随机抽取的方式；技术特别复杂、专业性要求特别高或者国家有特殊要求的招标项目，采取随机抽取方式确定的专家难以胜任的，可以由招标人直接确定。

评标专家应符合下列条件：

①从事相关专业领域工作满8年并具有高级职称或者同等专业水平；

②熟悉有关招标投标的法律法规，并具有与招标项目相关的实践经验；

③能够认真、公正、诚实、廉洁地履行职责。

**知识链接**

有下列情形之一的，不得担任评标委员会成员：

①投标人或者投标人主要负责人的近亲属；

②项目主管部门或者行政监督部门的人员；

③与投标人有经济利益关系，可能影响对投标公正评审的；

④曾因在招标、评标以及其他与招标投标有关活动中从事违法行为而受过行政处罚或刑事处罚的。

评标委员会成员有下列情形之一的，应主动提出回避：

①为负责招标项目监督管理的交通运输主管部门的工作人员；

②与投标人法定代表人或其委托代理人有近亲属关系；

③为投标人的工作人员或退休人员；

④与投标人有其他利害关系，可能影响评标活动公正性；

⑤在与招标投标有关的活动中有过违法违规行为、曾受过行政处罚或刑事处罚。

评标委员会成员应当客观、公正地履行职责，遵守职业道德，对所提出的评审意见承担个人责任。评标委员会成员不得与任何投标人或者与招标结果有利害关系的人进行私下接触，不得收受投标人、中介人、其他利害关系人的财物或者其他好处。评标委员会成员和与评标活动有关的工作人员不得透露对投标文件的评审和比较、中标候选人的推荐情况以及与评标有关的其他情况。评标活动有关的工作人员，是指评标委员会成员以外的因参与评标监督工作或者事务性工作而知悉有关评标情况的所有人员。

**2. 评标准备与初步评审**

1）评标准备

评标委员会成员应当编制供评标使用的相应表格，认真研究招标文件，至少应了解和熟悉以下内容：

①招标的目标；

②招标项目的范围和性质；

③招标文件中规定的主要技术要求、标准和商务条款；

④招标文件规定的评标标准、评标方法和在评标过程中考虑的相关因素。

招标单位或其委托的招标代理机构应当向评标委员会提供评标所需的重要信息和数据，招标项目设有标底的，标底应保密，并在开标时公布。评标时，标底仅作为参考，不得以投标报价是否接近标底作为中标条件，也不得以投标报价超过标底上下浮动范围作为否决投标的条件。

评标委员会应根据招标文件规定的评标标准和方法，对投标文件进行系统的评审和比较，招标文件没有规定的标准和方法不得作为评标的依据，因此，了解招标文件规定的评标标准和方法，也是评标委员会成员应完成的重要准备工作。

2）初步评审

根据国家发展和改革委员会等九部委颁布的《标准施工招标文件》（2007年版），初步评审属于对投标文件的合格性审查，包括以下4个方面：

①投标文件的形式审查，包括提交的营业执照、资质证书、安全生产许可证是否与投标单位的名称一致；投标函是否经法定代表人或其委托代理人签字并加盖单位章；投标文件的格式是否符合招标文件的要求；联合体投标人是否提交联合体协议书，联合体的成员组成与资格预审的成员组成有无变化，联合体协议书的内容是否与招标文件要求一致；报价的唯一性，不允许投标单位以优惠的方式，提出如果中标可将合同价降低多少的承诺，这种优惠属于一个投标两个报价。

②投标人的资格审查，对未进行资格预审的需要进行资格后审。资格审查的内容和方法与资格预审相同，包括营业执照、资质证书、安全生产许可证等资格证明文件的有效性，企业财务状况、类似项目业绩、信誉、项目经理，正在施工和承接的项目情况，近年发生的诉讼及仲裁情

况，联合体投标的申请人提交联合体协议书的情况等。

③投标文件对招标文件的响应性审查，包括以下内容：

a. 投标内容是否与投标人须知中的工程或标段一致，不允许只投招标范围内的部分专业工程或单位工程的施工。

b. 投标工期应满足投标人须知中的要求，承诺的工期可以比招标工期短，但不得超过要求的时间。

c. 工程质量的承诺和质量管理体系应满足要求。

d. 提交的投标保证金形式和金额是否符合招标须知的规定。

e. 投标人是否完全接受招标文件中的合同条款，如果有修改建议的话，不得对双方的权利、义务有实质性背离且是否为招标单位所接受。

f. 核查已标价的工程量清单，如果有计算错误，单价金额小数点有明显错误的除外，总价金额与依据单价计算出的结果不一致时，以单价金额为准修正总价；若是书写错误，当投标文件中的大写金额与小写金额不一致时，以大写金额为准，评标委员会对投标报价的错误予以修正后，请投标单位书面确认，作为投标报价的金额，投标单位不接受修正价格的，其投标作废标处理。

g. 投标文件是否对招标文件中的技术标准和要求提出不同意见。

④施工组织设计和项目管理机构设置的合理性审查，包括以下内容：

a. 施工组织的合理性，主要涵盖施工方案与技术措施、质量管理体系与措施、安全生产管理体系与措施、环境保护管理体系与措施等的合理性和有效性。

b. 施工进度计划的合理性，包括总体工程进度计划和关键部位里程碑工期的合理性及施工措施的可靠性；机械和人力资源配备计划的有效性及均衡施工程度。

c. 项目组织机构的合理性，包括技术负责人的经验和组织管理能力、其他主要人员的配置是否满足实施招标工程的需要及技术和管理能力。

d. 拟投入施工的机械和设备，包括施工设备的数量、型号能否满足施工的需要，试验、检测仪器设备是否能够满足招标文件的要求等。

初步评审内容中，投标文件有一项不符合规定的评审标准时，即作废标处理。

#### 3）投标文件的澄清和说明

评标委员会可以书面方式要求投标单位对投标文件中含义不明确的内容做必要的澄清、说明或补正，但是澄清、说明或补正不得超出投标文件的范围或者改变投标文件的实质性内容。

投标人资格条件不符合国家有关规定和招标文件要求的，或者拒不按照要求对投标文件进行澄清、说明或者补正的，评标委员会可以否决其投标。

评标委员会发现投标单位的报价明显低于其他投标报价或者在设有标底时明显低于标底，使得其投标报价可能低于其个别成本的，应当要求该投标单位作出书面说明并提供相关证明材料。投标单位不能合理说明或者不能提供相关证明材料的，由评标委员会认定该投标单位以低于成本报价竞标，其投标应作废标处理。

#### 4）投标偏差及其处理

评标委员会应当根据招标文件，审查并逐项列出投标文件的全部投标偏差。投标偏差分为重大偏差和细微偏差。

(1)重大偏差

下列情况属于重大偏差：

①没有按照招标文件要求提供投标担保或者所提供的投标担保有瑕疵；

②投标文件没有投标单位授权代表签字和加盖公章；

③投标文件载明的招标项目完成期限超过招标文件规定的期限；

④明显不符合技术规格、技术标准的要求；

⑤投标文件载明的货物包装方式、检验标准和方法等不符合招标文件的要求；

⑥投标文件附有招标单位不能接受的条件；

⑦不符合招标文件中规定的其他实质性要求。

投标文件有上述情形之一的，为未能对招标文件做出实质性响应，除招标文件对重大偏差另有规定外，应作废标处理。

(2)细微偏差

细微偏差是指投标文件在实质上响应招标文件要求，但在个别地方存在漏项或者提供了不完整的技术信息和数据等情况，并且补正这些遗漏或者不完整不会对其他投标单位造成不公平的结果，细微偏差不影响投标文件的有效性。

评标委员会应当书面要求存在细微偏差的投标单位在评标结束前予以补正。拒不补正的，在详细评事时可以对细微偏差作不利于该投标单位的量化，量化标准应在招标文件中规定。

**3. 详细评审**

经初步评审合格的投标文件，评标委员会应根据招标文件确定的评标标准和方法，对其技术部分和商务部分做进一步评审、比较。通常情况下，评标方法有两种，即经评审的最低投标价法和综合评估法。

1)合理低价法

评标委员会对满足招标文件实质性要求的投标文件，根据招标文件规定的评分标准进行打分，并按得分由高到低的顺序推荐中标候选人，或根据招标人授权直接确定中标人，但投标报价低于其成本的除外。综合评分相等时，评标委员会应按照评标办法前附表规定的优先次序推荐中标候选人或确定中标人。

合理低价法

2)技术评分最低标价法

评标委员会对满足招标文件实质性要求的投标文件的施工组织设计、主要人员、技术能力等因素进行评分，按照得分由高到低排序，对排名在招标文件规定数量以内的投标人的报价文件进行评审，按照评标价由低到高的顺序推荐中标候选人，或根据招标人授权直接确定中标人，但投标报价低于其成本的除外。评标价相等时，评标委员会应按照评标办法前附表规定的优先次序推荐中标候选人或确定中标人。

技术评分最低标价法

3)经评审的最低投标价法

经评审的最低投标价法一般适用于采用通用技术施工，项目的性能标准为规范中的一般水平，或者招标单位对施工没有特殊要求的招标项目，能够满足招标文件的实质性要求，并经评审的最低投标价的投标，应当推荐为中标候选人。

经评审的最低投标价法

采用经评审的最低投标价法时，评标委员会应根据招标文件中规定的量化因素和标准进行价格折算。对所有投标单位的投标报价以及投标文件的商务部分做必要的价格调整。根据《标准施工招标文件》(2007 年版)，主要的量化因素包括单价遗漏和付款条件等。

招标单位可根据工程项目的具体特点和实际需要，进一步删减、补充或细化量化因素和标准。例如，世界银行贷款项目，采用经评审的最低投标价法时，通常考虑的量化因素和标准包括一定条件下的优惠(借款国国内投标单位有 7.5% 的评标优惠)、工期提前的效益对报价的修正、同时投多个标段的评标修正等。所有的这些修正因素都应在招标文件中有明确规定，对同时投多个标段的评标修正。一般做法是，如果投标单位在某一个标段已中标，则在其他标段的评标中按照招标文件规定的百分比(通常为 4%)乘以总报价后，在评标价中扣减此值。

根据经评审的最低投标价法完成详细评审后，评标委员会应当拟定一份“价格比较一览表”，连同书面评标报告提交招标单位。“价格比较一览表”应当载明投标单位的投标报价、对商务偏差的价格调整和说明以及已评审的最终投标价。

评标委员会按照经评审的投标价由低到高的顺序推荐中标候选人，或根据招标单位授权直接确定中标单位。经评审的投标价相等时，投标报价低的优先；投标报价也相等的，由招标单位自行确定。

4)综合评分法

不宜采用经评审的最低投标价法的招标项目，一般应采取综合评分法进行评审。综合评分法适用于较复杂工程项目的评标，由于工程投资额大、工期长、技术复杂、涉及专业面广，施工过程中存在较多的不确定因素，因此，对投标文件评审比较的主导思想是选择价格功能比最好的投标单位，而不过分偏重投标价格的高低。

综合评分法

综合评分法是指将各个评审因素(包括技术部分和商务部分)以折算为货币或打分的方法进行量化，并在招标文件中明确规定需量化的因素及其权重，然后由评标委员会计算出每一投标的综合评估价或综合评估价，并将最大限度地满足招标文件中规定的各项综合评价标准的投标，推荐为中标候选人。

采用打分法时，评标委员会按规定的评分标准进行打分，并按得分由高到低的顺序推荐中标候选人，或根据招标单位授权直接确定中标单位。综合评分相等时，以投标报价低的优先；投标报价也相等的，由招标单位自行确定。

根据综合评分法评标后，评标委员会应当拟定一份“综合评分比较表”，连同书面评标报告提交招标单位。“综合评分比较表”应当载明投标单位的投标报价、所做的任何修正、对商务偏差的调整、对技术偏差的调整、对各评审因素的评估以及对每一投标的最终评审结果。

**4. 评标报告**

除招标单位授权直接确定中标单位外，评标委员会完成评标后，应向招标单位提交书面评标报告，并抄送有关行政监督部门。评标报告应如实记载以下内容：

①基本情况和数据表；

②评标委员会成员名单；

③开标记录；

④符合要求的投标一览表；

⑤废标情况说明；

⑥评标标准、评标方法或者评标因素一览表；

⑦经评审的价格或者评分比较一览表；

⑧经评审的投标单位排序；

⑨推荐的中标候选人名单与签订合同前要处理的事宜；

⑩澄清、说明、补正事项纪要。

评标报告应由评标委员会全体成员签字，对评标结果有不同意见的评标委员会成员应以书面形式说明其不同意见和理由，评标报告应注明其不同意见。评标委员会成员拒绝在评标报告上签字又不书面说明其不同意见和理由的，视为同意评标结果。

**典型案例**

某企业投资公路工程项目（BOT形式），其中一个标段有7个投标人参与投标，有效评标价分别为200万元、230万元、230万元、240万元、250万元、250万元、300万元。在开标时，采用抽签确定评标平均价下浮5%作为评标基准价。投标报价为60分，评标价高于评标基准价一个百分点的扣2分，评标价低于评标基准价一个百分点的扣1分。该公路项目投资方作为项目招标人以企业投资不属于《评标委员会和评标方法暂行规定》第四十八条规定“使用国有资金投资或者国家融资的项目”为由，在招标文件评标办法中要求评标委员会只需列出最高分的前三名投标人，由招标人在这三名投标人中进行综合考虑后，确定排名第一的投标人为中标人。

①计算该标段的评标平均价和评标基准价，计算各有效报价的得分。

②该公路项目投资方作为项目招标人确定第一中标人的方法是否可行？为什么？

【案例评析】

①计算该标段的评标平均价和评标基准价，计算各有效报价的得分：

a.评标平均价。先去掉最高价300万元和最低价200万元。

评标平均价=(230+230+240+250+250)/5=240(万元)。

b.评标基准价=评标平均价下浮5%=240×95%=228(万元)。

c.计算各有效报价的得分：

200万元的得分 $F=60+(200-228)\times100\times1+228=60-12.28=47.72$

230万元的得分 $F=60-(230-228)\times100\times2/228=60-1.75=58.25$

240万元的得分 $F=60-(240-228)\times100\times2-228=60-10.53=49.67$

250万元的得分 $F=60-(250-228)\times100\times2-228=60-19.30=40.70$

300万元的得分 $F=60-(300-228)\times100\times2/228=60-63.16=-3.16$

(评标价得分最低为零分)

②该公路项目投资方作为项目招标人确定第一中标人的方法不可行。因为企业投资虽然不属于国有资金投资，可以不按照《评标委员会和评标方法暂行规定》的规定定标，但是企业投资公路项目依然需要依法进行招标。根据《工程建设项目施工招标投标办法》规定，只要是“依法招标的项目”评标委员会都必须按照得分由高到低排序，招标人应当确定排名剩的中标候选人为中标人。“应当”是强制性规定，招标人违反强制性规定所做的约定是无效的。

# 单元练习

## 一、判断题

1. 评标委员会的专家名单在中标结果确定前应当保密。 (　　)

2. 投标文件内容没有投标单位法定代表人或授权委托人签字和加盖公章的，该投标文件属于存在重大偏差。 (　　)

## 二、填空题

1. 工程项目施工评标委员会人数为__________人以上单数，其中技术、经济等方面的专家不得少于总人数的__________。

2. 评标委员会完成评标后，应当向招标单位提交书面__________，并抄送相关__________。

## 三、单选题

1. 我国招标投标法规定，评标应由(　　)依法组建的评标委员会负责。

A. 地方政府相关行政主管部门　　B. 招标代理人

C. 招标监管机构　　D. 招标人

2. 关于工程评标阶段的工作程序，下列说法错误的是(　　)。

A. 如果投标人代表未出场，也要开启其投标书，进行评标

B. 设有标底的，公布标底

C. 按照宣布的开标顺序当中开标

D. 检查投标文件的密封情况

3. 关于评标委员会的说法，正确的是(　　)。

A. 评标委员会成员的名单应当保密

B. 评标委员会成员的名单应当在开标后确定

C. 评标委员会中的技术专家不得多于成员总数的2/3

D. 评标委员会中的专家一律采取随机抽取的方式确定

4. 某工程招标工期为20个月，投标工期每提前一个月，可以给招标人带来10万元的收益。其中某一投标人的投标报价1 000万元，工期18个月。如果只考虑工期因素，则采用经评审的最低投标价法评标时，其评标价为(　　)万元。

A. 1 020　　B. 980　　C. 1 000　　D. 1 010

5. 关于评标，下列说法错误的是(　　)。

A. 评标过程中，招标委员会书面要求投标人对其投标文件中不明确的内容说明

B. 评标委员会接受投标人主动提出的澄清

C. 综合评估法要采用初步评审和详细评审两阶段

D. 最低投标价法要采用初步评审和详细评审两阶段

6. 采用最低评标价法进行评标时，关于评标价和投标价的说法，正确的是(　　)。

A. 按评标价确定中标人，按评标价订立合同

B. 按评标价确定中标人，按投标价订立合同

C. 按投标价确定中标人，按投标价订立合同

D. 按投标价确定中标人，按投标价订立合同

# 单元3　公路工程施工定标

## 1. 中标

### 1)中标候选人公示

招标人在收到评标报告之日起3日内,按照投标人须知前附表规定的公示媒介和期限公示中标候选人,公示期不得少于3日。公示包括以下内容:

①中标候选人排序、名称、投标报价,对工程质量要求、安全目标和工期的响应情况;

②中标候选人在投标文件中承诺的项目经理和项目总工程师姓名、个人业绩、相关证书名称和编号;

③中标候选人在投标文件中填报的项目业绩;

④被否决投标的投标人名称、否决依据和原因;

⑤提出异议的渠道和方式;

⑥投标人须知前附表规定公示的其他内容。

### 2)评标结果异议

投标人或其他利害关系人对依法必须进行招标的项目的评标结果有异议的,应在中标候选人公示期间提出。招标人将在收到异议之日起3日内作出答复;作出答复前,将暂停招标投标活动。

### 3)中标候选人履约能力审查

中标候选人的经营、财务状况发生较大变化或存在违法行为,招标人认为可能影响其履约能力的,将在发出中标通知书前提请原评标委员会按照招标文件规定的标准和方法进行审查确认。

## 2. 定标

按照投标人须知前附表的规定,招标人或招标人授权的评标委员会依法确定中标人。

### 1)确定中标人的时间

招标人一般应当在评标委员会提出书面评标报告后的15日内,在评标结果已经公示、没有质疑、投诉或质疑、投诉均已处理完毕时确定中标人,最迟也应当在投标有效期结束日30日前确定。

### 2)确定中标人的方法

评估完成后,评标委员会应向招标人提交书面评标报告和中标候选人名单。中标候选人应当不超过3个,并标明排序。招标人应当接受评标委员会推荐的中标候选人,不得在评标委员会推荐的中标候选人之外确定中标人。

按照《中华人民共和国招标投标法实施条例》(2019年修订)的规定,国有资金占控股或者主导地位的依法必须进行招标的项目,招标人应当根据评标委员会推荐的中标候选人,确定排名第一的中标候选人为中标人。排名第一的中标候选人放弃中标、因不可抗力不能履行合同,不按招标文件要求提交履约保证金,或者被查实存在影响中标结果的违法行为等情形,不符合中标条件的,招标人可以按照评标委员会提出的中标候选人名单排序依次确定其他中标候选人为中标人。依次确定其他中标候选人与招标人预期差距较大,或者对招标人明显不利的,招标人可以重新招标。

由于招标人、招标代理人或投标人的违法行为,导致中标无效的,招标人应当依法重新招标。

3)中标通知

在规定的投标有效期内,招标人以投标人须知前附表规定的形式向中标人发出中标通知书,同时将中标结果通知未中标的投标人。

中标人确定后,招标人应当在投标有效期内向中标人发出中标通知书,同时将中标结果通知发给所有未中标的投标人。

中标通知书是指招标人在确定中标人后向中标人发出的书面文件。中标通知书的内容应当简明扼要,应明确中标人的中标项目(标段)、中标价格以及工期、质量标准、项目经理、和项目总工等内容,并载明签订合同的时间、地点以及提交履约担保的要求。需要对合同细节进行谈判的,中标通知书上需要载明合同谈判的有关安排。

中标通知书应按招标文件规定的格式编制,《公路工程标准施工招标文件》(2018 年版)规定的中标通知书格式,如图 4.1、图 4.2 所示。

**中标通知书**

__________(中标人名称):

你方于_____(投标日期)所递交的__________(项目名称)_____标段施工投标文件已被我方接受,被确定为中标人。

中标价:__________元。

工期:_____日历天。

工程质量:符合__________标准。

工程安全目标:__________。

项目经理:__________(姓名)。

项目总工:__________(姓名)。

请你方在接到本通知书后的_____日内到__________(指定地点)与我方签订施工承包合同,并按招标文件第二章“投标人须知”第 7.7 款规定向我方提交履约保证金。

特此通知。

招标人:__________(盖单位章)

招标代理机构:__________(盖单位章)

_____年_____月_____日

**图 4.1　中标通知书**

**中标结果通知书**

__________(未中标人名称):

我方已接受__________(中标人名称)于_____(投标日期)所递交的_____(项目名称)_____标段施工投标文件,确定__________(中标人名称)为中标人。

感谢你单位对招标项目的参与!

招标人:__________(盖单位章)

招标代理机构:__________(盖单位章)

_____年_____月_____日

**图 4.2　中标结果通知书**

4）中标结果公告

招标人在确定中标人之日起 3 日内，按照投标人须知前附表规定的公告媒介和期限公告中标结果，公告期不得少于 3 日。公告内容包括中标人名称、中标价。

**典型案例**

**中标结果公告**

根据工程招标投标有关法律、法规、规章的规定和该工程招标文件规定，2020 年××公路标志标线增设和维护工程的评标工作已经结束，中标人已经确定。

现将中标结果公告如下：

1. 中标人：××建设有限公司。

2. 中标内容：交通标志新建、板面更换或板面换膜、标线增设与清除旧标线等。

3. 中标范围：2020 年××区公路标志标线增设和维护工程共 23 条道路，总里程 106.747 km，其中包括国道 20 km、省道 25 km、县道 40 km、乡道 25 km，涉及××区所辖 8 个街道，包括以下道路：

××国道一条；

××省道三条；

××县道七条；

××乡道十二条。

4. 中标价：××元。

5. 工期：2020 年 12 月 30 日前完工。

6. 工程质量：合格。

7. 项目经理：于××。

注：中标通知书随本公告同时发出。

招标人：××市××区公路管理局

2020 年 7 月××日

招标人或其招标代理机构（盖章）：

主要负责人（项目负责人）（盖章）：

发布公示时间：2020 年 7 月××日

5）履约保证金

在签订合同前，中标人应按投标人须知前附表规定的形式、金额和招标文件“合同条款及格式”规定的或事先经过招标人书面认可的履约保证金格式向招标人提交履约保证金。除投标人须知前附表另有规定外，履约保证金为签约合同价的 10%。联合体中标的，其履约保证金以联合体各方或联合体中牵头人的名义提交。

采用银行保函时，应由符合投标人须知前附表规定级别的银行开具，所需的费用由中标人承担，中标人应保证银行保函有效。

中标人不能按要求提交履约保证金的，视为放弃中标，其投标保证金不予退还；给招标人造成的损失超过投标保证金数额的，中标人还应对超过部分予以赔偿。

**知识链接**

投标人或者其他利害关系人认为招标投标活动不符合法律、行政法规规定的，可以自知道或者应当知道之日起10日内向有关行政监督部门投诉。投诉应当有明确的请求和必要的证明材料。

投诉人就同一事项向两个以上有权受理的行政监督部门投诉的，由最先收到投诉的行政监督部门负责处理。

行政监督部门应当自收到投诉之日起3个工作日内决定是否受理投诉，并自受理投诉之日起30个工作日内作出书面处理决定；需要检验、检测、鉴定、专家评审的，所需时间不计算在内。

## 单元练习

### 一、判断题

1. 中标人应该能够最大限度地满足招标文件中规定的各项综合评价标准。（　　）

2. 在确定中标人前，招标人可以与投标人就投标价格、投标方案等实质性的内容进一步协商谈判再最终确定合同内容。（　　）

### 二、填空题

1. 依法必须进行招标的项目，招标人应当自收到评标报告之日起＿＿＿＿＿＿日内公示中标候选人，公示期不得少于＿＿＿＿＿＿日。

2. 根据《招标投标法》，应由＿＿＿＿＿＿确定中标人。

### 三、单选题

1. 根据《招标投标法实施条例》，关于定标的说法，正确的是（　　）。

A. 确定中标人的权利归评标委员会

B. 招标人在评标委员会推荐的中标候选人中确定中标人

C. 招标人可以根据自己的意愿确定中标人

D. 中标通知书发出后，招标人有权拒绝订立合同

2. 工程施工招标过程中，关于确定中标人的说法正确的是（　　）。

A. 招标人与排序第一的候选人进行投标方案的谈判

B. 排名第一的中标候选人放弃中标，按照名单依次确定中标人

C. 评标委员会直接将排序第一的投标人定为中标人

D. 排名第一的中标候选人放弃中标，必须重新进行招标

3. 某施工项目招标，四家投标人的报价和评标价分别为：甲，1 600万元，1 670万元；乙，1 650万元、1 690万元；丙，1 680万元、1 620万元；丁，1 790万元、1 680万元，则中标候选人中排序第一的应为（　　）。

A. 甲　　B. 乙　　C. 丙　　D. 丁

4. 投标人或者其他利害关系人对评标结果有异议的，应当在（　　）提出。

A. 中标候选人公示期间　　B. 中标结果公布后3日内

C. 中标通知书下达前　　　　D. 正式合同签订前

5. 根据《招标投标法实施条例》规定，投标人对资格预审文件、招标文件、开标文件以及对依法必须进行招标项目的评标结果有异议的，应当依法先向(　　)提出异议。

A. 评标委员会　　　　B. 招标人

C. 有关行政监督部门　　　　D. 招标代理机构

6. 根据《招标投标法实施条例》规定，投标人或者其他利害关系人认为招标投标活动不符合法律、行政法规规定的，可以自知道或者应当知道之日起10日内向(　　)投诉。

A. 评标委员会　　　　B. 招标人

C. 有关行政监督部门　　　　D. 招标代理机构

# 模块 5　公路工程项目其他阶段招投标

【知识框架】

- 模块5　公路工程项目其他阶段招投标
  - 单元1　公路工程勘察设计招投标
    - 1.勘察设计招标
    - 2.勘察设计招标工作流程
    - 3.公路勘察设计招标工作
  - 单元2　公路工程施工监理招投标
    - 1.施工监理招标
    - 2.公路施工监理招投标工作流程
    - 3.施工监理投标
  - 单元3　材料设备采购招标
    - 1.材料设备采购招标特点
    - 2.材料采购招标方式和资格要求
    - 3.材料采购招标文件的编制
    - 4.设备采购招标
  - 单元4　特许经营项目融资招标
    - 1.特许经营项目融资招标概述
    - 2.特许经营项目融资招标程序
    - 3.特许经营项目融资投标

【知识目标】

1. 掌握公路工程勘察设计、施工监理、物资采购、特许经营服务项目的招标方式、基本程序以及评标的原则、方法和工作程序。

2. 了解上述工作阶段招投标的分类和工作内容。

3. 熟悉上述项目资格审查的方法、开标程序及投标工作流程。

【能力目标】

1. 能编制上述各工作阶段资格预审文件。

2. 能编制上述各工作阶段招标文件和投标文件。

3. 能组织上述工作阶段各项目的开标、评标及定标工作。

**课程导入**

2019年12月，新冠肺炎疫情对人员聚集的招投标工作提出了更高要求，传统开标模式已不符合疫情防控要求。某公共资源交易中心负责人介绍，中心在两年前开始谋划建设远程不见面开标系统，并验收通过。为了同时满足疫情防控和助力企业复工复产的政策要求，在全省率先推出建设工程“市、县一体化”远程不见面开标系统，解决了“开标必须见面”的痛点、堵点，补齐全流程电子化线上公共资源交易的“最后一环”。率先实现投标企业开标全过程网络化、自动化，降低了人工操作成本，也能保证开标效率，同时提高了企业参与投标的积极性，同时最大限度地减少人员聚集，确保疫情防控和经济发展两不误。

# 单元1　公路工程勘察设计招投标

### 1. 勘察设计招标

建设项目立项后，进入实施阶段的第一项工作就是勘察、设计招标。招标人通过勘察设计招标，一方面为项目的可行性研究立项和设计工作中取得项目现场的实际依据资料；另一方面使勘察设计技术成果作为有价值的技术商品进入市场，更公平地开展竞争，优化项目设计方案、降低工程造价、缩短建设周期，提高投资效益。

依法必须招标的工程建设项目，招标人负责勘察设计招标工作。在招标时，项目应具备下列条件：

①招标人已经依法成立；

②按照国家有关规定对需要履行项目审批、核准或备案手续的，已经审批、核准或者备案；

③勘察设计有相应资金或者资金来源已经落实；

④所必需的勘察设计基础资料已经收集完成；

⑤法律法规规定的其他条件。

招标人具有与招标项目规模相适应的工程技术、管理人员，具备组织编制勘察设计招标文件和组织评标能力的，可以自行办理招标事宜。招标人不具备规定条件的，应当委托符合公路建设市场准入条件、具有相应资格的招标代理机构办理招标事宜。招标代理机构应当在招标人委托的代理范围内办理招标事宜。任何单位和个人不得以任何方式为招标人指定招标代理机构。

公路工程勘察设计招标分为公开招标和邀请招标。

公开招标是招标人通过国家指定的报刊、信息网络或者其他媒体发布招标公告，邀请不特定的法人或者组织投标。邀请招标是招标人以投标邀请书的方式，邀请3个以上具有相应资质、具备承担招标项目勘察设计能力、资信良好的特定法人或者组织投标。

公路工程标准勘察设计招标文件

公路工程标准勘察设计招标资格预审文件

招标公告或者投标邀请书应当载明招标人的名称和地址、招标项目的基本概况、投标人的资质要求以及获取资格预审文件、招标文件的办法等事项。

国有资金占控股或者主导地位的依法必须进行招标的公路建设项目，勘察设计应当公开招标。

国务院发展改革部门确定的国家重点项目和省级人民政府确定的地方重点项目不适宜公开招标的，经国务院发展改革部门或者省级人民政府批准，可以进行邀请招标。其他公路建设项目有下列情形之一的，可以邀请招标：

①技术复杂、有特殊要求或者受自然环境限制，只有少量潜在投标人可供选择；

②采用公开招标方式的费用占项目合同金额的比例过大。

有前款第②项所列情形，属于按照国家有关规定需要履行项目审批、核准手续的依法必须进行招标的项目，由项目审批、核准部门在审批、核准项目时作出认定，其他项目由招标人按照项目管理权限申请交通运输主管部门作出认定。

**知识链接**

公路建设项目有下列情形之一的，可以不进行勘察设计招标：

①涉及国家安全、国家秘密、抢险救灾或者属于利用扶贫资金实行以工代赈等特殊情况；

②需要采用不可替代的专利或者专有技术；

③采购人依法能够自行提供勘察设计；

④已通过招标方式选定的特许经营项目投资人依法能够自行提供勘察设计；

⑤需要向原中标人采购勘察设计，否则将影响施工或者功能配套要求；

⑥国家规定的其他特殊情形。

**2. 勘察设计招标工作流程**

公路工程勘察设计招标应按下列程序进行：

①编制资格预审文件和招标文件；

②发布招标公告或者发出投标邀请书；

③对潜在投标人进行资格审查；

④向合格的潜在投标人发售招标文件；

⑤组织潜在投标人勘察现场，召开标前会；

⑥接受投标人的投标文件，公开开标；

⑦组建评标委员会评标，推荐中标候选人；

⑧确定中标人，发出中标通知书；

⑨与中标人签订合同。

公路工程勘察设计招标实行邀请招标的，在编制招标文件后，按上述程序的④至⑨项要求进行。

招标文件应当按照交通运输部或者省级人民政府交通运输主管部门颁布的公路工程勘察设计招标文件范本，结合招标项目的特点和实际需要进行编制。招标文件应当包括以下内容：

①投标邀请书；

②投标须知；

③勘察设计合同通用条款和专用条款；

④勘察设计标准规范；

⑤勘察设计原始资料；

⑥勘察设计协议书格式；

⑦投标文件格式；

⑧评标标准和方法。

**知识链接**

招标人对已发出的招标文件进行必要的补遗或者修正时，应当在提交投标文件截止日期15日前书面通知所有招标文件收受人。该补遗或者修正的内容为招标文件的组成部分。

招标人应当合理确定资格预审申请文件和投标文件的编制时间。自招标公告发布之日起至潜在投标人递交资格预审文件截止时间，不得少于14日；自招标文件发售截止之日至投标人递交投标文件截止时间，不得少于21日。

### 3. 公路勘察设计投标工作

公路工程勘察投标文件应采用双信封形式，包括下列内容：

①第一个信封（商务及技术文件）：

a. 投标函；

b. 授权委托书或法定代表人身份证明；

c. 联合体协议书；

d. 投标保证金；

e. 拟分包项目情况表；

f. 资格审查资料；

g. 技术建议书；

h. 投标人须知前附表规定的其他资料。

②第二个信封（报价文件）：

a. 投标函；

b. 勘察设计费用清单。

投标人在评标过程中作出符合法律法规和招标文件规定的澄清确认，构成投标文件的组成部分。投标文件中的商务文件应当包括资格预审文件规定的主要内容以及通过资格预审后的更新材料。勘察设计工作大纲应当包括勘察设计周期、进度和质量保证措施、后续服务措施。

投标文件的报价清单中，对勘察设计取费应当按照现行公路工程勘察设计费收费标准进行计算。

投标文件应当采用双信封密封，第一个信封内为商务文件和技术文件，第二个信封内为报价清单。上述两个信封应当密封在同一信封中为一份投标文件。

投标人应当在招标文件要求截止日期前，将投标文件送达指定地点。投标文件及任何说明函件应当经投标人盖章或者其法定代表人或者其授权代理人签字。

**知识链接**

投标人在招标文件要求的截止日期前，可以补充、修改或者撤回已递交的投标文件，并书面通知招标人。补充、修改的内容应当使用与投标书相同的密封方式投递，并作为投标文件的组成部分。

招标人在收到投标文件后，应当签收保存，不得开启。对在投标截止日期后送达的任何函件，招标人均不得接受。投标人少于3个的，招标人应当按照本办法规定重新招标。

投标人在投标过程中不得串通作弊，不得妨碍其他投标人的公平竞争，不得以行贿、弄虚作假等手段骗取中标。

**典型案例**

某省片区排水整治工程勘察设计标段的投标单位——甲建设集团有限公司和乙市政工程集团有限公司，其投标保证金交入同一虚拟账号，被住建行政主管部门在开标现场监督过程中发现并移交行政执法部门。

行政执法部门认定存在串通投标行为，对乙市政工程集团有限公司第二分公司和甲建设集团有限公司第一分公司作出处罚金决定，同时，住建行政主管部门针对两家投标单位的违法违规行为实施信用扣分，招标人没收投标保证金。

【焦点分析】

为获取中标后相对高额的利润回报，部分企业铤而走险，采用围标串标的方式获得高中标率，严重扰乱市场竞争秩序，破坏公平公正的营商环境。一旦发现此类问题，相关部门(单位)将依法依规采取处罚金、限制招投标、没收投标保证金、信用扣分等惩戒手段，加大处罚和曝光力度，形成有效震慑。

## 单元练习

### 一、判断题

1. 公路工程勘察设计招标分采用公开招标和邀请招标。 (　　)

2. 国有资金占控股的依法必须进行招标的公路建设项目，勘察设计可以邀请招标。 (　　)

### 二、填空题

勘察设计工作大纲包括勘察设计____________、____________和____________、____________。

### 三、单选题

1. 依法必须招标的工程建设项目，招标人负责勘察设计招标工作时，以下不属于该项目应具备条件的是(　　)。

A. 招标人已经依法成立

B. 该需要履行项目审批、核准或备案手续的，已经申请上报

C. 勘察设计有相应资金或者资金来源已经落实

D. 所必需的勘察设计基础资料已经收集完成

2. 招标人对已发出的招标文件进行必要的补遗或者修正时，应当在提交投标文件截止日期(　　)前书面通知所有招标文件收受人。

A. 5 日　　B. 10 日　　C. 15 日　　D. 20 日

3. 公路建设项目可以不进行勘察设计招标,以下选项不符合的是(　　)。

A. 涉及国家安全、国家秘密、抢险救灾或者属于利用扶贫资金实行以工代赈等特殊情况

B. 需要采用不可替代的专利或者专有技术

C. 采购人依法能够自行提供勘察设计

D. 采用公开招标方式的费用占项目合同金额的比例过大

**四、多选题**

1. 勘察设计招标中,对投标人的资格审查包括(　　)。

A. 资格审查　　B. 能力审查　　C. 声誉审查

D. 证书审查　　E. 经验审查

2. 对(　　)建设工程的勘察、设计可以直接发包,而不用招标发包。

A. 采用特定的专利或专有技术的

B. 建筑艺术造型有特殊要求的

C. 国家重点建设项目

D. 大、中型公用事业工程

E. 国务院规定的

# 单元2　公路工程施工监理招投标

## 1. 施工监理招标

### 1)工程监理的范围

《建设工程监理范围和规模标准》规定,国家重点建设工程、大中型公用事业工程、成片开发建设的住宅小区工程、利用外国政府或者国际组织贷款援助资金的工程、国家规定必须实行监理的其他工程必须实行监理。

《建设工程监理范围和规模标准》规定,必须实行监理的其他工程是指:

①项目总投资额在3 000万元以上关系社会公共利益,公众安全的下列基础设施项目,煤炭、石油、化工、天然气、电力、新能源等项目,铁路、公路、管道、水运、民航以及其他交通运输等项目,邮政、电信枢纽、通信、信息网络等项目,防洪、灌溉、排涝、发电、引(供)水、滩涂治理、水资源保护、水土保持等水利建设项目,道路、桥梁、地铁和轻轨交通、污水排放及处理、垃圾处理、地下管道、公共停车场等城市基础设施项目,生态环境保护项目,其他基础设施项目。

②学校、影剧院、体育场馆项目。

### 2)公路工程招标文件的组成

监理招标实际上是征询投标人实施监理工作的方案建议。为了指导投标人正确编制投标书,投标文件的组成和内容应满足要求,见表5.1。

**表5.1　投标文件的组成和内容**

| 文件的组成 | 文件的内容 |
|---|---|
| (1)投标邀请书 | (1)招标公告(或投标邀请书) |

续表

| 文件的组成 | 文件的内容 |
| --- | --- |
| (2)投标人须知 | (2)投标人须知 |
| (3)投标书(格式) | (3)评标办法 |
| (4)授权书(格式) | (4)合同条款及格式 |
| (5)降价声明(格式,如有) | (5)委托人要求 |
| (6)财务建议书(格式) | (6)图纸和资料 |
| (7)技术建议书 | (7)投标文件格式 |
| | (8)投标人须知前附表规定的其他资料 |

公路工程建设项目招标文件中关于投标有效期的规定应符合《公路工程施工监理标准招标文件》。公路工程项目出现特殊情况需要延长投标有效期的,招标人以书面形式通知所有投标人延长投标有效期。投标人应予以书面答复,同意延长的,应相应延长其投标保证金的有效期,但不得要求或被允许修改其投标文件;投标人拒绝延长的,其投标失效,但投标人有权收回其投标保证金及以现金或支票形式递交的投标保证金的银行同期活期存款利息。

投标人在递交投标文件的同时,应按投标人须知前附表规定的金额和规定的投标保证金格式递交投标保证金,并作为其投标文件的组成部分。联合体投标的,其投标保证金由牵头人递交,并应符合投标人须知前附表的规定。

投标保证金应采用现金、支票、银行保函或招标人在投标人须知前附表规定的其他形式。

①若采用现金或支票,投标人应在递交投标文件截止时间之前,将投标保证金由投标人的基本账户转入招标人指定账户,否则视为投标保证金无效。招标人指定的开户银行及账号见投标人须知前附表。

②若采用银行保函,则应由符合投标人须知前附表规定级别的银行开具,并采用招标文件提供的格式。银行保函复印件装订在投标文件内,原件应在递交投标文件截止时间之前单独密封递交给招标人。

无论采取何种形式的投标保证金,投标保证金有效期均应与投标有效期一致。招标人如果按规定延长投标有效期,则投标保证金的有效期也相应延长。

### 3)监理招标的特点

监理招标的标的是“监理服务”,与工程项目建设中其他各类招标的最大区别表现为不承担物质生产任务,只是受招标人委托对生产建设过程提供监督、管理、协调、咨询服务。鉴于标的特殊性,招标人选择中标人的基本原则是“基于能力的选择”。

(1)招标宗旨是对监理单位能力的选择

监理服务是监理单位的高智能投入,服务工作完成的好坏不仅依赖于执行监理业务是否遵循规范化的管理程序和方法,更多地取决于参与监理工作人员的业务专长、经验、判断能力、创新想象力以及风险意识。因此,招标选择监理单位时,鼓励的是能力竞争,而不是价格竞争。如果对监理单位的资质和能力不给予足够重视,只依据报价高低确定中标人,就忽视了质量服务,报价最低的投标人不一定就是最能胜任的工作者。

(2)报价在选择中居于次要地位

工程项目的施工、物资供应招标选择中标人的原则是：在技术上达到要求标准的前提下，主要考虑价格的竞争性，而监理招标对能力的选择放在第一位。另外，监理单位提供高质量的服务，往往能使招标人获得节约工程投资和提前投产的实际效益，因此过多考虑报价因素会得不偿失，但从另一个角度来看，服务质量与价格之间应有相应的平衡关系，所以招标人应在能力相当的投标人之间进行价格比较。

**2. 公路施工监理招投标工作流程**

由于监理单位为实现项目目标要对项目实施进行监督、协调、控制任务进度质量等，因此监理单位的选择与建设项目的成败有着密切关系。就公开招标而言，一般高速公路施工监理招投标的程序包括招标、投标、开标、评标与中标等。具体招标程序如下：

1)招标

招标人确定招标方式，如采用邀请招标方式，应当履行审批手续。组织编制招标文件，按项目管理权限报县级以上地方交通主管部门核准备案后在媒体上发布招标公告；采用资格预审方式的，同时编制投标资格预审文件，预审文件中应当载明提交资格预审申请文件的时间和地点。采用资格预审方式的，在发布招标公告时，同步发售投标资格预审文件；采用邀请招标的，招标人直接发出投标邀请和发售招标文件。资格预审文件和招标文件的发售时间不得少于5日。采用资格预审方式的，对潜在投标人编制资格预审申请文件的时间，自开始发售资格预审文件之日起至提交资格预审申请文件截止之日止，不得少于14个工作日。必要时，组织全部投标人考察招标项目工程现场，召开标前答疑会议。招标人工作一般由项目法人(招标人)主持，也可以委托招标代理机构办理招标事宜。

2)投标

投标人应当按照招标文件的要求编制投标文件，并对招标文件提出的实质性要求和条件作出响应。投标文件一般由商务文件和报价文件组成。投标文件要详细具体，明确充分，并在指定时间前送达指定地点。

投标文件存在如下情况作为废标处理：

①无单位盖章并无法定代表人或法定代表人授权的代理人签字或盖章的；

②未按规定的格式填写，内容不全或关键字迹模糊、无法辨认的；

③投标人递交两份或多份内容不同的投标文件，或在一份投标文件中对同一招标项目报有两个或多个报价，且未声明哪一个有效时，按招标文件规定提交备选投标方案的除外；

④投标人名称或组织机构与资格预审时不一致的；

⑤未按招标文件要求提交投标保证金的；

⑥联合体投标未附联合体各方共同投标协议的。

3)开标

招标人在招标文件指定的时间和地点，在招标人代表、投标人代表以及有关部分代表都在场的情况下公开公正地进行。开标的内容必须有明确记录并保存档案。采用资格后审方式的，招标人在开标后先对投标人进行资格审查。

4)评标与中标

评标与中标是招投标整个过程中有决定性影响的两个环节。评标由依法组建的评标委员会负责。评标委员会由招标人的代表和有关技术、经济等方面的专家组成,专家从交通主管部门设立的建立专家库中随机抽取。评标委员会应当按照招标文件确定的评标标准和方法,对投标文件进行评审和比较,完成评标后向招标人提交书面评标报告。招标人从评标委员会推荐的中标候选人中确定最终的中标人并进行公示。公示期满且对中标人无异议的,招标人向中标人发出中标通知书,并同时将中标结果通知所有未中标的投标人。

根据《公路工程建设项目招标投标管理办法》(交通运输部令〔2015〕24 号)中相关规定,施工监理招标应当采用综合评估法进行评标。综合评估法是指对投标人的商务文件、技术文件和报价文件进行评分,按照综合得分由高到低排序,推荐中标候选人。评标价的评分权重不宜超过 10%,评标价得分应当根据评标价与评标基准价的偏离程度进行计算。

评标委员会评标后,编写评标报告,推荐中标候选人。招标人应当自确定中标人之日起 15 日内,将招标投标情况的书面报告报送至项目所在地交通运输主管部门的相关招标监督办公室进行备案。中标人公示期满后,招标人与中标人签订公路工程施工监理合同,招标人应当在与中标人签订合同后的 5 个工作日内,向中标人和其余投标人退还投标保证金。

**知识链接**

资格审查的方式分为资格预审和资格后审。资格预审是招标人在发布招标公告后,发出投标邀请书前对潜在投标人的资质、信誉和能力进行的审查。招标人只向通过资格预审的潜在投标人发出投标邀请书和发售招标文件。资格后审是招标人在收到投标人的投标文件后,对投标人的资质、信誉和能力进行审查。

监理资格审查文件(未进行资格预审的)

资格审查方法分为强制性条件审查法和综合评分审查法。采用强制性条件审查法,主要是选择符合要求的合格企业,是招标人只对投标人或潜在投标人的资格条件是否满足招标文件规定的投标资格、信誉要求等强制性条件进行审查,并得出"通过"或者"不通过"的审查结论,不对投标人或潜在投标人的资格条件进行具体量化评分的资格审查方法。采用综合评分审查法,主要是选择在满足基本要求的前提下最好的企业,是投标人或者潜在投标人的资格条件满足招标文件规定的最低资格、信誉要求的基础上,招标人对投标人或者潜在投标人的施工监理能力、管理能力、履约情况和施工监理经验等进行量化评分,并按照分值进行筛选的资格审查方法。

### 3. 施工监理投标

投标书是监理向业主阐述自己的监理规划和行动方案,也是竞争监理委托合同的主要书面材料,是招标者评标的主要依据之一,也是中标者与业主之间进行监理合同谈判、最终签订监理合同的依据。

投标者按照招标文件中投标人须知的要求编制投标书,并按规定封装、递交。一般来说,招标文件都要求将投标书分成商务文件和报价文件两部分,投标文件应采用双信封形式,具体包括的内容如下:

①第一个信封(商务及技术文件):

a. 投标函;

b. 授权委托书或法定代表人身份证明;

c. 联合体协议书;

d. 投标保证金;

e. 资格审查资料;

f. 技术建议书;

g. 投标人须知前附表规定的其他资料。

监理投标文件(商务技术文件)

②第二个信封(报价文件):

a. 投标函;

b. 监理服务费用清单。

监理投标文件(报价文件)

投标人在评标过程中作出的符合法律法规和招标文件规定的澄清确认,构成投标文件的组成部分。

**知识链接**

投标人(包括联合体各成员)不得存在下列不良状况或不良信用记录:

①被省级及以上交通运输主管部门取消招标项目所在地的投标资格且处于有效期内;

②被责令停业,暂扣或吊销执照,或吊销资质证书;

③进入清算程序,或被宣告破产,或其他丧失履约能力的情形;

④在国家企业信用信息公示系统中被列入严重违法失信企业名单;

⑤在"信用中国"网站中被列入失信被执行人名单;

⑥投标人或其法定代表人、拟委任的总监理工程师或驻地监理工程师在年内有行贿犯罪行为的(行贿犯罪行为的认定以检察机关职务犯罪预防部门出具的查询结果为准);

⑦法律法规或投标人须知前附表规定的其他情形。

**典型案例**

某高速公路工程项目进行监理公开招标,在开标和评标过程中发现投标书中分别存在如下问题:

事件1:本项目对投标人采取资格预审方式进行投标资格审查,资格审查后有的投标人没有得到投标邀请书。

事件2:有的投标文件在开标后结束前一个小时送达。

事件3:有的投标人在投标文件中的监理费报价只给出监理费总价,没有给出监理费取费费率。在招标文件中明确指出,监理费为监理费取费费率乘以工程结算价。

事件4:有的投标人没有代表参加现场考察。

事件5:有的投标人在投标截止时间之前书面通知撤回投标文件。也有的在开标之后随即要求撤回投标文件。

事件6:有的投标报价文件中监理费费率有修改,在修改处加盖授权代理人的印章。

【问题】

招标人、评标人对以上问题应如何处理？

【焦点分析】

1. 通过资格预审的投标人，才获得投标邀请书，未得到投标邀请书的投标人无资格参加投标。

2. 投标人递交投标文件在开标后，虽开标过程未结束，但已超过投标文件递交的截止时间，招标人应拒收此投标人的投标文件。

3. 招标文件中明确指出，监理费报价需提供监理费取费费率。此投标人未按招标文件要求响应招标文件的实质性内容，故此投标人的投标文件按废标处理。

4. 投标人没有代表参加现场考察和出席开标活动，表明投标人没有必要参加现场考察，并不影响投标人编制投标文件，故招标人不做处理。

5. 投标截止时间之前，投标人书面通知可以撤回投标文件；但开标后即投标截止时间以后，不得撤回，因开标后已进入投标游戏期。在投标有效期撤回投标文件按规定没收此投标人的投标保证金。

6. 在投标截止时间之前按规定对投标文件进行了修改，投标书仍有效。

## 单元练习

**一、判断题**

1. 监理招标采用资格预审方式的，在发布招标公告时，同步发售投标资格预审文件。（　　）

2. 招标人选择中标人的基本招标宗旨是对监理单位能力的选择。（　　）

**二、填空题**

1. 一般高速公路施工监理招投标的程序包括__________、__________、__________、__________与__________等。

2. 监理招标的标的是__________。

**三、单选题**

1. 道路、桥梁、地铁和轻轨交通等城市公共基础设施项目，当项目总投资额在（　　）万元以上时，必须实行监理。

A. 1 000　　B. 2 000　　C. 3 000　　D. 4 000

2. 某监理单位参与某高速公路施工监理投标，以下投标文件中不属于商务标的是（　　）。

A. 投标保证金　　B. 资格审查资料

C. 技术建议书　　D. 监理服务费用清单

3. 根据《公路工程建设项目招标投标管理办法》中的相关规定，施工监理招标应当采用（　　）方法进行评标。

A. 最低投标报价法　　B. 综合评估法　　C. 性价比法　　D. 双信封评标法

**四、多选题**

1. 监理招标的标的是"监理服务",监理招标的特点是(　　)。

A. 招标宗旨是监理单位能力的选择　　B. 报价的选择中居于主要地位

C. 报价的选择中居于次要地位　　D. 邀请投保人较多

E. 邀请投保人较少

2. 项目监理招标应当具备的条件有(　　)。

A. 项目可行性研究报告或者初步设计已经批复　　B. 监理所需资金已经落实

C. 施工队伍已经确定　　D. 项目已列入年度计划

E. 招标计划已报主管部门批准

# 单元3　材料设备采购招标

**1. 材料设备采购招标特点**

材料设备采购招标是建设工程最为普遍使用的一种采购类型,是指建设单位或承包商等采购主体对工程所需要的各种材料设备。通过招标的方式,提出对货物类型、质量、数量、交货期等的具体要求,约请供货商进行投标报价,通过竞争,从中选择优胜者为中标人,采购主体与其签订供货合同,实现采购目标所需要的各种材料设备。

1)材料设备采购招标特点

建设工程材料和设备的采购主要包括询价选择供货商、直接向供货商订购和招标选择供货商3种方式。询价方式一般用于采购数额不大的建筑材料和标准规格产品,由采购方对多家供货商就采购的标的物进行询价,还可通过多轮讨价还价及磋商,经过比较后选择其中一家签订供货合同。该方式避免了招标采购的复杂性,工作量小、耗时短、交易成本低,也在一定程度上进行了供货商之间的报价竞争,但存在较大的主观性和随意性。直接订购方式多适用于零星采购、应急采购,或只能从一家供应厂商获得,或必须由原供货商提供产品或向原供货商补订的采购。该方式达成交易快,有利于及早交货,但采购来源单一,缺少对价格的比选,适用的条件较为特殊。

招标投标是大宗及重要建筑材料和设备采购的最主要方式。该方式有利于规范买卖双方的交易行为、扩大比选范围、实现公开公平竞争,但程序复杂、工作量大、周期长,适合于较为充分竞争的市场环境。

可见,不同的采购方式,各有其适合的使用范围,也各有其优缺点。对于法律法规允许的采购方式,在符合规定的前提下,应根据采购对象的特点和采购方的实际需要,选择最合适的采购方式。

2)材料设备采购招标内容特点

建设工程项目所需材料设备的采购,按标的物的特点可以分为买卖合同和加工承揽合同两大类。采购大宗建筑材料或通用型批量生产的中小型设备属于买卖合同。由于标的物的规格、性能、主要技术参数均为通用指标,因此,招标时一般侧重对投标人的商业信誉、报价和交货期限等方面的比较,较多考虑价格因素。而订购非批量生产的大型复杂机组设备、特殊用途的大型非标准部件则属于加工承揽合同。中标人承担的工作往往涵盖从生产、交货、安装到调试、保修的全过程，招标时要对投标人的商业信誉、加工制造能力、报价、交货期限和方式、安装（或安装指导）、调试、保修及操作人员培训等各方面条件进行全面比较，更多考虑性价比。

建设工程材料设备的采购类别繁多，包括建筑材料、工具、用具、机械设备、电气设备等，建筑材料如建筑钢材、水泥、预拌混凝土、沥青、墙体材料、建筑门窗、建筑陶瓷、建筑石材、给排水、供气管材、用水器具、电线电缆及开关、苗木、路灯、交通设施等，设备如电梯、配电设备、防水消防设备、锅炉暖通及空调设备、给排水设备、楼宇自动化设备等，具有采购量大、规格型号多、涉及厂家范围广的特点。材料设备招标采购的货物既可以由供货方自己全部生产或部分生产，也可以由供货方通过各种渠道组织货源完成供货或设备成套。

针对不同类型的建设工程发承包模式，可以有不同的物资采购模式，建设单位应当筹划并明确建设工程所需的机电设备、工程机械、工程用料、施工用料哪些由业主自行采购，哪些由承包商采购，提前做好具体计划和安排，与施工、安装工作有序配合。

对既有设备采购又有安装服务的项目，可以采用设备和安装分开招标，也可以为了避免供货与安装的工作范围和职责划分不清，或为了有利于投标人充分发挥制造和安装的综合实力，采用合并招标。如果采用合并招标，可以按照各部分所占的费用比例来确定具体招标类型。通常，设备占费用比例大的，可按设备招标；安装工程占费用比例大的，则可按安装工程招标。

**2. 材料采购招标方式和资格要求**

1）材料采购招标方式

建设工程材料招标可以采用公开招标或邀请招标的方式。在招标程序上与勘察设计和施工招标基本相同，但在评标的评审要素和量化比较方法上有所不同。

根据国家发展和改革委员会等九部委联合印发的《标准材料采购招标文件》，材料采购招标在招标公告或投标邀请书中应列明招标条件、项目概况与招标范围、投标人资格要求、招标文件获取方式、投标文件递交时间地点及方式、招标人联系方式等内容。

其中，在“招标条件”中，应写明本次招标采购的材料名称。

在“项目概况与招标范围”中，应写明招标项目的建设地点、规模、建设工期、标段划分和本次招标采购材料的名称、数量、技术规格、交货地点、交货期等。

2）对投标人的资格要求

在建设工程项目货物采购招标中，只有通过资格审查的投标人才能是合格的投标人。

资格审查可采用资格预审或资格后审的方式，通过资格审查保证合格的投标人均具备履行合同的能力。

通常情况下，对投标人的资格要求主要包括以下方面：

①具有独立订立合同的能力；

②在专业技术、设备设施、人员组织、业绩经验等方面具有设计、制造、质量控制、经营管理的相应资格和能力；

③具有完善的质量保证体系；

④业绩良好。具有设计、制造与招标材料相同或相近材料的供货业绩及运行经验；

⑤有良好的银行信用和商业信誉等。

### 3. 材料采购招标文件的编制

#### 1)编制招标文件

招标人应根据所采购材料的特点和需要编制招标文件,国家发展和改革委员会等九部委联合印发的《标准材料采购招标文件》规定,材料采购招标文件包括以下内容:

①招标公告或投标邀请书;

②投标人须知;

③评标办法;

④合同条款及格式;

⑤供货要求;

⑥投标文件格式(详见下页投标文件内容及要求);

⑦投标人须知前附表规定的其他资料。

材料采购
招标文件

招标人在招标文件中,应根据需要对工程项目的概况进行介绍,以帮助投标人准确了解供货的总体要求和相关信息。招标文件应清晰地对材料的需求,包括所要求提供的材料名称、规格、数量及单位、交货期、交货地点、技术性能指标、检验考核要求、技术服务和质保期服务要求等作出说明。

国家发展和改革委员会等七部委联合发布的《工程建设项目货物招标投标办法》(2013年修订)规定,应在招标文件中明确实质性要求和条件,说明不满足其中任何一项实质性要求和条件的投标将被拒绝。对于非实质性要求和条件,应规定允许偏差的最大范围、最高项数,以及对这些偏差进行调整的方法。

招标人允许中标人对非主体货物进行分包的,应当在招标文件中载明。主要材料或者供货合同的主要部分不得要求或者允许分包。

#### 2)供货要求

根据国家发展和改革委员会等九部委联合印发的《标准材料采购招标文件》,建设工程材料招标的供货要求应包括材料名称、规格、数量及单位、交货期、交货地点、质量标准、验收标准和相关服务要求等。其中,标的物的名称要使用正式、标准名称的全称,并符合国家标准、国际标准或行业标准;数量及单位是对投标标的物的计量要求,要写清数量的计量单位和计量方法,避免使用有歧义的计量单位,如车、包、捆等;相关服务要求,应在招标文件中写明要求供货方提供的与供货材料有关的辅助服务,如为买方检验、使用和修补材料提供技术指导、培训、协助等。

#### 3)投标文件内容及要求

根据国家发展和改革委员会等九部委联合发布的《标准材料采购招标文件》,材料采购投标文件应包括下列内容:

①投标函及投标函附录;

②法定代表人身份证明或授权委托书;

③联合体协议书;

④投标保证金;

⑤商务和技术偏差表;

标准材料采购
投标文件

⑥分项报价表；

⑦资格审查资料；

⑧投标材料质量标准；

⑨技术支持资料；

⑩相关服务计划；

⑪投标人须知前附表规定的其他资料。

投标人应当按照招标文件的要求编制投标文件，根据自己的商务能力、技术水平对招标文件提出的要求和条件在投标文件中作出实质性响应。

投标人根据招标文件载明的货物实际情况，拟在中标后将供货合同中的非主要部分进行分包的，应当在投标文件中载明。除非招标文件中规定允许有备选方案，否则，只允许投标人提供一个投标方案。

《中华人民共和国招标投标法》规定，招标人应当确定投标人编制投标文件所需的合理时间。依法必须进行招标的货物，自招标文件开始发出之日起至投标人提交投标文件截止之日止，最短不得少于20日。

4）投标保证金

招标人可以在招标文件中要求投标人以自己的名义提交投标保证金。投标保证金一般不得超过项目估算价的2%。

投标人应当按照招标文件要求的方式和金额，在提交投标文件截止时间前将投标保证金提交给招标人或其委托的招标代理机构。投标保证金可以是招标人认可的银行出具的银行保函、保兑支票、银行汇票、现金支票、现金，也可以是其他合法担保形式。依法必须进行招标的项目的境内投标单位，以现金或者支票形式提交的投标保证金应当从其基本账户转出。投标保证金有效期应当与投标有效期一致。

《中华人民共和国招标投标法实施条例》还规定，招标文件要求中标人提交履约保证金的，履约保证金不得超过中标合同金额的10%。

5）投标响应要求

投标文件应当对招标文件的实质性要求和条件做出满足性或更有利于招标人的响应，否则，投标人的投标将被否决。

根据国家发展和改革委员会等九部委《标准材料采购招标文件》的规定，对工程材料招标，投标人应根据招标文件的要求提供投标材料质量标准的详细描述、技术支持资料及相关服务计划等内容，以对招标文件做出响应。如果有商务偏差或技术偏差，则投标文件对招标文件的全部偏差均应在投标文件的商务部分和技术部分的偏差表中列明，写清投标文件与招标文件存在偏差之处的具体章节及条款号，并对偏差情况予以如实说明。除列明的内容外，视为投标人响应招标文件的全部要求。投标文件的偏差超出招标文件规定的偏差范围或最高项数的，投标将被否决。

### 4. 设备采购招标

工程设备采购在招标方式、投标人资格要求、招标文件编制、投标文件内容、投标保证金和投标响应等方面的形式要求上与工程材料采购招标的形式要求基本一致，在供货要求和评标方法上既有与材料采购招标的相通之处，也有其自身的工作内容和特点。

1）设备招标供货及服务要求

根据国家发展和改革委员会等九部委联合印发的《标准设备采购招标文件》，建设工程设备招标的供货要求应包括设备名称、规格、数量及单位、交货期、交货地点、技术性能指标、检验考核要求、技术服务和质保期服务要求等。不仅涉及合同设备的制造、运输，还涉及技术资料、安装、调试、考核、验收、技术服务及质量保证等。相关内容定义如下：

①合同设备，指卖方按合同约定应向买方提供的设备、装置、备品、备件、易损易耗件、配套使用的软件或其他辅助电子应用程序及技术资料，或其中任何一部分。

②技术资料，指各种纸质及电子载体的与合同设备的设计、检验、安装、调试、考核、操作、维修以及保养等有关的技术指标、规格、图纸和说明文件。

③安装，指对合同设备进行的组装、连接以及根据需要将合同设备固定在施工场地内一定的位置上，使其就位并与相关设备、工程实现连接。

④调试，指在合同设备安装完成后，对合同设备进行的调校和测试。

⑤考核，指在合同设备调试完成后，对合同设备进行的用于确定其是否达到合同约定的技术性能考核指标的考核。

⑥验收，则指合同设备通过考核达到约定的技术性能考核指标后，买方作出的接受合同设备的确认。招标人应对合同设备在考核中应达到的技术性能考核指标进行规定。

⑦技术服务，指卖方按合同约定，在合同设备验收前，向买方提供的安装、调试服务，或者在由买方负责的安装、调试、考核中对买方进行的技术指导、协助、监督和培训等。

⑧质量保证期，指合同设备验收后，卖方按合同约定保证合同设备适当、稳定运行，并消除合同设备故障的期限。

⑨质保期服务，指在质量保证期内，卖方向买方提供的合同设备维护服务、咨询服务、技术指导、协助以及对出现故障的合同设备进行修理或更换的服务。

2）设备招标工作要点

设备招标及投标报价需注意以下事项：

①对工程成套设备的供应，投标人可以是生产厂家，也可以是工程公司或贸易公司。为了保证设备供应并按期交货，如工程公司或贸易公司为投标人，必须提供生产厂家同意其在本次投标中提供该货物的正式授权书，一个生产厂家对同一品牌同一型号的材料和设备，仅能委托一个代理商参加投标。

②对大型设备采购招标，由于产品设计和制造的难度及复杂性，对生产厂家应有较高的资质和能力条件的要求，必须具有相应的制造能力，尤其是制作同类型产品的经验，以确保标的物能够保质保量、按期交货。

③与通用材料的采购相比较，设备采购，尤其是大型成套设备采购，买卖双方权利和义务关系涉及的内容多、期限较长。合同的责任包括产品设计、原材料供应、生产加工、包装运输、到货开箱检验、安装或安装指导、设备调试、启动及试运行、质量保修以及保修期满后的服务等内容，

应针对不同阶段设定明确要求。

④编写工作范围时，应注意写明具体采购货物的形式、规格和性能要求、结构要求、结合部位要求、附属设备以及土建工程的限制条件，还应注意说明供应的主辅机设备、连接部件等与土建工程和其他工程项目的分界面，必要时用图纸细分明确。

⑤报价分析不仅要考虑设备本体和辅助设备的费用，也要考虑大件运输、安装、调试、专用工具等的费用；还要考虑售后维修服务人员培训、备品备件、软件升级等的可获得性和费用。

⑥招标文件应明确规定，是否允许投标人提供可供选择的替代方案，以及可接受的替代方案的范围和要求，以便投标者做出响应。

招标人或招标人委托的招标代理机构在编制技术性能指标注意事项应注意以下几个方面内容：

①技术性能指标是评价投标文件技术响应性的标准，因此，应将技术性能指标规定明确、全面，以有助于投标人编制响应性的投标文件，也有助于评标委员会审查、评审和比较投标文件。

②技术性能指标应具有适当的广泛性，以免在生产制造设备时对普遍使用的工艺、材料和设备造成限制，同时，主要技术性能指标还要具体准确，不宜有过大的响应幅度，以免投标报价差异过大，不利于比选。

③招标文件中规定的工艺、材料和设备的标准不得有限制性，应尽可能地采用国家标准。法律法规对设备安全性有特殊要求的，应当符合有关产品质量的强制性国家标准、行业标准。

④技术性能指标不得要求或标明某一特定的专利技术、商标、名称、设计、原产地或供应者等，不得含有倾向或者排斥潜在投标人的其他内容。如果必须引用某一供应者的技术规格才能准确清楚地说明拟招标货物的技术规格时，则应当在参照后面加上“或相当于”的字样。

⑤招标文件应对合同设备在考核中应达到的技术性能考核指标进行规定，并可根据合同设备的实际情况，规定可以接受的合同设备的最低技术性能考核指标。

**典型案例**

### ××公路工程综合甲级试验检测设备采购招标

各潜在投标人：

现有××公路工程综合甲级试验检测设备采购招标，招标人为甲公路综合检测有限公司，资金来自业主自筹，项目出资比例为100%。该采购项目已具备招标条件，欢迎有兴趣的潜在投标人参与投标。采用资格后审。招标文件获取方式：请各潜在投标人于2021年12月1日关注甲公路综合检测有限公司公众号，联系招标人获取招标报名登记表、投标确认书和招标文件。各潜在投标人获取投标报名登记表后，盖章扫描后将电子版先发送至投标人微信号或邮箱。

**××公路工程综合甲级试验检测设备采购招标公告**

| 项目名称 | ××公路水运工程综合甲级试验检测设备采购 | 集团招标采购编号 | 2021-G-123456 |
|---|---|---|---|
| 采购方式 | 邀请招标 | 招采类型 | 服务 |
| 公开开始时间 | 2021.12.1 | 公开招标结束时间 | 2021.12.31 |

联系人：张三

手机：186××××1234（微信同号）

邮箱：××××1234@qq.com

附件一：报名登记表

附件二：投标确认书

甲公路综合检测有限公司

2021年11月30日

附件一：

________检测设备采购报名登记表

| 投标单位名称 | | 资质等级 | |
|---|---|---|---|
| 经办人姓名 | | 经办人身份证号码 | |
| 经办人电话 | | 公司电话 | |
| 电子邮箱 | | 领取资料 | 招标文件（发送电子邮箱） |

附件二：

投标确认书

甲公路综合检测有限公司：

我单位已收到________________检测设备采购招标通知，对此通知内容无异议，并按照通知要求进行投标，特此确认。

投标人名称（盖章）：

2021年____月____日

## 单元练习

### 一、判断题

1. 招标投标方式选择材料设备供货商有利于规范买卖双方的交易行为、扩大比选范围、实现公开公平竞争，但程序复杂、工作量大、周期长，适合于较为充分竞争的市场环境。（　　）

2. 订购非批量生产的大型复杂机组设备、特殊用途的大型非标准部件则属于买卖合同。（　　）

### 二、填空题

1. 建设工程材料和设备的采购主要包括________、________和________选择供货商3种方式。

2. 建设工程材料招标可以采用________或________的方式。

**三、单选题**

1. 与直接询价方式选择材料相比,采用招标方式选择材料供应商的特点是(　　)。

A. 交易成本低　　B. 采购工作量小

C. 采购工作周期长　　D. 便于磋商价格

2. 下列不属于材料采购投标文件的内容的是(　　)。

A. 投标人须知　　B. 联合体协议书

C. 投标保证金　　D. 资格审查资料

3. 关于投标限价的说法,正确的是(　　)。

A. 招标文件中可设置最低投标限价的具体金额

B. 招标文件中应规定投标价低于最高投标限价的幅度

C. 投标人的投标价超出最高投标限价时,应增加其评标价格

D. 招标人可在招标文件中仅规定最高投标限价的计算方法

4. 以下有关材料招标文件要求的说法,不正确的是(　　)。

A. 招标文件中的实质性要求和条件,不满足其中任何一项实质性要求和条件的投标将被拒绝

B. 非实质性要求和条件,应规定允许偏差的最大范围、最高项数,以及对这些偏差进行调整的方法

C. 主要材料或者供货合同的主要部分不得要求或者允许分包

D. 招标人不得允许中标人对非主体货物进行分包

**四、多选题**

1. 材料采购招标文件的内容包括(　　)。

A. 投标人须知　　B. 评标办法　　C. 工程量清单

D. 合同条款及格式　　E. 供货要求

2. 材料设备采购的方式包括(　　)。

A. 询价　　B. 直接订购　　C. 竞争性谈判

D. 无底价竞争　　E. 招标投标

# 单元4　特许经营项目融资招标

## 1. 特许经营项目融资招标概述

### 1)特许经营项目融资招标的相关概念

(1)PPP(公私合作/民营化)模式

PPP(Public Private Partnership),即公共部门与私人企业合作(公私合作)或民营化模式,是公共基础设施的一种项目融资模式。在该模式下,鼓励私人企业与政府进行合作,参与公共基础设施的建设。

PPP模式的架构是:从公共事业的需求出发,利用民营资源的产业化优势,通过政府与民营企业双方合作,共同开发、投资建设,并维护运营公共事业的合作模式,即政府与民营经济在公

共领域的合作伙伴关系。通过这种合作形式,合作各方可以达到与预期单独行动相比更为有利的结果。合作各方参与某项目时,政府并不是把项目的责任全部转移给私人企业,而是由参与合作的各方共同承担责任和融资风险。

(2)BOT 模式

BOT(Build Operate Transfer),即建设—经营—移交模式,是政府通过特许权协议授权投资者建设、经营和维护公共基础设施项目的特许权,投资者在特许经营协议约定的转许期内通过项目运营提供公共产品或服务,并在规定的特许期内向该产品或服务的使用者收取适当的费用,由此回收项目的投资、经营和维护等成本,并获得合理的回报。特许期满后,政府无偿收回项目。这是一种典型的新建特许经营项目的融资模式。此外,还有建设—拥有—经营—移交(BOOT)、建设—拥有—经营(HOOT)等多种变形模式。

(3)TOT 模式

TOT(Transfer Operate Transfer),即移交—经营—移交模式,指政府与投资者签订特许经营协议后,把已经投产运行的可收益公共设施项目移交给民间投资者经营,凭借该设施在未来若干年内的收益,一次性地从投资者手中融得一笔资金,用于建设新的基础设施项目。特许经营期满后,投资者再把该设施无偿移交给政府管理。

TOT 模式与 BOT 模式是有明显区别的,它不需要直接由投资者投资建设基础设施,因此避开了基础设施建设过程中产生的大量风险和矛盾,比较容易使政府与投资者达成一致。TOT 模式主要适用于交通基础设施的建设。

(4)融资招标

融资是指筹集资金的行为过程,可分为股权融资和债权融资两种方式。融资招标特指股权融资招标,指通过招标筹集股权资金的融资行为称为股权融资招标。股权融资招标的中标人设立的项目公司为招标项目法人,所以股权融资招标有时也被称为法人招标。按照与基础设施的相关性划分,股权融资招标可以分为两种类型:一种是基础设施项目的股权融资招标;另一种是非基础设施的股权融资招标。

(5)特许经营招标

此处的特许经营是指公共基础设施的垄断性经营。与商业特许经营不同,政府按照有关法律、法规规定通过招标方式选择经营人,经营人在约定范围和期限内独家经营某项基础设施产品或提供某项服务。基础设施实行特许经营是因为基础设施具有自然垄断性。基础设施一般包括城市公共交通、城市公用事业、公路、铁路、航空、管道、通信电力等设施。

(6)特许经营项目融资招标

特许经营招标和融资招标都是近年来国内兴起的招标类型,特许经营招标和融资招标的种类很多,每种招标都存在较大的差别。本书主要介绍与基础设施有关的特许经营项目的股权融资招标(以下简称"基础设施特许经营项目融资招标"),典型的有基础设施企业股权转让招标、BOT 项目招标、TOT 项目招标等。特许经营项目融资招标又可分为新建基础设施特许经营项目融资招标和已建基础设施特许经营项目融资招标。从融资角度来讲,两种类型的本质差别不大。新建基础设施特许经营项目融资招标的典型方式是 BOT 项目招标,特点是通过招标选定的投资人负责项目的融资、投资、设计、建设和运营维护管理,并在运营期间向招标人或用户收取服务费用。已建基础设施特许经营项目融资招标主要有股权转让招标和 TOT 项目招标,特点是通过招标选定的出资人出资购买已经建成的项目设施资产或已经存续的企业股权，负责基础设施的运营维护和管理，并在运营期间向招标人或用户收取服务费用。

2)特许经营项目融资招标的特点

(1)招标人的特征不同

特许经营项目融资招标的招标人不是项目法人，项目法人是通过招标选择的。特许经营项目融资招标的招标人一般是由地方政府或地方政府有关部门组建或设立项目招标委员会，少数项目的招标人为国有资产投资管理公司或国有行业独资公司。特许经营项目通常需要投资人设立的项目公司与政府部门(或法定的国有企业)之间建立长期复杂的合同关系，项目的成功实施依赖于政府各部门的有效协调和组织。

(2)项目招标过程中涉及的面较广

特许经营项目融资招标经常与基础设施体制改革，因有基础设施企业改制相伴，涉及的问题复杂而且解决方案极具个性。同样的问题，在不同的项目或不同地域的解决方案可能完全不同。项目招标过程中招标人需随时根据实际情况决策应对，因此，招标人一般需要聘请熟悉有关财务、经济、商务、技术、法律、政策的咨询机构担任项目招标的咨询顾问，负责研究项目实施中的各种问题，为招标人决策和项目运作提出专业的咨询服务。

(3)项目中标人的责任不同

特许经营项目融资招标选择的中标人要承担项目的投资、融资和运营责任，若是新建项目还要承担设计和建设责任。项目中标人既要承担项目融资与建设质量、造价、进度控制风险，又要承担与项目运营有关的经济、市场变化等各种风险因素。

(4)招标时关注的重点不同

基础特许经营项目基础产品或服务的价格是政府或市民未来支付费用的重要依据，因此，招标人会十分关注项目的产品或服务的价格。基础特许经营项目融资招标时，吸引投资人的是投资回报率。基础设施项目投资回报与项目投资额、建设期、运营维护成本以及提供产品或服务的规模数量、价格水平和特许经营期限等因素有关。

(5)价格竞争类型不同

特许经营项目融资招标的类型不同，价格竞争类型也不同。如TOT项目，如果以资产价格固定为条件，则会以提供产品价格为竞争要素，招标人希望产品价格越低越好；如果以固定产品价格为条件，以资产转让价格为竞争要素，则招标人希望资产转让价格越高越好。

(6)投标费用不同

特许经营项目融资招标的投标文件需要编制技术管理方案、项目协议响应方案、融资方案、报价方案等，投标人制作投标文件的前期投入费用较多。

### 2. 特许经营项目融资招标程序

特许经营项目融资招标程序的特征和需求及特许经营项目融资招标的详细程序如图5.1所示。

1)项目实施方案

特许经营项目融资招标前一般应制订项目实施方案。项目实施方案文字内容通常包括项目特许经营者应具备的条件及选择方式、特许经营协议的条款和特许工期期限、投资回报和产品或服务价格测算、政府承诺和保障措施等。政府批复的项目实施方案是特许经营项目融资招标的依据。

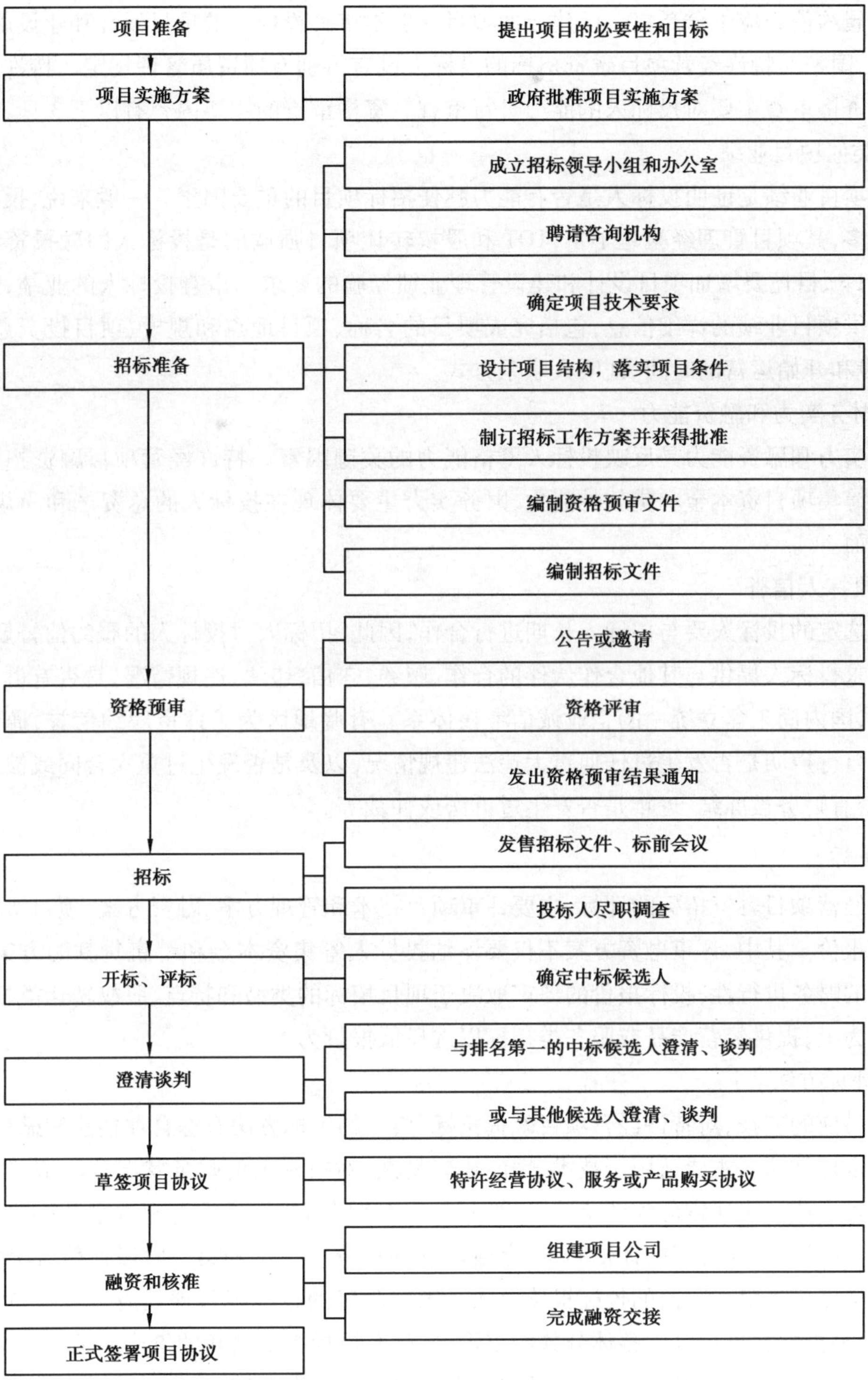


图5.1　特许经营项目融资招标程序

### 2)资格审查

特许经营项目融资招标选择的投标人应具备完成基础设施融资项目的投资、融资、设计、建设、运营和维护的部分或全部的能力和经验。新建项目的资格审查，不仅要审查投标人投资、融资和经营管理企业的实例及设计、建设类似项目的能力，而且由于招投标双方要长期合作，审查投标人的履约信誉应十分严格。已建成的项目一般不审查投标人的项目设计和建设能力。

目前，国家对特许经营项目融资招标的投标人设有特别专项资质管理规定。特许经营项目融资招标资格审查主要对投标人的能力进行审查。资格审查的主要内容有以下 3 项：

(1)类似项目业绩

类似项目业绩是证明投标人是否有能力胜任招标项目的重要因素。一般来说，投标类似项目业绩越多，其项目管理经验越丰富，TOT 和股权转让项目强调的是投标人的融投资和运营经验，而 BOT 项目还要增加项目设计和建设管理业绩经验的要求。审查投标人的业绩，通常要求投标人提供项目业绩的详细信息，包括完成项目的名称、项目地点和规模、项目投资总额、项目协议、建设和开始运营的时间、证明人联系方式。

(2)财务实力和融资能力

财务实力和融资能力是反映投标人资格能力的关键因素。特许经营项目融资招标要求投标人具备筹集项目资本金和贷款的能力，财务实力主要体现在投标人的总资产和净规模、盈利能力等方面。

(3)投标人信誉

招标选定的投标人要与招标人长期进行合作，因此，招标人对投标人的履约信誉要求很高。招标人要求投标人提供与其他合作伙伴的合作、履约、守信、违法、违规情况，是否有诉讼记录。

目前，国内尚未建立统一的企业诚信考核体系。有些地区为了评审履约信誉，通常投标资格申请人自行声明是否发生过任何重大违法违规情况，以及是否发生过重大合同或被解除合同情况，是否有财务被冻结，近年是否发生过诉讼或仲裁等。

3)评标

特许经营项目融资招标的评标，主要评审项目技术和管理方案、融资方案、项目协议响应方案和投标报价。其中，评审融资方案不仅要评估投标人筹集资本金和筹集贷款的方案，而且要评估项目的财务可行性，投标报价的评审取决于项目招标的类型和特点，股权转让类招标，以选择高报价为上，提供经营产品或服务类招标以选择低报价为主。

(1)评标方法

根据目前的实践，对特许经营项目融资招标，典型的评标方法有综合评估法和栅栏评标法。

①综合评估法。主要适用于技术、性能相对复杂，对投标人的财务状况和融资能力要求比较高的项目。该方法通常分为两个阶段：第一阶段对融资方案、技术管理方案及协议响应方案进行评估，并设定相应方案的评估因素、合格标准和评分值。达到第一阶段评估合格标准的投标人才有资格进入第二阶段的投标报价评估。第二阶段的投标报价评估应重点注意两个方面的因素：一是投标报价评分占整体分数的权重，二是各投标报价之间的价格差距。评标前，应该根据具体项目投标报价的敏感程度以及招标人对报价的重视程度，研究设计适合项目报价评分权重及投标报价的评分的幅度差。设计评标方法时应该进行试算，以合理调动投标人进行价格竞争的积极性。两阶段综合评标法最终得分为其第一阶段和第二阶段的评估得分之和，招标人按照投标人的最终得分排序，根据招标文件规定推荐 1 ~ 3 名投标人为中标领选人。

②栅栏评标法。主要运用于对技术、性能没有特殊要求，对投标人的融资能力要求也不高的项目。与两阶段综合评标法相比，这种方法简单，但其缺点是不能充分反映投标人在技术、管理、财务法律等方面的能力和作出的最大努力，类似工程招标中的经评审的最低价投标法。栅栏评标法也分为两个阶段进行评标：第一阶段先对融资方案、技术和管理方案、项目协议响应方案进行评估，各部分都超过最低要求的投标人被认为是合格的投标，进入第二阶段评审。第二阶段对所有合格投标人的投标报价按投标价格高低排序。以资产转让价格为要素时，资产价格越高则越符合招标人利益，按资产转让价格由高到低排序；以基础设施产品或服务价格为要素时，产品或服务价格越低则越符合招标人利益，按产品或服务价格由低到高排序。按照以上投标价格排序，推荐1～3名投标人为中标候选人。

(2)评标因素

①投标报价。特许经营项目融资招标的投标报价是招标人评价和选择投标人的因素，BOT项目招标人在项目运营期间需依照中标价格向投标人支付产品或服务费用，投标人的报价越低对招标人越有利。对股权转让项目，投标人需在项目初期依据其投标报价向招标人支付转让价数，投标人的报价越高对招标人越有利。TOT项目有两种报价方式：一是转让资产的价格固定不变，投标人的产品或服务价格越低对招标人越有利；二是产品或服务价格固定不变，投标人的资产转让价格越高对招标人越有利。

②技术和管理方案。技术和管理方案是投标文件的重要内容。BOT项目的技术管理方案包括工程设计、设备采购、验收和运营维护管理、移交；股权转让项目和TOT项目的技术管理方案只包括项目运营维护管理和移交。应按照招标文件规定的因素、标准/评估/投标文件的技术和管理方案的可行性、科学性、可靠性和合理性。

③融资方案。特许经营项目融资招标的中标人需负责项目的投资和融资。投标人应按要求提交相关资料证明其具备良好的财务状况，且能够在规定的时间内完成融资交割。投标人的融资方案和财务状况是评标的重要因素，投标融资方案的评价标准是满足项目实施需要的财务实力和融资能力。其提出的项目融资方案应可靠，项目财务分析应客观可行。融资方案主要包括资本金的筹措方案和贷款的筹措方案。资本金筹措方案的评估主要是对投标文件和相关文件内容的研究，核实资本金来源的可靠程度，可靠性越高对招标人越有利。贷款方案的评估主要是研究银行支持文件，确定银行对项目的支持态度和项目获得贷款的可能程度，可能性越大对招标人越有利。项目财务可行性分析是融资方案评估的辅助性指标，回报水平不是越高越好，也不是越低越好，应该处于合理水平。

④项目协议响应方案。招标人通常都会允许投标人对招标文件中提出的项目协议文本提出接受和补充、修改意见，修改内容是评标因素的组成部分，投标人对项目协议文本报出不利于指标人权利的修改建议越少，或修改建设对招标人权利负面影响越小，则对招标人越有利。

4)澄清谈判

特许经营项目的执行周期长，项目协议需要规定招投标双方在长达数十年间的权利和义务，协议条件涉及法律、政策、技术、财务、商务等内容，十分繁复。投标人在制作投标文件时，完全理解和接受指标文件的全部条款，在很多情况下是十分困难的。在招标过程中经常发生两种情况：一种是招投标双方对招标和投标文件有不同的理解或存在笔误，这部分内容要澄清；另一种是投标文件对招标文件中项目协议草案的非实质性条款提出完善、修改补充建议，招标人可能对投标文件的某些建议部分或全部存在异议，双方需要通过澄清谈判达成一致。澄清谈判是在特许经营项目融资招标程序中不可缺少的组成部分，而且项目越复杂澄清谈判就越重要。通过澄清谈判，可以确认招标人的要求、条件和中标候选人的报价、融资、技术管理方案，并最终在项目协议中充分体现。

5）中标签约

特许经营项目融资招标的中标人不是项目协议的最终签约人，中标人为招标项目设立的公司法人才是项目的签约人。特许经营项目招标的目的是落实招标项目投资的法人。在中标人被确定后，中标人一般都会为招标项目成立专门的项目公司，并以项目的资产和有关权益作为担保向银行申请贷款。

**3.特许经营项目融资投标**

1）特许经营项目融资投标文件的主要内容

①投标函及其附录；
②法定代表人身份证明或授权委托书；
③投标保证金；
④技术及建设方案；
⑤联合体协议书（如有）；
⑥投标报价文件；
⑦对《特许经营协议（草案）》的响应意见；
⑧履约保证金银行保函（中标后开具）；
⑨资格审查资料（资格后审）。

2）投标文件格式样例

特许经营项目融资招标一般会在招标文件中对投标文件的格式提供统一格式要求，以下仅以某城市污水处理特许经营项目招标文件示范文本中对《特许经营协议（草案）》的响应意见的格式为例说明投标的格式，其余格式可参照建设工程施工投标所用的表格。

**对《特许经营协议（草案）》的响应意见（格式）**

致：_______________（招标人名称）

为参与贵单位组织的编号____________（招标编号）的____________ 某一级公路项目，我单位仔细阅读了招标文件中《特许经营协议（草案）》的各项条款，我单位并已在答疑会上充分地反映了我单位对该《特许经营协议（草案）》的意见。

我单位完全接受贵单位根据答疑会反馈的意见进行修订、调整之后所制定的《特许经营协议（草案）》。我单位并承诺，如果中标，我单位将无条件与贵单位签署经过修改、调整之后的《特许经营协议（草案）》。

投标人/联合体牵头人全称（公章）：

法定代表人或授权委托人（签字）：

______年______月______日

**典型案例**

某市跨江隧道工程全部由政府投资。该项目为该市建设规划的重要项目之一，且已列入地方年度固定资产投资计划，概算已经主管部门批准，施工图及有关技术资料齐全。根据《国务院关于投资体制改革的决定》，该项目拟采用BOT模式建设，市政府正在与有意向的BOT项目公司洽谈。现决定对该项目进行施工招标。因估计除本市施工企业参加投标外还可能有外省市施工企业参加投标，故招标人委托咨询单位编制了两个标底，准备分别用于对本市和外省市施工企业投标价的评定。招标人对投标人就招标文件所提出的所有问题统一作了书面答复，并以备忘录的形式分发给各投标人。为简明起见，采用表格形式，见表5.2。

**表5.2　投标预备会答疑表**

| 序　号 | 问　题 | 提问单位 | 提问时间 | 答　复 |
| --- | --- | --- | --- | --- |
| | | | | |
| | | | | |
| | | | | |

在书面答复投标人的提问后，招标人组织各投标人进行施工现场踏勘。在投标截止日期前10天，招标人书面通知各投标人，由于市政府有关部门已从当天开始取消所有市内交通项目的收费，因此，决定将收费站工程从原招标范围内删除。

【问题】

①该项目选工招标在哪些方面存在问题或不当之处？请逐一说明。

②如果在评标过程中才决定删除收费站工程，应如何处理？

【焦点分析】

①该项目施工招标存在5个方面的问题（或不当之处），分述如下：

a. 本项目尚处在与BOT项目公司谈判阶段，说明资金尚未落实，不具备施工招标的必要条件，因此尚不能进行施工招标。

b. 不应编制两个标底。因为根据规定，一个工程只能编制一个标底，不能对不同的投标单位采用不同的标底进行评标。

c. 招标人对投标人的提问只能针对具体问题作出明确答复，但不应提及具体的提问单位（投标人），也不必提及提问的时间（这一点可不答），因为按照《中华人民共和国招标投标法》的规定，招标人不得向他人透露已获取招标文件的潜在投标人的名称、数量以及可能影响公平竞争的有关招投标的其他情况。

d. 根据《中华人民共和国招标投标法》的规定，若招标人需改变招标范围或变更招标文件，应在投标截止日期至少15天（而不是10天）前以书面形式通知所有招标文件收受人。若迟于这一时限发出变更招标文件的通知，则应将原定的投标截止日期适当延长，以使投标单位有足够的时间充分考虑这种变更对报价的影响，并将其在投标文件中反映出来。本案例背景资料未说明投标截止日期已相应延长。

e.现场踏勘应安排在书面答复投标单位提问之前,因为投标人对施工现场条件也可能提出问题。

②如果在评标过程中才决定删除收费站工程,则应将各投标人的总报价减去其收费站工程的报价后再按原定的评标方法和标准进行评标。

## 单元练习

### 一、判断题

特许经营项目融资招标,招标人即是项目法人。 (　　)

### 二、单选题

1. 作为项目融资的一种新形式,BOT方式主要用于(　　)的建设。

A. 工业项目　　B. 商业项目

C. 公共基础设施　　D. 文化项目

2. 关于BOT与TOT的说法,下列正确的是(　　)。

A. BOT模式是TOT模式在发展过程中的一种创新

B. BOT是通过合同项目为其他新项目融资,TOT是为筹建中的合同项目融资

C. TOT融资方式存在产权、股权等问题

D. 利用TOT模式,投资者不需要太复杂的信用保证结构

3. 特许经营项目融资招标,正式特许经营协议由(　　)签订。

A. 招标人与中标人

B. 招标人与中标人依法专门成立的项目公司

C. 招标代理机构与中标人

D. 项目法人与中标人依法专门成立的项目公司

### 三、多选题

1. 在PPP项目中,社会资本是指依法设立且有效存续的具有法人资格的企业,包括(　　)。

A. 民营企业　　B. 国有企业

C. 外国企业　　D. 外商投资企业

2. PPP项目的合同通常包括(　　)等。

A. PPP项目合同　　B. 股东协议

C. 履约合同　　D. 融资合同

# 模块6　工程合同法律基础

【知识框架】

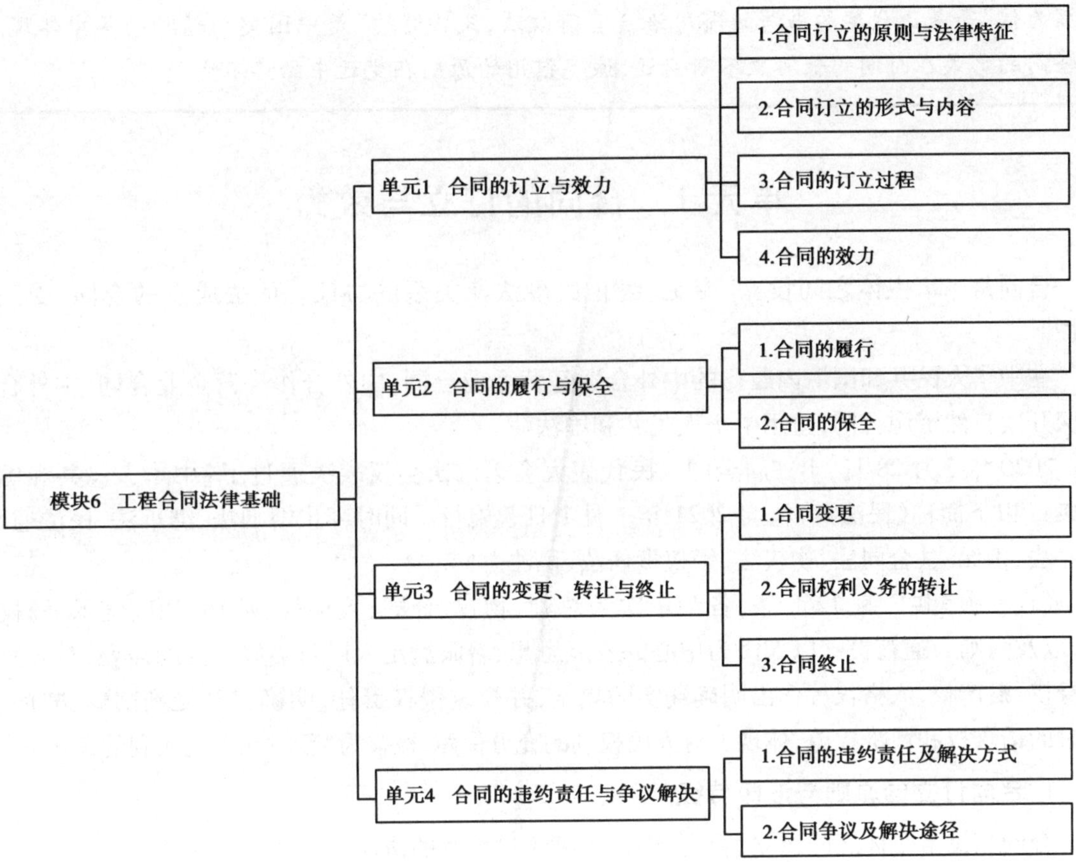


【知识目标】

1. 了解工程合同相关的法律体系。

2. 了解工程合同订立、履行、保全的基础知识。

3. 了解工程合同违约、争议的处理办法。

【能力目标】

1. 能简述我国工程合同相关的法律体系基础框架。

2. 能简述工程合同订立、履行的基本知识。

3. 能简述工程合同履行过程中常规违约与争议的处理办法。

**课程导入**

从西周到两汉时期，契约的名称一般为券、约、契、质要、约契等，其形式则是判书。契约的“合同形式”是继判书形式之后而出现的一种契约形式，不是指现代社会中与契约同义的“合同”。合同形式的契约也分为左右两支，其基本特点是两支契上都写有全部契文，又在两契并合处大书一个“同”字，使两支契上各带有半个“同”字，这实际是最早的款缝制度，或称押缝制度。后来又发展为大书“合同”二字，使每支契上各带有“合同”二字之半，合同契之名也由此得来。北宋前期，封建国家为了减少、消除民间的田宅争讼，曾制定“标准契约”样文，这就相当于现代的合同范本。中国一直有着广泛而频繁的契约实践以及契约知识的传承，存在着制约制度以及相应的契约意识和特定的契约文化。“画指为信”“立据为信”等是历代契约书写的惯用语，“官有政法，民从契约”是中国契约精神的集中体现。合同的形式在时间的长河里不断变迁，诚实信用的原则在变迁中始终不变。

## 单元1　合同的订立与效力

合同是民事主体之间设立、变更、终止民事法律关系的协议。依法成立的合同，受法律保护。

在中华人民共和国境内履行的中外合资经营企业合同、中外合作经营企业合同、中外合作勘探开发自然资源合同，适用中华人民共和国法律。

2020年5月28日，十三届全国人民代表大会第三次会议表决通过了《中华人民共和国民法典》(以下简称《民法典》)，自2021年1月1日起施行。同时废止婚姻法、继承法、民法通则、收养法、担保法、合同法、物权法、侵权责任法、民法总则。

《民法典》共7编、1260条，各编依次为总则、物权、合同、人格权、婚姻家庭、继承、侵权责任，以及附则。通篇贯穿以人民为中心的发展思想，着眼满足人民对美好生活的需要，对公民的人身权、财产权、人格权等作出明确翔实的规定，并规定侵权责任，明确权利受到削弱、减损、侵害时的请求权和救济权等，体现了对人民权利的充分保障，被誉为“新时代人民权利的宣言书”。

### 1. 合同订立的原则与法律特征

合同是民事主体之间设立、变更、终止民事法律关系的协议。

合同的订立原则如下：

①自愿原则；

②公平原则；

③诚信原则；

④合法及不得违背公序良俗原则；

⑤有利于节约资源、保护生态环境原则。

合同具有以下法律特征：

①合同是一种法律行为。

②合同的当事人法律地位一律平等，双方自愿协商，任何一方不得将自己的观点、主张强加给另一方。

③合同的目的在于设立、变更、终止民事权利义务关系。

④合同的成立必须有两个以上当事人;两个以上当事人不仅作为意思表示,而且意思表示是一致的。

### 2. 合同订立的形式与内容

当事人订立合同,可以采用书面形式、口头形式或者其他形式。

书面形式是合同书、信件、电报、电传、传真等可以有形地表现所载内容的形式。以电子数据交换、电子邮件等方式能够有形地表现所载内容,并可以随时调取查用的数据电文,视为书面形式。

合同的内容由当事人约定,一般包括下列条款:

①当事人的姓名或者名称和住所;

②标的;

③数量;

④质量;

⑤价款或者报酬;

⑥履行期限、地点和方式;

⑦违约责任;

⑧解决争议的方法。

当事人可以参照各类合同的示范文本订立合同。

### 3. 合同的订立过程

合同的订立过程,是双方当事人进行协商的过程。《民法典》第四百七十一条规定,当事人订立合同,可以采取要约、承诺方式或者其他方式。

#### 1)要约与要约邀请

要约是希望与他人订立合同的意思表示,该意思表示应当符合下列条件:

①内容具体确定;

②表明经受要约人承诺,要约人即受该意思表示约束。

要约邀请是希望他人向自己发出要约的表示。拍卖公告、招标公告、招股说明书、债券募集办法、基金招募说明书、商业广告和宣传、寄送的价目表等为要约邀请。

商业广告和宣传的内容符合要约条件的,构成要约。

要约生效的时间适用《民法典》第一百三十七条的规定。

**知识链接**

《民法典》第一百三十七条:意思表示的生效时间。

以对话方式作出的意思表示,相对人知道其内容时生效。

以非对话方式作出的意思表示,到达相对人时生效。以非对话方式作出的采用数据电文形式的意思表示,相对人指定特定系统接收数据电文的,该数据电文进入该特定系统时生效;未指定特定系统的,相对人知道或者应当知道该数据电文进入其系统时生效。当事人对采用数据电文形式的意思表示的生效时间另有约定的,按照其约定。

要约的撤回：行为人可以撤回意思表示。撤回意思表示的通知应当在意思表示到达相对人前或者与意思表示同时到达相对人。

要约可以撤销，但是有下列情形之一的除外：

①要约人以确定承诺期限或者其他形式明示要约不可撤销；

②受要约人有理由认为要约是不可撤销的，并已经为履行合同做了合理准备工作。

撤销要约的意思表示以对话方式作出的，该意思表示的内容应当在受要约人作出承诺之前为受要约人所知道；撤销要约的意思表示以非对话方式作出的，应当在受要约人作出承诺之前到达受要约人。

有下列情形之一的，要约失效：

①要约被拒绝；

②要约被依法撤销；

③承诺期限届满，受要约人未作出承诺；

④受要约人对要约的内容作出实质性变更。

2）承诺

工程合同订立过程中的要约和承诺

承诺是受要约人同意要约的意思表示。承诺应当以通知的方式作出，但是，根据交易习惯或者要约表明可以通过行为作出承诺的除外。承诺应当在要约确定的期限内到达要约人。

要约没有确定承诺期限的，承诺应当依照下列规定到达：

①要约以对话方式作出的，应当即时作出承诺；

②要约以非对话方式作出的，承诺应当在合理期限内到达。

要约以信件或者电报作出的，承诺期限自信件载明的日期或者电报交发之日开始计算。信件未载明日期的，自投寄该信件的邮戳日期开始计算。要约以电话、传真、电子邮件等快速通信方式作出的，承诺期限自要约到达受要约人时开始计算。

承诺生效时合同成立，但是法律另有规定或者当事人另有约定的除外。以通知方式作出的承诺，根据《民法典》的规定，承诺到达相对人时生效。承诺不需要通知的，根据交易习惯或者要约的要求作出承诺的行为时生效。

承诺可以撤回。承诺撤回的通知应当在承诺到达相对人前或者与承诺同时到达相对人。受要约人超过承诺期限发出承诺，或者在承诺期限内发出承诺，按照通常情形不能及时到达要约人的，为新要约；但是，要约人及时通知受要约人该承诺有效的除外。

受要约人在承诺期限内发出承诺，按照通常情形能够及时到达要约人，但是因为其他原因致使承诺到达要约人时超过承诺期限的，除要约人及时通知受要约人因承诺超过期限不接受该承诺外，该承诺有效。

承诺的内容应当与要约的内容一致。受要约人对要约的内容作出实质性变更的，为新要约。有关合同标的、数量、质量、价款或者报酬、履行期限、履行地点和方式、违约责任和解决争议方法等的变更，是对要约内容的实质性变更。承诺对要约的内容作出非实质性变更的，除要约人及时表示反对或者要约表明承诺不得对要约的内容作出任何变更外，该承诺有效，合同的内容以承诺的内容为准。

当事人采用合同书形式订立合同的，自当事人均签名、盖章或者按指印时合同成立。在签名、盖章或者按指印之前，当事人一方已经履行主要义务，对方接受时，该合同成立。

法律、行政法规规定或者当事人约定合同应当采用书面形式订立，当事人未采用书面形式但是一方已经履行主要义务，对方接受时，该合同成立。

当事人采用信件、数据电文等形式订立合同要求签订确认书的，签订确认书时合同成立。当事人一方通过互联网等信息网络发布的商品或者服务信息符合要约条件的，对方选择该商品或者服务并提交订单成功时合同成立，但是当事人另有约定的除外。

承诺生效的地点为合同成立的地点。采用数据电文形式订立合同的，收件人的主营业地为合同成立的地点；没有主营业地的，其住所地为合同成立的地点。当事人另有约定的，按照其约定。当事人采用合同书形式订立合同的，最后签名、盖章或者按指印的地点为合同成立的地点，但是当事人另有约定的除外。

**知识链接**

国家根据抢险救灾、疫情防控或者其他需要下达国家订货任务、指令性任务的，有关民事主体之间应当依照有关法律、行政法规规定的权利和义务订立合同。

依照法律、行政法规的规定，负有发出要约义务的当事人，应当及时发出合理的要约。

依照法律、行政法规的规定，负有作出承诺义务的当事人，不得拒绝对方合理的订立合同要求。

当事人约定在将来一定期限内订立合同的认购书、订购书、预订书等，构成预约合同。当事人一方不履行预约合同约定的订立合同义务的，对方可以请求其承担预约合同的违约责任。

**知识链接**

以非对话方式作出的采用数据电文形式的意思表示，相对人指定特定系统接收数据电文的，该数据电文进入该特定系统时生效；未指定特定系统的，相对人知道或者应当知道该数据电文进入其系统时生效。当事人对采用数据电文形式的意思表示的生效时间另有约定的，按照其约定。

### 4. 合同的效力

依法成立的合同，自成立时生效，但是法律另有规定或者当事人另有约定的除外。

依照法律、行政法规的规定，合同应当办理批准等手续的，依照其规定办理。未办理批准等手续影响合同生效的，不影响合同中履行报批等义务条款以及相关条款的效力。应当办理申请批准等手续的当事人未履行义务的，对方可以请求其承担违反该义务的责任。

无权代理人以被代理人的名义订立合同，被代理人已经开始履行合同义务或者接受相对人履行的，视为对合同的追认。法人的法定代表人或者非法人组织的负责人超越权限订立的合同，除相对人知道或者应当知道其超越权限外，该代表行为有效，订立的合同对法人或者非法人组织发生效力。

合同中的下列免责条款无效：

①造成对方人身损害的；

②因故意或者重大过失造成对方财产损失的。

合同是一种民事法律行为，以依据《民法典》中民事法律行为的效力认定合同是否有效。

**知识链接**

以下情况合同无效：

①无民事行为能力人实施的民事法律行为无效。

②限制民事行为能力人实施的纯获利益的民事法律行为或者与其年龄、智力、精神健康状况相适应的民事法律行为有效；实施的其他民事法律行为经法定代理人同意或者追认后有效。

相对人可以催告法定代理人自收到通知之日起三十日内予以追认。法定代理人未作表示的，视为拒绝追认。民事法律行为被追认前，善意相对人有撤销的权利。撤销应当以通知的方式作出。

③行为人与相对人以虚假的意思表示实施的民事法律行为无效。

**知识链接**

①基于重大误解实施的民事法律行为，行为人有权请求人民法院或者仲裁机构予以撤销。

②一方以欺诈手段，使对方在违背真实意思的情况下实施的民事法律行为，受欺诈方有权请求人民法院或者仲裁机构予以撤销。

③第三人实施欺诈行为，使一方在违背真实意思的情况下实施的民事法律行为，对方知道或者应当知道该欺诈行为的，受欺诈方有权请求人民法院或者仲裁机构予以撤销。

④一方或者第三人以胁迫手段，使对方在违背真实意思的情况下实施的民事法律行为，受胁迫方有权请求人民法院或者仲裁机构予以撤销。

⑤一方利用对方处于危困状态、缺乏判断能力等情形，致使民事法律行为成立时显失公平的，受损害方有权请求人民法院或者仲裁机构予以撤销。

**知识链接**

有下列情形之一的，撤销权消灭：

①当事人自知道或者应当知道撤销事由之日起一年内、重大误解的当事人自知道或者应当知道撤销事由之日起九十日内没有行使撤销权。

②当事人受胁迫，自胁迫行为终止之日起一年内没有行使撤销权。

③当事人知道撤销事由后明确表示或者以自己的行为表明放弃撤销权。

④当事人自民事法律行为发生之日起五年内没有行使撤销权的，撤销权消灭。

**典型案例**

2021 年 5 月 10 日，甲公司向乙公司发出一份订单，并要求乙公司在 2021 年 7 月 10 日之前答复。2021 年 7 月初，该种货物的国际市场价格大幅度下跌，甲公司通知乙公司："前次订单中所列货物价格作废，如你公司愿意降价 20%，则要约有效期延长至 7 月 20 日。"乙公司收到通知后，立即于 7 月 3 日回信表示不同意降价，同时对前一订单表示接受。正常情况下，此信可以在 7 月 8 日到达，但由于邮局工人罢工，甲公司于 7 月 15 日才接到回信。甲公司立即答复:“第一次的订单已经撤销,接受无效。”乙公司坚持第一次的订单不能撤销,甲公司又于7月20日回复认为乙公司的承诺已经逾期,合同不成立。

1. 甲公司于2021年5月10日的订单是(　　)。

A. 要约　　B. 要约邀请

2. 甲公司于7月初的通知的效力是(　　)。

A. 新要约

B. 对原要约的撤销,且批销有效

C. 对原要约的撤销,如果乙公司及时对此表示反对,则撤销无效

D. 对原要约的撤销,如果乙公司没有及时对此表示反对,则撤销无效

3. 乙公司于7月3日的回信是(　　)。

A. 有效的承诺,因为未超过有效期限

B. 无效的承诺,因为已经超过有效期限,而且甲公司已经及时提出反对

C. 不构成承诺,因为要约已经撤销

D. 有效的承诺,因为正常情况下,该信本来可以在要约有效期限内到达,且甲公司并没有及时以承诺逾期为理由表示反对

4. 如果乙公司在7月3日发出的信中没有对原订单表示是否接受,则(　　)。

A. 乙公司仍然有权接受原订单,只要接受的通知在7月10日以前到达甲公司

B. 乙公司仍然有权接受原订单,只要接受的通知在7月20日以前到达甲公司

C. 即使乙公司未在7月10日前接受原订单,仍然可以在7月20日以前降价20%接受订单

D. 如果乙公司未在7月10日前接受原订单,则不能再接受原订单

5. 如果乙公司在7月3日发出的信中表示同意降价10%,则此信(　　)。

A. 构成有效承诺　　B. 构成反要约

C. 视为同意甲公司撤销原要约　　D. 视为拒绝甲公司的新要约

## 单元练习

**一、判断题**

1. 当事人订立合同,可以采用书面形式、口头形式或者其他形式。(　　)

2. 合同是一种法律行为。(　　)

**二、填空题**

1. ____________被誉为“新时代人民权利的宣言书”。

2. ____________是希望与他人订立合同的意思表示,____________是希望他人向自己发出要约的表示。

**三、单选题**

1. 根据《中华人民共和国民法典》,合同的成立需经过(　　)。

A. 要约和承诺两个阶段　　B. 要约邀请、要约和承诺3个阶段

C. 承诺和要约两个阶段　　D. 承诺、要约邀请和要约3个阶段

2. 根据《中华人民共和国民法典》,下列变更中属于新要约的是(　　)的变更。

A. 要约确认方式　　B. 合同文件寄送方式　　C. 合同履行地点　　D. 承诺生效地点

3. 下列关于承诺的说法,正确的是(　　)。

A. 承诺期限自要约发出时开始计算　　B. 承诺通知一经发出不得撤回

C. 承诺可对要约的内容做出实质性变更　　D. 承诺的内容应当与要约的内容一致

4. 根据《中华人民共和国民法典》,下列关于格式条款合同的说法中,正确的是(　　)。

A. 格式条款合同类似于合同示范文本,应由政府主管部门拟定

B. 格式条款有两种以上解释的,应当遵循提供格式条款一方的解释

C. 格式条款和非格式条款不一致的,应采用格式条款

D. 对格式条款的理解发生争议的,应按通常理解予以解释

5. 根据合同原理,投标一般被认为是一种(　　)。

A. 要约邀请　　B. 要约　　C. 承诺　　D. 竞拍行为

6. 下列招标投标文件中,属于要约邀请文件的是(　　)。

A. 投标书　　B. 中标通知书　　C. 招标公告　　D. 答疑会议纪要

7. 撤销要约的,撤销要约的通知应当在(　　)到达受要约人。

A. 要约到达对方之后　　B. 受要约人发出承诺通知之后

C. 受要约人发出承诺通知之前　　D. 承诺到达对方之前

**四、多选题**

1.《建设工程施工合同(示范文本)》中,属于发包人的义务有(　　)。

A. 办理施工许可证　　B. 提供工程进度计划

C. 组织设计交底　　D. 做好施工现场地下管线的保护工作

E. 协调处理施工现场周围地下管线的保护工作

2. 按施工合同示范文本规定,应由承包人承担的工作包括(　　)。

A. 对施工作业和施工方法的完备性负责　　B. 提供施工场地

C. 提供进度统计报表　　D. 做好施工现场邻近建筑物、构筑物保护

# 单元2　合同的履行与保全

### 1. 合同的履行

《民法典》规定,当事人应当按照约定全面履行自己的义务。当事人应当遵循诚信原则,根据合同的性质、目的和交易习惯履行通知、协助、保密等义务。当事人在履行合同的过程中,应当避免浪费资源、污染环境和破坏生态。

合同相关各方应在合同实施过程中采用"计划—执行—检查—处置(PDCA)"方法定期跟踪合同执行情况,必要时采取适当的纠偏措施。在合同履行期间主要开展以下工作:

①对合同执行信息进行系统收集、分类处理，将合同执行情况与合同预期计划进行对比分析，查找合同执行过程中的偏差。

②定期对合同执行过程中出行的偏差进行定性、定量分析，以确定合同实施情况及存在的问题。

③根据查找的偏差结果制订合同纠偏的措施、方案，并及时与合同各方沟通协调。

④针对识别出的偏差、问题及时纠偏，改进实施情况并进行跟踪执行情况，直至落实完成合同内容为止。

1)合同履行应遵循的法律准则

合同履行过程中，需要合同各方按照合同条款中规定的义务、权利及相关法律法规执行合同内容，完成工程合同标的任务。在合同生效后，当事人不得因姓名、名称的变更或者法定代表人、负责人、承办人的变动而不履行合同义务。当事人应当按照合同约定全面履行自己的义务，遵循诚信原则，根据合同的性质、目的和交易习惯履行通知、协助、保密等义务。当事人在履行合同的过程中，应当避免浪费资源、污染环境和破坏生态。

合同生效后，当事人就质量、价款或者报酬、履行地点等内容没有约定或者约定不明确的，可以协议补充；不能达成补充协议的，按照合同相关条款或者交易习惯确定。

合同当事人就有关合同内容约定不明确，经协商后仍不能确定的，采用以下原则处理：

①质量要求不明确的，按照强制性国家标准履行；没有强制性国家标准的，按照推荐性国家标准履行；没有推荐性国家标准的，按照行业标准履行；没有国家标准、行业标准的，按照通常标准或者符合合同目的的特定标准履行。

②价款或者报酬不明确的，按照订立合同时履行地的市场价格履行；依法应当执行政府定价或者政府指导价的，依照规定履行。

③履行地点不明确，给付货币的，在接受货币一方所在地履行；交付不动产的，在不动产所在地履行；其他标的，在履行义务一方所在地履行。

④履行期限不明确的，债务人可以随时履行，债权人也可以随时请求履行，但是应当给对方必要的准备时间。

⑤履行方式不明确的，按照有利于实现合同目的的方式履行。

⑥履行费用的负担不明确的，由履行义务一方负担；因债权人原因增加的履行费用，由债权人负担。

执行政府定价或者政府指导价的，在合同约定的交付期限内政府价格调整时，按照交付时的价格计价。逾期交付标的物的，遇价格上涨时，按照原价格执行；价格下降时，按照新价格执行。逾期提取标的物或者逾期付款的，遇价格上涨时，按照新价格执行；价格下降时，按照原价格执行。

当事人互负债务，没有先后履行顺序的，应当同时履行。一方在对方履行之前有权拒绝其履行请求。一方在对方履行债务不符合约定时，有权拒绝其相应的履行请求。当事人互负债务，有先后履行顺序，应当先履行债务一方未履行的，后履行一方有权拒绝其履行请求。先履行一方履行债务不符合约定的，后履行一方有权拒绝其相应的履行请求。

应当先履行债务的当事人，有确切证据证明对方有下列情形之一的，可以中止履行：

①经营状况严重恶化；

②转移财产、抽逃资金，以逃避债务；

③丧失商业信誉；

④有丧失或者可能丧失履行债务能力的其他情形。

若合同当事人没有确切证据中止履行的，应当承担违约责任。

当事人依据合同规定及相关法律法规中止履行的，应当及时通知对方。对方提供适当担保的，应当恢复履行。中止履行后，对方在合理期限内未恢复履行能力且未提供适当担保的，视为以自己的行为表明不履行主要债务，中止履行的一方可以解除合同并可以请求对方承担违约责任。

在合同履行过程中，合同债权人分立、合并或者变更住所没有通知债务人，致使履行债务发生困难的，债务人可以中止履行或者将标的物提存。合同成立后，合同的基础条件发生当事人在订立合同时无法预见的、不属于商业风险的重大变化，继续履行合同对当事人一方明显不公平的，受不利影响的当事人可以与对方重新协商；在合理期限内协商不成的，当事人可以请求人民法院或者仲裁机构变更或者解除合同。人民法院或者仲裁机构应当结合案件的实际情况，根据公平原则变更或者解除合同。

2）电子合同

电子合同也属于书面合同的一种表现形式，对此我国《民法典》明确规定，以电子数据交换、电子邮件等方式能够有形地表现所载内容，并可以随时调取查用的数据电文，视为书面形式。

公路工程电子合同范本

通过互联网等信息网络订立的电子合同的标的为交付商品并采用快递物流方式交付的，收货人的签收时间为交付时间。电子合同的标的为提供服务的，生成的电子凭证或者实物凭证中载明的时间为提供服务时间；前述凭证没有载明时间或者载明时间与实际提供服务时间不一致的，以实际提供服务的时间为准。电子合同的标的物为采用在线传输方式交付的，合同标的物进入对方当事人指定的特定系统且能够检索识别的时间为交付时间。电子合同当事人对交付商品或者提供服务的方式、时间另有约定的，按照其约定。

**2. 合同的保全**

合同保全是指合同当事人通过行使代位权和撤销权，防止债务人的财产不当减少或恢复债务人的财产，从而保障债权人合法权益的得以实现。合同保全有两种方法，即行使代位权和行使撤销权。

1）行使代位权

《民法典》中规定，影响债权人的到期债权实现的，债权人可以向人民法院请求以自己的名义代位行使债务人对相对人的权利，但是该权利专属于债务人自身的除外。代位权的行使范围以债权人的到期债权为限。债权人行使代位权的必要费用，由债务人负担。相对人对债务人的抗辩，可以向债权人主张。

债权人的债权到期前，债务人的债权或者与该债权有关的从权利存在诉讼时效期间即将届满或者未及时申报破产债权等情形，影响债权人的债权实现的，债权人可以代位向债务人的相对人请求其向债务人履行、向破产管理人申报或者作出其他必要的行为。人民法院认定代位权成立的，由债务人的相对人向债权人履行义务。债权人接受履行后，债权人与债务人、债务人与相对人之间相应的权利义务终止。债务人对相对人的债权或者与该债权有关的从权利被采取保全、执行措施,或者债务人破产的,依照相关法律的规定处理。

**知识链接**

代位权是债权人代替债务人向债务人的债务人(即次债务人)主张权利,体现了债的对外效力。

债权人主要是指预付款者,有权请求他方为特定行为的权利主体,是指那些对企业提供需偿还的融资的机构或个人,包括给企业提供贷款的机构或个人(贷款债权人)和以出售货物或劳务形式提供短期融资的机构或个人(商业债权人)。

债务人通常是指根据法律或合同契约的规定,在借债关系中对债权人负有偿还义务的人。在财务会计学的术语中,债务人是指欠别人钱的实体或个人。

2)行使撤销权

《民法典》规定,债务人以放弃其债权、放弃债权担保、无偿转让财产等方式无偿处分财产权益,或者恶意延长其到期债权的履行期限,影响债权人的债权实现的,债权人可以请求人民法院撤销债务人的相关行为来保全债权人的合同权益。

债务人以明显不合理的低价转让财产、以明显不合理的高价受让他人财产或者为他人的债务提供担保,影响债权人的债权实现,债务人的相对人知道或者应当知道该情形的,债权人可以请求人民法院撤销债务人的行为。撤销权的行使范围以债权人的债权为限。债权人行使撤销权的必要费用,由债务人负担。

撤销权自债权人知道或者应当知道撤销事由之日起一年内行使。自债务人的行为发生之日起五年内没有行使撤销权的,该撤销权消灭。债务人影响债权人的债权实现的行为被撤销的,自始没有法律约束力。

**典型案例**

人民法院生效判决认定,某公司甲(被告)拖欠某搅拌站(原告)300万元货款及利息。某公司乙(被告)曾经欠甲公司500万元工程款,现有证据仅可证明其向甲公司支付了200万元。某搅拌站起诉请求某公司乙向其支付300万元及利息。一、二审人民法院均认为,本案中,某搅拌站作为债权人,以债务人甲公司怠于行使对次债务人某公司乙的债权为由提起代位权诉讼,符合法律规定。某公司乙应向某搅拌站直接清偿甲公司拖欠某搅拌站的货款及利息等。在实际清偿后,某建设公司与甲公司之间相应的债权债务关系即予消灭。

【焦点分析】

本案涉及《民法典》第五百三十五条和第五百三十七条关于债权人代位权行使方法的规定。本案中,甲公司拖欠某搅拌站的货款,某建设公司拖欠甲公司的工程款,且因甲公司怠于行使其对某建设公司的欠款影响了某搅拌站到期债权的实现。根据《民法典》第五百三十五条,某搅拌站主张行使代位权的条件成立。根据《民法典》第五百三十七条的规定,人民法院认定代位权成立的,由债务人的相对人向债权人履行义务。债权人接受履行后,债权人与债务人、债务人与其相对人之间相应的权利义务终止。本案人民法院判决次债务人某公司乙直接向某搅拌站在某搅拌站对甲公司享有的债权范围内向其履行债务,在实际清偿后,某公司乙与甲公司之间相应的债权债务关系即予消灭。该判决于法有据。

**典型案例**

甲公司欠某国土局(原告)土地征用费。乙公司(被告)是甲公司股东,法院生效裁定认为,乙公司应在注册资金范围内对某国土局承担责任。而某招商投资公司(被告)拖欠乙公司款项,双方曾约定以土地使用权作价抵偿,但未履行。某国土局提起代位权诉讼,请求判令由某招商房地产公司履行乙公司对某国土局的债务。一审人民法院认为,乙公司对招商投资公司享有的是土地使用权给付之债,非金钱之债,不符合代位权行使要件。二审人民法院认为,某招商局投资公司系经改制而来,根据改制过程中的《债权、债务及资产处置协议》,招商投资公司不承担原招商局公司对某国土局公司的债务。再审人民法院认为:其一,某国土局对改制前的某招商局公司行使代位权的要件已经齐备。乙公司与某招商局公司协议以土地作价清偿的约定是代物清偿法律关系,但由于该代物清偿协议并未实际履行,双方原来的金钱债务并未消灭。其二,依据《最高人民法院关于审理与企业改制相关的民事纠纷案件若干问题的规定》确立的基本原则,改制后的某招商投资公司应对原招商局公司的债务承担责任。故对原告的请求应予支持。

【焦点分析】

本案涉及《民法典》第三百三十五条关于债权人代位权的规定。该规定以《中华人民共和国合同法》第七十三条为基础,对债权人行使代位权的情形予以进一步完善。本案的争议焦点是某国土局能否对某招商投资公司行使代位权。

首先,某国土局对改制前的某招商局公司的代位权成立。本案中,乙公司是某国土局的债务人。而某招商局公司拖欠乙公司 3 481.55 万元的债务并约定以某项目用地土地使用权抵偿,但未履行。依据民法基本原理,新债不履行,旧债不消灭,因此,乙公司仍对某招商局公司享有金钱债权,某国土局对某招商局公司的代位权成立。此外,《民法典》第五百三十五条第 1 款并未限制债务人对次债务人的债权为金钱债权。其次,根据法人财产原则和企业债务承继原则以及《最高人民法院关于审理与企业改制相关的民事纠纷案件若干问题的规定》第五条关于"企业通过增资扩股或者转让部分产权,实现他人对企业的参股,将企业整体改造为有限责任公司或者股份有限公司的,原企业债务由改造后的新设公司承担"的规定,原招商局公司对乙公司的债务应由改制后的招商投资公司承担。

# 单元练习

## 一、判断题

1. 合同的履行以有效的合同为前提和依据,因为无效合同从订立之时起就没有法律效力,不存在合同履行的问题。 (　　)

2. 合同生效后,当事人就质量、价款或者报酬、履行地点等内容没有约定或者约定不明确的,可以协议补充。 (　　)

## 二、填空题

1. 电子合同也属于__________的一种表现形式。

2. 合同约定不明确,采用以下原则处理:履行地点不明确,给付货币的,在__________所在地履行；交付不动产的，在____________所在地一方履行。

**三、单选题**

1. 合同保全的目的是(　　)。

A. 保护债务人的利益　　B. 保护债权人的利益

C. 保护第三人的利益　　D. 保护债务人与债权人的共同利益

3. 当事人约定由债务人向第三人履行债务的，当债务人不履行债务时，应向(　　)承担违约责任。

A. 债权人　　B. 债务人　　C. 第三人　　D. 公证人

4. 履行合同的原则错误的是(　　)。

A. 亲自履行原则　　B. 权利义务不统一原则

C. 全面履行原则　　D. 协作履行原则

5. 合同撤销权的行使范围是(　　)。

A. 以债权人的债权为限

B. 以债务人能够偿还的债务为限

C. 以债权人的债权加上一定的惩罚为限

D. 以债务人的所有债务为限

6. 下列有关合同履行中行使代位权的说法，正确的是(　　)。

A. 债权人必须以债务人的名义行使代位权

B. 债权人代位权的行使必须取得债务人的同意

C. 代位权行使的费用由债权人自行承担

D. 债权人代位权的行使必须通过诉讼程序且范围以债权为限

**四、多选题**

1. 关于合同撤销权的说法正确的是(　　)。

A. 可撤销合同只涉及当事人意思表示不真实的问题

B. 具有撤销权的人自知道或应该知道撤销事由之日起1年未行使撤销权，该权消灭

C. 具有撤销权的当事人知道撤销事由后明确表示或以自己的行为放弃撤销权

D. 合同撤销的后果与合同无效的后果不同

E. 当事人提出请求是合同被变更、撤销的前提

2. 根据《中华人民共和国民法典》，应当先履行债务的当事人，有确切证据证明对方____________的，可以终止履行债务。

A. 免除自己主要责任　　B. 抽逃资金以逃避债务

C. 经营状况良好　　D. 转移财务以逃避债务

E. 丧失商业信誉

## 单元3　合同的变更、转让与终止

工程建设的复杂性和不确定性，随着项目的逐步实施，经常会出现新情况、新问题，可能发生合同变更、转让、终止等问题，随之产生资源投入变化、费用变化和对工期的影响，容易导致合

同双方的利益冲突,需要合同双方提前预判、及时灵活处理,做好关于合同变更、转让、终止的合同管理工作,将合同双方各自的损失降到最低、利益提高最大。

**1. 合同变更**

合同变更管理包括变更依据、变更范围、变更程序、变更措施的制定和实施,以及对变更的检查和信息反馈。合同相关各方应按照规定实施合同变更的管理工作,将变更文件和要求传递到合同各方相关人员。

合同变更应当符合下列条件:

①变更的内容应符合合同约定及法律法规规定。变更超过原设计标准或者批准规模时,应由当事方按照规定程序办理变更审批手续。

②变更或变更异议的提出,应符合合同约定及法律法规规定的程序和期限。

③变更应经当事方或其授权人员签字或盖章后实施。

④变更对合同价格及工期有影响时,相应调整合同价格和合同工期。

《民法典》明确规定合同当事人协商一致,可以变更合同。当事人对合同变更的内容约定不明确的,推定为未变更。

(1)合同的变更须经当事人双方协商一致

如果双方当事人就变更事项达成一致意见,则变更后的内容取代原合同的内容,当事人应当按照变更后的内容履行合同。如果一方当事人未经对方同意就改变合同的内容,不仅变更的内容对另一方没有约束力,其做法还是一种违约行为,应当承担违约责任。

(2)对合同变更内容约定不明确的推定

合同变更的内容必须明确约定。如果当事人对合同变更的内容约定不明确,则将被推定为未变更。任何一方不得要求对方履行约定不明确的变更内容。

(3)合同基础条件变化的处理

合同成立后,合同的基础条件发生了当事人在订立合同时无法预见的、不属于商业风险的重大变化,继续履行合同对当事人一方明显不公平的,受不利影响的当事人可以与对方重新协商;在合理期限内协商不成的,当事人可以请求人民法院或者仲裁机构变更或者解除合同。

**2. 合同权利义务的转让**

合同的转让是指当事人一方将其合同权利、合同义务或者合同权利义务,全部或者部分转让给第三人。合同的转让,也就是合同主体的变更,准确地说是合同权利、义务的转让,即在不改变合同关系内容的前提下,使合同的权利主体或者义务主体发生变动。合同转让,只是改变履行合同权利和义务的主体,并不改变原订的合同权利和义务,转让后的权利人或义务人所享有的权利或义务仍是原合同约定的,因此,转让合同并不引起合同内容的变更,其内容应与原合同内容一致。

1)合同权利(债权)的转让

《民法典》明确规定,债权人可以将债权的全部或者部分转让给第三人,但是下列情形不得转让债权:

①根据债权性质不得转让。债权是按照合同约定或者依照法律的规定,在当事人之间产生的特定的权利和义务关系,也称为债权关系或者债的关系。

在债权关系中,享有权利的人为债权人,负有义务的人为债务人。债权人享有的权利为债权,债务人承担的义务为债务。债权就是在债的关系中,一方(债权人)请求另一方(债务人)为一定行为或者不为一定行为的权利。债权和债务一起共同构成债的内容。如果债权随意转让给第三人,会使债权债务关系发生变化,违反当事人订立合同的目的,使当事人的合法利益得不到应有的保护。

②按照当事人约定不得转让。当事人订立合同时可以对债权的转让做出特别的约定,禁止债权人将债权转让给第三人。这种约定是当事人意思的真实表示,同时不违反法律禁止性规定,即对当事人产生法律的效力。当事人约定非金钱债权不得转让的,不得对抗善意第三人。

③依照法律规定不得转让。《民法典》规定,最高额抵押担保的债权确定前,部分债权转让的,最高额抵押权不得转让,但是当事人另有约定的除外。最高额抵押担保的债权确定前,抵押权人与抵押人可以通过协议变更债权确定的期间、债权范围以及最高债权额。但是,变更的内容不得对其他抵押权人产生不利影响。

《民法典》规定,债权人转让债权,未通知债务人的,该转让对债务人不发生效力。债权转让的通知不得撤销,但是经受让人同意的除外。债务人接到债权转让通知后,债务人对让与人的抗辩,可以向受让人主张。

抗辩权是指债权人行使债权时,债务人根据法定事由对抗债权人行使请求权的权利。债务人的抗辩权是其固有的一项权利,并不随权利的转让而消灭。在权利转让的情况下,债务人可以向新债权人行使该权利。受让人不得以任何理由拒绝债务人权利的行使。

债权人转让债权的,受让人取得与债权有关的从权利,但是该从权利专属于债权人自身的除外。受让人取得从权利不应该从权利未办理转移登记手续或者未转移占有而受到影响。

#### 2)合同义务(债务)的转让

《民法典》规定,债务人将债务的全部或者部分转移给第三人的,应当经债权人同意。债务人或者第三人可以催告债权人在合理期限内予以同意,债权人未作表示的,视为不同意。

债务转移分为两种情况:一是债务的全部转移,在这种情况下,新的债务人完全取代了旧的债务人,新的债务人负责全面履行债务;另一种情况是债务的部分转移,即新的债务人加入原债务中,与原债务人一起向债权人履行义务。

#### 3)合同中权利和义务一并转让

《民法典》规定,当事人一方经对方同意,可以将自己在合同中的权利和义务一并转让给第三人。合同的权利和义务一并转让的,适用债权转让、债务转移的有关规定。权利和义务一并转让,是指合同一方当事人将其权利和义务一并转移给第三人,由第三人全部接受这些权利和义务。权利义务一并转让的后果,导致原合同关系的消灭,第三人取代了转让方的权利义务,产生一个新的合同关系。合同的权利和义务一并转让的,适用债权转让、债务转移的有关规定。

### 3. 合同终止

合同终止是指依法生效的合同,因具备法定的或当事人约定的情形,合同的债权、债务归于消灭,债权人不再享有合同的权利,债务人也不再履行合同的义务。

《民法典》规定,有下列情形之一的,债权债务终止:

①债务已经履行;

②债务相互抵销；

③债务人依法将标的物提存；

④债权人免除债务；

⑤债权债务同归于一人；

⑥法律规定或者当事人约定终止的其他情形。

合同解除的，该合同的权利义务关系终止。债权债务终止时，债权的从权利同时消灭，但是法律另有规定或者当事人另有约定的除外。

1）合同终止的特征

合同的终止是指合同有效成立后，当具备法律规定的合同解除终止条件时，因当事人一方或双方的意思表示而使合同关系归于消灭的行为。

合同终止具有如下特征：

①适用于合法有效的合同。

②合同终止须具备法律规定的条件。非依照法律规定，当事人不得随意终止解除合同。

③合同终止须有终止解除的行为。无论哪一方当事人享有终止合同的权利，其必须向对方提出终止合同的意思表示，才能达到合同终止的法律后果。

④合同终止使合同关系自始消灭或者向将来消灭，可视为当事人之间未发生合同关系，或者合同尚存的权利义务不再履行。

2）合同终止解除的种类

约定解除合同。《民法典》规定，当事人协商一致，可以解除合同。当事人可以约定一方终止合同的事由。解除合同的事由发生时，终止权人可以解除合同。

法定解除合同。《民法典》规定，有下列情形之一的，当事人可以解除合同：

①因不可抗力致使不能实现合同目的；

②在履行期限届满前，当事人一方明确表示或者以自己的行为表明不履行主要债务；

③当事人一方延迟履行主要债务，经催告后在合理期限内仍未履行；

④当事人一方延迟履行债务或者有其他违约行为致使不能实现合同目的；

⑤法律规定的其他情形。

以持续履行的债务为内容的不定期合同，当事人可以随时解除合同，但是应当在合理期限之前通知对方。

法定解除是法律直接规定终止合同的条件，当条件具备时，解除权人可直接行使解除终止权；约定解除则是双方的法律行为，单方行为不能导致合同的解除。

3）合同终止解除的程序

《民法典》规定，当事人一方依法主张解除合同的，应当通知对方。合同自通知到达对方时解除；通知载明债务人在一定期限内不履行债务则合同自动解除，债务人在该期限内未履行债务的，合同自通知载明的期限届满时解除。对方对解除合同有异议的，任何一方当事人均可以请求人民法院或者仲裁机构确认解除行为的效力。当事人一方未通知对方，直接以提起诉讼或者申请仲裁的方式依法主张解除合同，人民法院或者仲裁机构确认该主张的，合同自起诉状副本或者仲裁申请书副本送达对方时解除。当事人对异议期限有约定的依照约定，没有约定的，最长期为3个月。

法律规定或者当事人约定解除权行使期限，期限届满当事人不行使的，该权利消灭。法律没有规定或者当事人没有约定解除权行使期限，自终止解除权人知道或者应当知道解除事由之日起一年内不行使，或者经对方催告后在合理期限内不行使的，该权利消灭。当事人一方依法主张解除合同的，应当通知对方。合同自通知到达对方时解除；通知载明债务人在一定期限内不履行债务则合同自动解除，债务人在该期限内未履行债务的，合同自通知载明的期限届满时解除。对方对解除合同有异议的，任何一方当事人均可以请求人民法院或者仲裁机构确认解除行为的效力。

当事人一方未通知对方，直接以提起诉讼或者申请仲裁的方式依法主张解除合同，人民法院或者仲裁机构确认该主张的，合同自起诉状副本或者仲裁申请书副本送达对方时解除。

合同解除后，尚未履行的，终止履行；已经履行的，根据履行情况和合同性质，当事人可以请求恢复原状或者采取其他补救措施，并有权请求赔偿损失。合同因违约解除的，解除权人可以请求违约方承担违约责任，但是当事人另有约定的除外。

对主合同实行担保的，主合同解除后，担保人对债务人应当承担的民事责任仍应当承担担保责任，但是担保合同另有约定的除外。合同的权利义务关系终止，不影响合同中结算和清理条款的效力。

**典型案例**

标的物不适于提存或者提存费用过高的，债务人依法可以拍卖或者变卖标的物，提存所得的价款。

2020年1月24日，甲某向乙某（原告）借款500 000元并出具借条一份，内容载明“今有甲某向乙某借人民币500 000元，借期半年，2020年6月30日之前归还”。同日，甲某、丙某、丁某（被告）与乙某签订协议一份，内容载明“今有甲某、丙某、丁某向乙某借人民币500 000元，按借条2020年6月30日前归还”。同年6月30日，甲某和乙某签订还款协议一份，内容载明：“甲某共计向乙某借款500 000元，甲某承诺还款方式为分期还款，2021年2月8日前还款180 000元，2022年2月7日前还款180 000元，2022年5月27日前还款140 000元，任何一期不付，乙某有权就剩余金额一并主张。借款利率为月息1%，如甲某未能按时偿还本金及利息，甲某应当承担逾期利息，逾期利息以本金为基数，按每日万分之六计算，因甲某违约，乙某为实现债权所产生的费用（包括但不限于诉讼费、律师费等）由甲某及担保人承担。”2021年6月9日，乙某具状诉至法院要求甲某、丙某、丁某归还借款利息等。

被告丙某、丁某辩称：2020年6月30日，乙某与甲某签订的还款协议是对之前借款事实的补充协议，是对原借款合同的变更，该协议中除了甲某在借款人处签名，他二人既未在借款人处也未在担保人处签字。乙某以默示方式免除了对丙某、丁某的债务。法院认为，该还款协议中由甲某确认了借款金额、还款期限，并签字确认。

在无其他证据证明时应当视为乙某和甲某之间达成的协议，该协议与丙某、丁某无涉，因此对于丙某、丁某的主张，法院不予采信，判令甲某、丙某、丁某应于本判决发生法律效力之日起10日内返还乙某借款本金500 000元。

【焦点分析】

本案争议焦点是乙某与甲某2020年6月30日签订的还款协议是否免除了对丙某、丁某的债务。在合同成立生效之后，各方当事人的权利义务随即确定，合同变更会对当事人的权利义务造成严重影响。为维护原合同的稳定性，保障当事人之间利益关系原有的格局，法律规定合同变更不得进行推定，必须要有明确的意思表示。本案中，乙某与甲某2020年6月30日签订的还款协议中并未就免除丙某、丁某债务进行约定，并且甲某此时已经出现违约，如果乙某继续变更合同免除丙某、丁某的债务将会加剧债权不能实现的风险，债权人乙某也无变更合同的动机，不应认定为双方已经变更了合同。

## 单元练习

### 一、判断题

1. 合同变更应经当事方或其授权人员签字或盖章后实施。（　　）

2. 在合同转让的过程中，债务人或者第三人可以催告债权人在合理期限内予以同意，债权人未作表示的，视为同意。（　　）

### 二、填空题

1. 合同转让并不引起____________的变更，其内容应与原合同内容一致。

2. 合同终止解除的种类有____________和____________。

### 三、选择题

1. 合同变更，即双方当事人依法对合同的内容进行修改的时段应是在（　　）。

A. 工程开工以后合同履行完毕以前　　B. 合同成立以后和工程竣工以前

C. 合同成立以后和履行完毕以前　　D. 合同成立以前和履行完毕以后

2. 在合同履行过程中，若发生有关工程变更情形，按照合同约定的变更程序，正确的做法是（　　）。

A. 承包人发出变更意向书，监理人提出书面变更建议

B. 书面变更建议应该在收到变更意向书28天内提出

C. 变更与否，监理人要与发包人共同研究确认

D. 变更指示应在收到变更书面建议的28天内做出

3. 下列不属于权利义务终止情形的是（　　）。

A. 债务已经按照约定履行　　B. 债务抵消一部分

C. 债权债务归于同一人　　D. 债务人依法将标的物提存

4. 根据《中华人民共和国民法典》，债务转让合同债务应当（　　）。

A. 通知债权人　　B. 与债权人协商

C. 经过债权人的同意　　D. 重新签订合同

5. 关于施工合同解除的说法，正确的是（　　）。

A. 合同约定的期限内承包人没有完工、发包人可以解除合同

B. 发包人未按约定支付工程价款,承包人可以解除合同

C. 承包人将承包的工程非法转包,发包人可以解除合同

D. 承包人已经完工的建设工程质量不合格,发包人可以解除合同

6. 关于承揽合同解除的说法,正确的是(　　)。

A. 定作人不履行协助义务致使承揽工作不能完成的,承揽人即可解除合同

B. 承揽人将其承揽的主要工作交由第三人完成的,定作人可以解除合同

C. 承揽人可以随时解除承揽合同,造成定作人损失的,应当承担赔偿责任

D. 定作人可以随时解除承揽合同,造成承揽人损失的,应当承担赔偿责任

**四、多选题**

1. 合同解除的情形有(　　)。

A. 债务相互抵消

B. 因不可抗力致使不能实现合同目的

C. 债权人免除债务

D. 在履行期限届满之前,当事人一方明确表示或者以自己的行为表明不履行主要债务

E. 债权债务同归于一人

2. 在下列关于合同变更的表述中,正确的是,合同变更(　　)。

A. 须经当事人协商一致　　B. 可由政府部门作出

C. 是对合同内容的变更　　D. 是对合同当事人的变更

E. 内容约定不明的,推定为未变更

## 单元4 合同的违约责任与争议解决

### 1. 合同的违约责任及解决方式

#### 1) 违约责任的概念

违约责任是指合同当事人因违反合同义务所承担的责任。《民法典》规定,当事人一方不履行合同义务或者履行合同义务不符合约定的,应承担继续履行、采取补救措施或者赔偿损失等违约责任。

合同违约责任具有下列特点:

①违约责任的产生是以合同当事人不履行合同义务为前提的;

②违约责任具有相对性;

③违约责任主要具有补偿性,即旨在弥补或补偿违约行为造成的损害后果;

④违约责任可以由合同当事人约定,但约定不符合法律要求的,将会被宣告无效或被撤销;

⑤违约责任是民事责任的一种形式。

《民法典》规定,当事人一方明确表示或者以自己的行为表明不履行合同义务的,对方可以在履行期限届满前请求其承担违约责任。违约方承担违约责任,一是合同一方当事人发生了违约行为;二是非违约方只需证明违约方的行为不符合合同约定,便可以要求其承担违约责任,而不需要证明其主观上是否具有过错;三是违约方若想免于承担违约责任,必须举证证明其存定

的或约定的免责事由，而法定免责事由主要限于不可抗力，约定的免责事由主要是合同中的免责条款。

2）违约方承担违约责任的方式

合同一方当事人违反合同义务，承担违约责任的形式主要有继续履行、采取补救措施、停止违约行为、赔偿损失、支付违约金或定金等。

（1）继续履行

《民法典》规定，当事人一方不履行合同义务或者履行合同义务不符合约定的，应继续履行、采取补救措施或赔偿损失等违约责任。是否要求违约方继续履行合同义务是非违约方的一项权利，违约方若明确表示不具备继续履行合同义务的条件，违约方承担相应损失赔偿责任。继续履行可以与违约金、定金、赔偿损失并用，但不能与解除合同的方式并用。

（2）支付违约金和定金

违约金有法定违约金和约定违约金两种。由法律规定的违约金为法定违约金；由当事人之间自行约定的违约金为约定违约金。

《民法典》规定，当事人可以约定一方违约时应当根据违约情况向对方支付一定数额的违约金，也可以约定因违约产生的损失赔偿额的计算方法。约定的违约金低于造成的损失的，人民法院或者仲裁机构可以根据当事人的请求予以增加。约定的违约金过分高于造成的损失的，人民法院或者仲裁机构可以根据当事人的请求予以适当减少。

当事人也可以约定一方向另一方给付定金作为债权的担保。定金合同自实际交付定金时成立。定金的数额由当事人约定；但是，不得超过主合同标的额的20%，超过部分不产生定金的效力。实际交付的定金数额多于或者少于约定数额的，视为变更约定的定金数额。债务人履行债务的，定金应当抵作价款或者收回。给付定金的一方不履行债务或者履行债务不符合约定，致使不能实现合同标的情况的，无权请求返还定金：收受定金的一方不履行债务或者履行债务不符合约定，致使不能实现合同目的的，应当双倍返还定金。

当事人既约定违约金，又约定定金的，一方违约时，对方可以选择适用违约金或者定金条款。定金不足以弥补一方违约造成的损失的，对方可以请求赔偿超过定金数额的损失。

3）违约责任的免除

在合同履行过程中，如果出现法定的免责条件或合同约定的免责事由，违约人将免于承担违约责任。我国的《民法典》仅承认不可抗力为法定的免责事由。《民法典》规定，当事人一方因不可抗力不能履行合同的，根据不可抗力的影响，部分或者全部免除责任，但是法律另有规定的除外。

因不可抗力不能履行合同的，应当及时通知合同债权方，以减轻可能给对方造成的损失，并应当在合理期限内提供证明。当事人迟延履行后发生不可抗力的，不免除其违约责任。

**2. 合同争议及解决途径**

合同争议是指合同当事人对于权利行使、义务履行与利益分配有不同的观点、意见、请求的法律事实。合同争议的特点如下：

①发生在合同连续性的过程中。

②合同争议的主体双方须是合同法律关系的主体。此类主体既包括自然人，也包括法人和其他组织。

③合同争议的内容主要表现在争议主体对导致合同法律关系产生、变更与消灭的法律事实以及法律关系的内容有着不同的观点与看法。

合同争议的法律解决途径主要有4种,分别是和解、调解、仲裁和诉讼。当事人不愿和解、调解或者和解、调解不成的,可以根据仲裁协议向仲裁机构申请仲裁。当事人没有订立仲裁协议或者仲裁协议无效的,可以向人民法院起诉。当事人应当履行发生法律效力的判决、仲裁裁决、调解书;拒不履行的,对方可以请求人民法院执行。

1)和解

和解是指争议的合同当事人,依据有关的法律规定和合同约定,在互谅互让的基础上,经过谈判和磋商,自愿对争议事项达成协议,从而解决合同争议的一种方法。和解的特点在于无须第三者介入,简便易行,能及时解决争议,并有利于双方的协作和合同的继续履行。但由于和解必须以双方自愿为前提,因此,当双方分歧严重及一方或双方不愿协商解决争议时,和解方式往往受到局限。

2)调解

调解是争议当事人在第三方的主持下,通过其劝说引导,在互谅互让的基础上自愿达成协议,以解决合同争议的一种方式。调解也是以公平合理、自愿平等为原则。在实践中,依调解人的不同,合同的调解有民间调解、仲裁机构调解和法庭调解3种。

调解解决合同争议可以不伤和气,使双方当事人互相谅解,有利于促进合作。但这种方式受当事人自愿的局限,如果当事人不愿调解,或调解不成时,则应及时采取仲裁或诉讼以最终解决合同争议。

3)仲裁

仲裁是指发生争议的双方当事人,根据其在争议发生前或争议发生后所达成的协议,自愿将该争议提交中立的第三者进行裁判的争议解决制度和方式。仲裁具有自愿性、专业性、灵活性、保密性、快捷性、经济性和独立性等特点。

(1)仲裁委员会

仲裁委员会可以在直辖市和省、自治区人民政府所在地的市设立,也可以根据需要在其他设区的市设立,不按行政区划层层设立。

仲裁委员会由主任1人、副主任2~4人、委员7~11人组成。

(2)仲裁规则

仲裁规则可以由仲裁机构制定,某些内容甚至也可以允许当事人自行约定,但是仲裁规则不得违反仲裁法中对程序方面的强制性规定。一般来说,仲裁规则由仲裁委员会自己制定。

涉外仲裁机构的仲裁规则由中国国际商会制定。

(3)仲裁协议

仲裁协议是指双方当事人自愿把他们之间已经发生或者将来可能发生的合同纠纷及其他财产性权益争议提交仲裁解决的协议。请求仲裁必须是双方当事人共同的意思表示,必须是双方协商一致的基础上真实意思的表示,必须是有利害关系的双方当事人的意思表示。

仲裁协议应以书面形式作出。仲裁协议的内容包括:

①仲裁事项,提交仲裁的争议范围。

②选定的仲裁委员会。

(4)仲裁庭的组成

仲裁庭可以由3名仲裁员或1名仲裁员组成。由3名仲裁员组成的,设首席仲裁员。仲裁庭分合议仲裁庭和独任仲裁庭。

4)诉讼

诉讼作为一种合同争议解决方法,是指人民法院在当事人和其他诉讼参与人参加下,审理和解决民事案件的活动以及在这种活动中产生的各种同事关系的总和,在诉讼过程中,法院始终居于主导地位,代表国家行使审判权,是解决争议案件的主持者和审判者,而当事人则各自基于诉讼法所赋予的权利,在法院的主持下为维护自己的合法权益而活动。

(1)诉讼主管

法院受理民事案件的权限,即确定法院与其他国家机关,社会团体之间解决民事纠纷的分工和权限。

(2)诉讼管辖

各级人民法院之间和同级人民法院之间受理第一审民事案件的分工和权限,我国民事诉讼法将管辖分为级别管辖、地域管辖、移送管辖和指定管辖。级别管辖是按照一定的标准,划分上下级人民法院之间受理第一审民事案件的分工和权限;地域管辖是按照各级人民法院的辖区和民事案件的隶属关系来划分诉讼管辖;移送管辖是人民法院在受理民事案件后,发现自己对案件并无管辖权,依法将案件移送至有管辖权的人民法院审理;指定管辖是上级人民法院以裁定方式,指定下级人民法院对某一案件行使管辖权。

(3)诉讼程序

我国民事诉讼法将审判程序分为:第一审普通程序、简易程序、第二审程序、特别程序。第一审普通程序是人民法院审理民事案件通常所适用的程序,其包括起诉与受理、审理前的准备,开庭审理几个阶段,其中开庭程序又分为准备开庭、法庭调查、法庭辩论、评议和宣判,而需要指出的是,仲裁和诉讼这两种争议解决的方式只能选择其中一种,当事人可以根据实际情况选择仲裁或诉讼;简易程序适用于基层人民法院和其指派的法庭审理事实清楚、权利义务关系明确、争议不大的简单的民事案件;第二审程序适用于当事人不服当地人民法院第一审判决的,有权在判决书送达之日起15日内向上一级人民法院提出上诉;特别程序适用于人民法院审理选民资格案件、宣告始终或者宣告死亡案件、认定公民无民事行为能力或者限制民事行为能力案件和认定财产无主案件。

**典型案例**

2020年5月至2021年3月期间,甲公司(原告)与王某(被告)之间发生矿粉买卖关系。2020年9月1日经双方对账结算,王某共欠甲公司货款、承兑贴息、代付运费及借款合计197 846.95元。

王某在对账单上签字并予以确认。由于王某一直未缴清该款项,甲公司将王某诉至法庭,并要求其偿还该款项和赔付相关利息。法院认为,甲公司与王某之间的买卖合同系双方真实意思表示,且符合法律规定,该合同是合法有效的,对合同双方具有法律约束力,双方应当按约定全面履行自己的义务,甲公司按约提供货物矿粉,王某应当履行支付货款的义务。王某辩称原告诉请已过诉讼时效，但2020年9月1日双方对账结算，并未明确约定还款期限，诉讼时效应当从债权人要求债务人履行义务的宽限期届满之日起计算，甲公司诉请并未超过诉讼时效，对王某该抗辩理由不予采信。故甲公司要求王某支付货款197 846.95元的请求，符合法律规定，本院予以支持。买受人的逾期付款其实是变相地占用了出卖人的资金，这种损失对出卖人来说实际上是资金被占用的利息损失。故原告请求被告赔偿利息损失于法有据。

因原告、被告对付款期限未明确约定，也未提供相关催要欠款的证据，本院予以适当调整为自起诉之日起计算逾期付款利息，利率为中国人民银行同期贷款基准利率。

【焦点分析】

根据《民法典》第五百八十三条的规定，当事人一方不履行合同义务或者履行合同义务不符合约定的，在履行义务或者采取补救措施后，对方还有其他损失的，应当赔偿损失。承担违约责任只是原合同目的的实现方式，若受损害一方因对方违约而造成了额外的损失得不到赔偿，违约责任制度的设计就不够完善。因而法律规定，当违约方承担了继续履行和采取补救措施之后，对方当事人还有其他损失的，违约方当承担这些损失的赔偿责任。正如在本案中，王某拒绝支付甲公司197 846.95元资金，并且甲公司的请求因为与对方对账结算故而并未超过诉讼时效，可以说，买受人的逾期付款实际上是变相占用了出卖人的资金，进而造成了出卖人的利息损失。因而，法院支持原告要求被告赔偿利息损失的诉求于法有据，合情合理。

## 单元练习

**一、判断题**

1. 在合同履行过程中，如果出现法定的免责条件或合同约定的免责事由，违约人将免于承担违约责任。 （　　）

2. 仲裁作为一种合同争议解决方法，是双方当事人在人民法院的参与下完成的。 （　　）

**二、填空题**

1. 合同履行过程中出现违约的，违约金可分为__________和__________两种。

2. 合同的调解有__________、__________和__________3种。

**三、单选题**

1. 当事人双方既约定违约金，又约定定金的合同，一方当事人违约时，对违约行为的赔偿处理原则是（　　）。

A. 只能采用违约金

B. 同时采用违约金和定金

C. 由非违约方选择采用违约金或定金

D. 由违约方选择采用违约金或定金

2. 甲、乙两公司因合同纠纷申请仲裁，在审理过程中，双方自行和解达成和解协议，请求仲裁庭根据和解协议制作裁决书。之后甲反悔,对此事件,下述说法中正确的是(　　)。

A. 该裁决书无效

B. 甲应当履行裁决书

C. 甲可以就裁决事项提起诉讼

D. 甲可以就裁决事项再行申请仲裁

3. 关于合同争议和解的说法,正确的是(　　)。

A. 诉前和解成立的,当事人不得任意反悔要求撤销

B. 诉中和解达成协议的,即可结束全部或部分诉讼程序

C. 执行中和解达成协议的,即可结束执行程序,且不可恢复

D. 仲裁中和解达成协议的,视为撤回冲裁申请,且不可反悔

4. 仲裁机构受理仲裁案件经调解达成协议的,仲裁庭应当制作调解书或者根据协议的结构制作裁决书。关于调解书和裁决书的说法,正确的是(　　)。

A. 裁决书不具有强制执行力

B. 调解书自作出之日起发生法律效力

C. 调解书与裁决书具有同等法律效力

D. 裁决书不可以申请撤销

**四、多选题**

1. 合同争议的法律解决途径主要包括(　　)。

A. 行政调解　B. 仲裁调解　C. 行政复议　D. 诉讼　E. 和解

2. 建设工程施工合同中,违约责任的主要承担方式有(　　)。

A. 返还财产　B. 修理　C. 赔偿损失　D. 继续履行　E. 消除危险

# 模块7　公路工程施工合同签订

【知识框架】

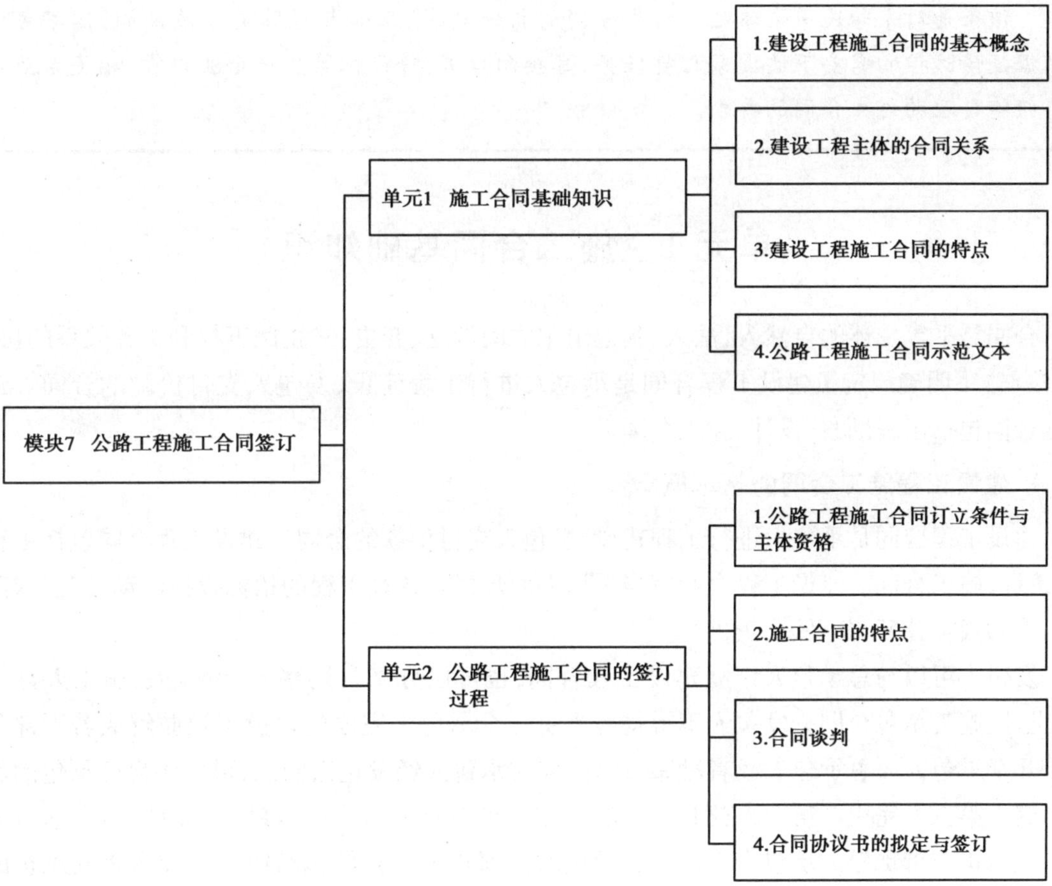


【知识目标】

1. 掌握建设工程主体的合同关系和特点。
2. 熟悉建设工程施工合同的基本概念。
3. 熟悉公路工程施工合同范本的基本组成。

【能力目标】

1. 能根据签订合同的基本法律条款完成合同撰写。
2. 能应用合同谈判的技巧进行合同谈判。
3. 能理解建设工程招投标的含义、原则、特点和分类。

**课程导入**

《民法典》的颁布是2020年我国立法领域的最重大的事件，相关法律调整的招标投标活动也会受《民法典》的影响。《民法典》共分七编，其中，“第一编总则”“第三编合同”的内容与招标投标活动关系最大，而“总则”中民事主体、民事法律行为对招标投标活动的影响较大。根据《民法典》第四百九十四条的规定，国家根据抢险救灾、疫情防控或者其他需要下达国家订货任务、指令性任务的，有关民事主体之间应当依照有关法律、行政法规规定的权利和义务订立合同。依照法律、行政法规的规定负有发出要约义务的当事人，应当及时发出合理的要约。依照法律、行政法规的规定负有作出承诺义务的当事人，不得拒绝对方合理的订立合同要求。

该条是对平等民事主体之间订立合同的特殊规定，正如新冠肺炎疫情期间，国家可以根据疫情防控的需要下达国家订货任务，直接向口罩、呼吸机等生产企业订货，相关企业不得拒绝合理的订立合同的要求。

## 单元1　施工合同基础知识

合同是平等主体的自然人、法人、其他组织之间设立、变更、终止民事权利义务关系的协议。《民法典》中明确规定了建设工程合同是承包人进行工程建设、发包人支付价款的合同。建设工程合同包括工程勘察、设计、施工合同。

### 1.建设工程施工合同的基本概念

建设工程合同是承包人进行工程建设，发包人支付价款的合同。建设工程合同包括工程勘察、设计、施工合同。建设工程合同应当采用书面形式。建设工程的招标投标活动，应当依照有关法律的规定公开、公平、公正进行。

发包人可以与总承包人订立建设工程合同，也可以分别与勘察人、设计人、施工人订立勘察、设计、施工承包合同。发包人不得将应当由一个承包人完成的建设工程肢解成若干部分发包给几个承包人。总承包人或者勘察、设计、施工承包人经发包人同意，可以将自己承包的部分工作交由第三人完成。第三人就其完成的工作成果与总承包人或者勘察、设计、施工承包人向发包人承担连带责任。承包人不得将其承包的全部建设工程转包给第三人或者将其承包的全部建设工程肢解后以分包的名义分别转包给第三人。禁止承包人将工程分包给不具备相应资质条件的单位。禁止分包单位将其承包的工程再分包。建设工程主体结构的施工必须由承包人自行完成。国家重大建设工程合同，应当按照国家规定的程序和国家批准的投资计划、可行性研究报告等文件订立。

### 2.建设工程主体的合同关系

建设工程项目是一个极为复杂的社会生产过程。完成一个建筑工程项目，依次要经历可行性研究、勘察设计、工程施工和运行等阶段，涉及建筑工程、装饰工程、安装工程、水电工程、机械设备、通信等专业设计和施工活动，在这些活动中需要消耗大量的劳动力、材料、设备及资金。由于现代的社会化大生产和专业化分工，参与工程项目建设的单位有十几个、几十个甚至成百上千个。它们之间形成各式各样的经济关系，而维系这种关系的纽带是合同，所以就有各式各样的合同，形成一个复杂的合同网络。因此，工程项目的建设过程实质上又是一系列经济合同的签订和履行过程。在这个网络中，业主和工程的承包商是两个最主要的节点。

在工程实践中，业主与承包商之间存在复杂的合同关系。无论是主动的还是被动的，业主与众多的承包商、设备供应商之间都会签订许多合同，形成许多合同关系。

1）业主的主要合同关系

业主作为建筑产品（服务）的买方，是工程最终的所有者，它可能是政府、企业、其他投资者，或者几个企业的联合体、政府与企业的联合体。业主投资一个项目，通常委派一个代理人或代表以业主的身份进行工程项目的经营管理。

业主根据对工程的需求，确定工程项目的整体目标。该目标是所有相关工程合同的核心。要实现工程目标，业主必须将建设工程的勘察设计、各专业工程施工、设备和材料供应等工作委托出去，必须与有关单位签订如下各种合同：

①咨询（监理）合同，即业主与咨询（监理）公司签订的合同。咨询合同签订后，咨询公司负责承担工程项目建设过程中的可行性研究、设计、招投标和施工阶段监理等某一项或几项工作。

②咨询（造价）合同，即业主与造价（或投资）咨询公司签订的合同。此合同签订后，咨询公司负责承担工程项目建设过程中的可行性研究、工程概预算、工程招投标、工程结算、竣工决算编制和审计等某一项或几项工作。

③勘察设计合同，即业主与勘察设计单位签订的合同。由勘察设计单位负责工程的地质勘察和技术设计工作。

④工程施工合同，即业主与工程承包商签订的工程施工合同。一个或几个承包商承包或分别承包建筑工程、装饰工程、机械设备、安装工程等的施工。

⑤供应合同，即业主与材料或设备供应商（厂家）签订的材料和设备供应合同。由各供应商向业主进行材料、设备供应。

⑥贷款合同，即业主与金融机构签订的合同。后者向业主提供资金保证。按照资金来源的不同，可能有贷款合同、融资合同、合资合同或BOT合同等。

在建筑工程中业主的主要合同关系，如图7.1所示。

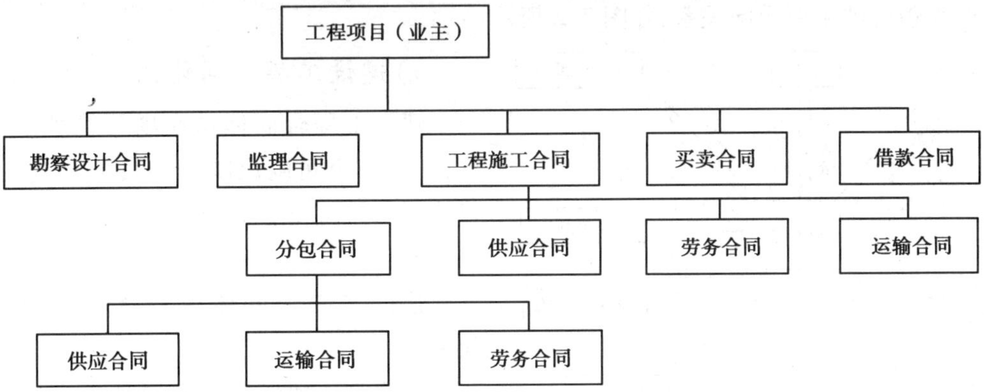


图7.1　业主的主要合同关系

2)承包商的主要合同关系

承包商作为工程承包合同的履行者,要完成承包合同的责任,包括由工程量表所确定的工程范围的施工、竣工和保修,为完成这些工程提供的劳动力、施工设备、材料等,有时还包括项目立项、技术设计等,任一承包商都不可能,也不必具备所有的专业工程的施工能力、材料和设备的生产及供应能力,可通过签订合同将工程承包合同中所确定的工程设计、施工、设备材料采购等部分任务委托给其他相关单位来完成。承包商的主要合同关系包括:

(1)分包合同

对大中型工程的承包商,常常必须与其他承包商合作才能完成施工总承包责任。承包商把从业主那里承接到的工程中的某些分项工程或工作分包给另一承包商来完成,则与其签订分包合同。

(2)供应合同

承包商在进行工程施工中,对由自己进行采购和供应的材料和设备,必须与相应的供应商签订供应合同。

(3)运输合同

如果承包商在与供应商签订合同时,对所采购的材料、设备由承包商自己进行运输,则承包商须与运输单位签订运输合同。

(4)加工合同

加工合同即承包商将建筑构配件、特殊构件的加工任务委托给加工单位而签订的合同。

(5)租赁合同

在建筑工程施工中,需要大量的施工设备、运输设备、周转材料,当承包商没有这些东西,而又不具备这个经济实力进行购置时,可以采用租赁的方式,与租赁单位签订租赁合同。

(6)劳务供应合同

现在许多承包商大部分没有属于自己的施工队伍,在承揽到工程时,与劳务供应商签订劳务合同,由劳务供应商向其提供劳务。

(7)担保或保险合同

承包商按施工合同要求对工程进行担保或保险,与担保或保险公司签订担保或保险合同。

上述承包商的主要合同关系,如图7.2所示。

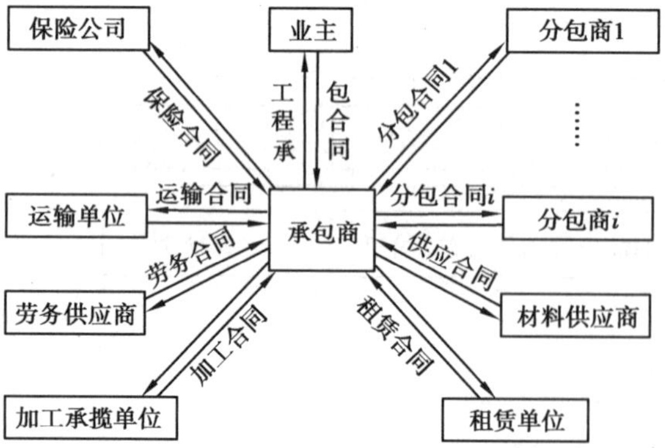


图7.2 承包商的主要合同关系

3)建设工程合同体系

建设工程合同体系在项目管理中非常重要,它从一个角度反映了项目的全过程,对项目管理产生重要影响,建设工程合同体系如图7.3所示。

建设工程合同体系对建设项目的作用如下:

①将整个项目划分为相对独立的、易于管理的较小单位。

②将这些单位与参加项目的组织相联系,

将这些组织要完成的工作用合同形式确定下来。

③对每一单位作出详细的时间与费用估算,形成进度目标和费用目标。

④确定项目需要完成的工作内容、质量标准和各项工作的顺序,建立项目质量控制计划。

⑤估计项目全过程的费用,建立项目成本控制计划。

⑥预计项目的完成时间,建立项目进度控制计划。

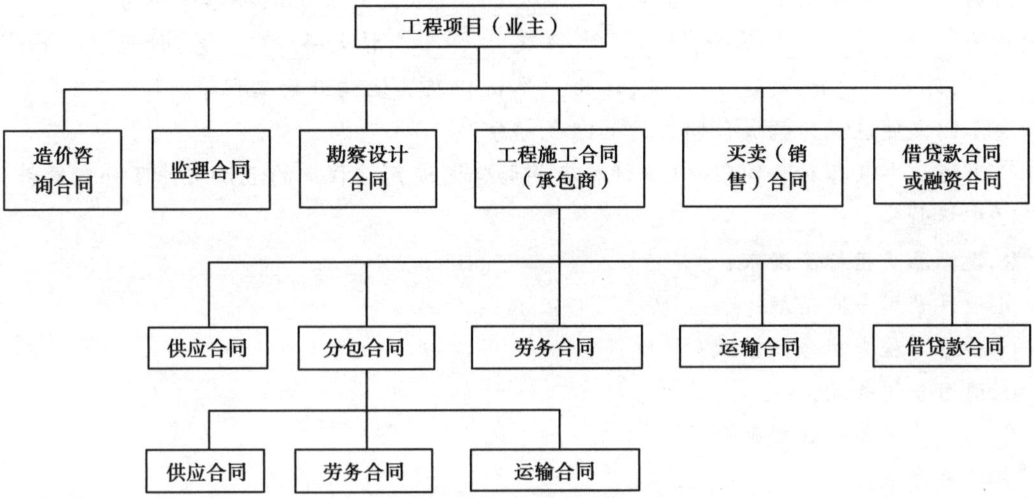


图7.3　建设工程合同体系

### 3. 建设工程施工合同的特点

(1)合同标的的特殊性

施工合同的标的是各类建筑产品,建筑产品的固定性、多样性、单件性、复杂性以及生产的流动性使得合同的标的具有特殊性。

(2)合同履行期限的长期性

由于建筑物结构复杂、体积庞大、建筑材料类型众多,工期一般都较长。在较长的合同期内,项目进展、承发包方履行义务受到不可抗力、政策法规、市场变化等多方面多条件的限制和影响。

(3)合同内容的复杂性

施工合同的履行过程中涉及的主体有很多种,涉及分包方、材料供应单位、构配件生产和设备加工厂家,以及政府、银行等部门。施工合同内容的约定还需与其他相关合同(如设计合同、供货合同等)相协调,因此,施工合同内容繁杂,合同的涉及面广。

(4)合同风险大

施工合同的上述特点以及金额大,再加上建筑市场竞争激烈等因素,构成和加剧了施工合同的风险性。因此,在签订合同时应慎重分析研究各种因素和避免承担风险的条款。

示范文本

### 4. 公路工程施工合同示范文本

1)合同协议书

## 合同协议书

__________(发包人名称,以下简称"发包人")为实施____________________(项目名称),已接受__________(承包人名称,以下简称"承包人")对该项目__________标段施工的投标。发包人和承包人共同达成如下协议。

1. 第______标段由K____+至K____+________,长约____km,公路等级为________,设计速度为______,______路面,有______立交______处;特大桥______座,计长____m;大中桥____座,计长____m;隧道____座,计长____m以及其他构造物工程等。

2. 下列文件应视为构成合同文件的组成部分:

①本协议书及各种合同附件(含评标期间和合同谈判过程中的澄清文件及补充资料);

②中标通知书;

③投标函及投标函附录;

④项目专用合同条款;

⑤公路工程专用合同条款;

⑥通用合同条款;

⑦工程量清单计量规则;

⑧技术规范;

⑨图纸;

⑩已标价工程量清单;

⑪承包人有关人员、设备投入的承诺及投标文件中的施工组织设计;

⑫其他合同文件。

上述合同文件互相补充和解释。如果合同文件之间存在矛盾或不一致之处,以上述文件的排列顺序在先者为准。

3. 根据工程量清单所列的预计数量和单价或总额价计算的签约合同价:人民币(大写)____________元(¥____________)。

4. 承包人项目经理:______________。承包人项目总工:______________。

5. 工程质量符合____________标准。工程安全目标:____________。

6. 承包人承诺按合同约定承担工程的实施、完成及缺陷修复。

7. 发包人承诺按合同约定的条件、时间和方式向承包人支付合同价款。

8. 承包人应按照监理人指示开工,工期为____日历天。

9. 本协议书在承包人提供履约保证金后,由双方法定代表人或其委托代理人签署并加盖单位章后生效。全部工程完工后经交工验收合格、缺陷责任期满签发缺陷责任终止证书后失效。

10. 本协议书正本二份、副本______份,合同双方各执正本一份,副本______份,当正本与副本的内容不一致时,以正本为准。

11. 合同未尽事宜,双方另行签订补充协议。补充协议是合同的组成部分。

发包人:__________(盖单位章)　　承包人:____________(盖单位章)

法定代表人或其委托代理人:_______(签字)　法定代表人或其委托代理人:_______(签字)

________年______月______日　　________年______月______日

2)廉政合同

**廉政合同**

根据《关于在交通基础设施建设中加强廉政建设的若干意见》以及有关工程建设、廉政建设的规定,为做好工程建设中的党风廉政建设,保证工程建设高效优质,保证建设资金的安全和有效使用以及投资效益,____________(项目名称)的项目法人____________(项目法人名称,以下简称"发包人")与该项目____________标段的施工单位____________(施工单位名称,以下简称"承包人"),特订立如下合同。

1. 发包人和承包人双方的权利和义务:

(1)严格遵守党的政策规定和国家有关法律法规及交通运输部的有关规定。

(2)严格执行____(项目名称)____标段施工合同文件,自觉按合同办事。

(3)双方的业务活动坚持公开、公正、诚信、透明的原则(法律认定的商业秘密和合同文件另有规定的除外),不得损害国家和集体利益,不得违反工程建设管理规章制度。

(4)建立健全廉政制度,开展廉政教育,设立廉政告示牌,公布举报电话,监督并认真查处违法违纪行为。

(5)发现对方在业务活动中有违反廉政规定的行为,有及时提醒对方纠正的权利和义务。

(6)发现对方严重违反本合同义务条款的行为,有向其上级有关部门举报、建议给予处理并要求告知处理结果的权利。

2. 发包人的义务:

(1)发包人及其工作人员不得索要或接受承包人的礼金、有价证券和贵重物品,不得让承包人报销任何应由发包人或发包人工作人员个人支付的费用等。

(2)发包人工作人员不得参加承包人安排的超标准宴请和娱乐活动;不得接受承包人提供的通信工具、交通工具和高档办公用品等。

(3)发包人及其工作人员不得要求或接受承包人为其住房装修、婚丧嫁娶活动、配偶子女的工作安排以及出国出境、旅游等提供方便等。

(4)发包人工作人员及其配偶、子女不得从事与发包人工程有关的材料设备供应、工程分包、劳务等经济活动等。

(5)发包人及其工作人员不得以任何理由向承包人推荐分包单位或推销材料,不得要求承包人购买合同规定外的材料和设备。

(6)发包人工作人员要秉公办事,不准营私舞弊,不准利用职权从事各种个人有偿中介活动和安排个人施工队伍。

3. 承包人的义务:

(1)承包人不得以任何理由向发包人及其工作人员行贿或馈赠礼金、有价证券、贵重礼品。

(2)承包人不得以任何名义为发包人及其工作人员报销应由发包人单位或个人支付的任何费用。

(3)承包人不得以任何理由安排发包人工作人员参加超标准宴请及娱乐活动。

(4)承包人不得为发包人单位和个人购置或提供通信工具、交通工具和高档办公用品等。

4. 违约责任:

(1)发包人及其工作人员违反本合同第1、2条的,按管理权限,依据有关规定给予党纪、政纪或组织处理;涉嫌犯罪的,移交司法机关追究刑事责任;给承包人单位造成经济损失的,应予以赔偿。

(2)承包人及其工作人员违反本合同第1、3条的,按管理权限,依据有关规定给予党纪、政纪或组织处理;给发包人单位造成经济损失的,应予以赔偿;情节严重的,发包人建议交通运输主管部门给予承包人1~3年内不得进入其主管的公路建设市场的处罚。

5. 双方约定:

本合同由双方或双方上级单位的纪检监察部门负责监督执行。由发包人或发包人上级单位的纪检监察部门约请承包人或承包人上级单位纪检监察部门对本合同执行情况进行检查,提出在本合同规定范围内的裁定意见。

6. 本合同有效期为发包人和承包人签署之日起至该工程项目竣工验收后止。

7. 本合同作为______(项目名称)______标段施工合同的附件,与工程施工合同具有同等的法律效力,经合同双方签署后立即生效。

8. 本合同一式四份,由发包人和承包人各执一份,送交发包人和承包人的监督单位各一份。

发包人:______(盖单位章)　　承包人:______(盖单位章)

法定代表人或其委托代理人:______(签字)法定代表人或其委托代理人:______(签字)

______年______月____日　　______年______月____日

发包人监督单位:(全称)(盖单位章)　　承包人监督单位:(全称)(盖单位章)

3)安全生产合同

## 安全生产合同

为在______(项目名称)______标段施工合同的实施过程中创造安全、高效的施工环境,切实搞好本项目的安全管理工作,本项目发包人______(发包人名称,以下简称"发包人")与承包人______(承包人名称,以下简称"承包人")特此签订安全生产合同。

1. 发包人职责

(1)严格遵守国家有关安全生产的法律法规,认真执行工程承包合同中的有关安全要求。

(2)按照"安全第一、预防为主、综合治理"和坚持"管生产必须管安全"的原则进行安全生产管理,做到生产与安全工作同时计划、布置、检查、总结和评比。

(3)重要的安全设施必须坚持与主体工程"三同时"的原则,即同时设计、审批,同时施工,同时验收,投入使用。

(4)定期召开安全生产调度会,及时传达中央及地方有关安全生产的精神。

(5)组织对承包人施工现场进行安全生产检查,监督承包人及时处理发现的各种安全隐患。

2. 承包人职责

(1)严格遵守《中华人民共和国安全生产法》《建设工程安全生产管理条例》等国家有关安全生产的法律法规、《公路水运工程安全生产监督管理办法》和《公路工程施工安全技术规范》等有关安全生产的规定。认真执行工程承包合同中的有关安全要求。

(2)坚持“安全第一、预防为主、综合治理”和“管生产必须管安全”的原则,加强安全生产宣传教育,增强全员安全生产意识,建立健全各项安全生产的管理机构和安全生产的管理制度,配备专职及兼职安全检查人员,有组织、有领导地开展安全生产活动。各级领导、工程技术人员、生产管理人员和具体操作人员,必须熟悉和遵守本合同的各项规定,做到生产与安全工作同时计划、布置、检查、总结和评比。

(3)建立健全安全生产责任制。从派往项目实施的项目经理到生产工人(包括临时雇请的民工)的安全生产管理系统必须做到纵向到底,一环不漏;各职能部门、人员的安全生产责任制做到横向到边,人人有责。项目经理是安全生产的第一责任人。现场设置的安全机构,应按《公路水运工程安全生产监督管理办法》规定的最低数量和资质条件配备专职安全生产管理人员,专职负责所有员工的安全和治安保卫工作及预防事故的发生。安全机构人员有权按有关规定发布指令,并采取保护性措施防止事故发生。

(4)承包人在任何时候都应采取各种合理的预防措施,防止其员工发生任何违法、违禁、暴力或妨碍治安的行为。

(5)承包人必须具有劳动安全管理部门颁发的安全生产考核合格证书,参加施工的人员,必须接受安全技术教育,熟知和遵守本工种的各项安全技术操作规程,定期进行安全技术考核,合格者方准上岗操作。对从事电气、起重、建筑登高架设作业、锅炉、压力容器、焊接、机动车船艇驾驶、爆破、潜水、瓦斯检验等特殊工种的人员,经专业培训,获得《安全操作合格证》后,方准持证上岗。施工现场如出现特种作业无证操作现象时,项目经理必须承担管理责任。

(6)对易燃易爆的材料除应专门妥善保管外,还应配备足够的消防设施,所有施工人员都应熟悉消防设备的性能和使用方法;承包人不得将任何种类的爆炸物给予、易货或以其他方式转让给任何其他人,或允许、容忍上述同样行为。

(7)操作人员上岗,必须按规定穿戴防护用品。施工负责人和安全检查员应随时检查劳动防护用品的穿戴情况,不按规定穿戴防护用品的人员不得上岗。

(8)所有施工机具设备和高空作业的设备均应定期检查,并有安全员的签字记录,保证其经常处于完好状态;不合格的机具、设备和劳动保护用品严禁使用。

(9)施工中采用新技术、新工艺、新设备、新材料时,必须制定相应的安全技术措施,施工现场必须具有相关的安全标志牌。

(10)承包人必须按照本工程的项目特点,组织制定本工程实施中的生产安全事故应急救援预案;如果发生安全事故,应按照《国务院关于特大安全事故行政责任追究的规定》以及其他有关规定,及时上报有关部门,并坚持“四不放过”的原则,严肃处理相关责任人。

(11)安全生产费用按照《公路水运工程安全生产监督管理办法》的相关规定使用和管理。

3. 违约责任

如因发包人或承包人违约造成安全事故,将依法追究责任。

4. 本合同由双方法定代表人或其授权的代理人签署并加盖单位章后生效,全部工程竣工验收后失效。

5. 本合同正本两份、副本________份,合同双方各执正本一份,副本________份,当正本与副本的内容不一致时,以正本为准。

| | |
|---|---|
| 发包人：__________（盖单位章） | 承包人：__________（盖单位章） |
| 法定代表人或其委托代理人：_______（签字） | 法定代表人或其委托代理人：_______（签字） |
| ________年______月______日 | ________年______月______日 |

4）其他管理和技术人员最低要求

| 人　员 | 数　量 | 资格要求 |
|---|---|---|
| | | |
| | | |
| | | |
| | | |
| | | |
| | | |

a. 招标人应在招标文件中规定，若投标人在所投标段中标有需派驻的其他管理和技术人员（如项目副经理、专业工程师等）。上述人员的具体人选由招标人和中标人在合同谈判阶段确定，且经招标人审批后作为派驻本标段的项目管理机构主要人员，不允许更换。如中标人拟派驻的人员数量和资格条件不满足本表要求的，招标人应取消其中标资格。

b. 本表不适用于已按资格预审文件或招标文件要求提供了其他管理和技术人员的特别复杂的特大桥梁和特长隧道项目主体工程以及其他有特殊要求的工程。

5）主要机械设备和试验检测设备最低要求

| 设备名称 | 规格功率 | 单　位 | 最低数量要求 |
|---|---|---|---|
| | | | |
| | | | |
| | | | |
| | | | |
| | | | |

a. 招标人应在招标文件中规定，若投标人在所投标段中标需提供的主要机械设备和试验检测设备。招标人将在合同谈判阶段要求中标人按照本表的最低要求填报为本标段配备的主要设备，在经招标人审批后作为投入本标段的主要设备且不允许更换。如招标人拟提供的设备数量和规格指标等不满足本表要求的，招标人应取消其中标资格。

b. 本表不适用于已按资格预审文件或招标文件要求提供了主要机械设备和试验检测设备的特别复杂的特大桥梁和特长隧道项目主体工程以及其他有特殊要求的工程。

6）项目经理委任书

**（承包人全称）**

**（合同工程名称）项目经理委任书**

致：（发包人全称）

（承包人全称）______法定代表人________（职务、姓名）代表本单位委任______（职务、姓名）为（合同工程名称）______的项目经理。凡本合同执行中的有关技术、工程进度、现场管理、质量检验、结算与支付等方面的工作，由________（姓名）代表本单位全面负责。

承包人：________（盖单位章）

法定代表人：________（职务）

________（姓名）

________（签字）

________年______月______日

抄送：（监理人）

7）履约保证金格式

履约保证金如采用银行保函，格式如下。

**履约保证金**

__________（发包人名称）：

鉴于__________（发包人名称，以下简称“发包人”）接受________（承包人名称，以下简称“承包人”）于____年____月____日参加（项目名称）______标段施工的投标。我方愿意无条件地、不可撤销地就承包人履行与你方订立的合同，向你方提供担保。

1. 担保金额人民币（大写）____元（¥________）。

2. 担保有效期自发包人与承包人签订的合同生效之日起至发包人签发交工验收证书且承包人按照合同约定缴纳质量保证金之日止。①

3. 在本担保有效期内，因承包人违反合同约定的义务给你方造成经济损失时，我方在收到你方以书面形式提出的在担保金额内的赔偿要求后，在7日内无条件支付，无须你方出具证明或陈述理由。

4. 发包人和承包人按合同条款第15条变更合同时，无论我方是否收到该变更，我方承担本担保规定的义务不变。

担保人名称：________________（盖单位章）

法定代表人或其委托代理人：__________（签字）

地　　址：________________________

邮政编码：________________________

电　　话：________________________

传　　真：________________________

__________年________月________日

8）工程资金监管协议格式

发包人与承包人签订合同协议书时应与发包人指定的银行签署工程资金监管协议，工程资

① 本条内容可修改为：“本担保自________（生效日期）之日起生效，至________（失效日期）之日失效。”如发包人接受履约保函采用固定有效期，在项目专用合同条款中应增加保证承包人在履约保函失效日前向发包人出具后续阶段履约保函的约束性条款，直至发包人签发交工验收证书且承包人按照合同约定缴纳质量保证金之日为止。

金监管协议内容在保证本项目资金有效监管的前提下由三方共同商定。

**工程资金监管协议**

发包人：____________(以下简称“甲方”)

承包人：____________（以下简称“乙方”）

经办银行：__________（以下简称“丙方”）

为了促进___________(项目名称)的顺利实施，管好用好建设资金，确保工程资金专款专用，同时为承包人提供便捷有效的银行业务服务，根据__________（项目名称)合同条款有关规定，经甲、乙、丙三方协商，达成协议如下：

1. 资金管理的内容：

(1)乙方为完成__________（项目名称)工程成立的项目经理部在丙方开设基本结算户。

(2)甲方应按合同规定将工程款汇入乙方在丙方开设的账户。

(3)乙方应将流动资金及甲方所拨付资金专项用于__________（项目名称)。

(4)丙方应为乙方提供便捷有效的银行业务服务，并接受甲方委托对乙方在丙方开设的基本结算户资金使用情况进行监督。

2. 甲方的权责：

(1)按照____________（项目名称)合同有关条款规定的时间和方式，向乙方支付工程款。

(2)在发现乙方将本项目资金挪用、转移时，甲方有权中止工程支付，直至乙方改正为止。

(3)不定期审查丙方对乙方的资金使用监督情况，如丙方不能履行其责任，甲方有权随时终止本协议。

(4)在乙、丙双方发生争议时，甲方应负责协调、解决。

3. 乙方的权责：

(1)项目经理部成立以后，乙方应尽快在丙方开设基本结算户。

(2)确保本项目资金专款专用，不发生挪用、转移资金的现象；保证通过权益转让、抵押、担保承担债务等任何其他方式使用基本结算户的资金。

(3)办理材料、设备等采购业务金额在______万元以上的，应出示购货合同、协议和发票；在办理总额超过______万元的采购业务时，应将合同、协议和发票复印件送丙方备案；购买应急材料、设备时可先办理支付手续，但事后必须补备有关资料。

(4)用银行转账支票办理支付款项时，必须将转账支票送交丙方，由丙方负责办理支票转付手续。

(5)向分包单位支付工程进度款时，应附甲方批准分包的文件。

(6)向上级单位缴纳管理费、机械设备及周转材料租赁摊销费等款项时，应附上级单位出具的转账通知等有关资料，以确保资金专款专用。

4. 丙方的权责：

(1)成立________（项目名称)工程资金管理服务小组，明确业务流程，提高工作效率，杜绝“压票”现象。

(2)根据乙方提供的购货合同、协议和发票，检查其所购材料、设备是否用于________（项目名称)工程建设，对本标段以外的购货款项，有权拒绝办理，并及时报告甲方。

(3)根据乙方与分包单位签订的合同及支付文件,检查其支付款项是否符合有关条件,向分包单位以外的单位支付有权拒绝办理,并及时报告甲方。

(4)根据乙方提供的上级单位出具的转账通知等有关资料,办理管理费、机械设备及周转材料租赁摊销费等款项的支付;对超出转账通知等有关资料以外的支付,有权拒绝办理,并及时报告甲方。

(5)定期将乙方前一个周期的支付情况,整理后书面报送甲方;乙方复印备案的材料一并送甲方。

5. 甲、乙、丙三方都应履行保密责任,不得将其他两方的业务情况透露给三方以外的其他单位或个人。

6. 本协议有效期自乙方在丙方开户起,至工程交工验收甲方向乙方颁发交工验收证书后结束。

7. 本协议未尽事宜,由甲方牵头,三方协商解决。

8. 本协议正本三份、副本______份。合同三方各执正本一份、副本____份,当正本与副本内容不一致时,以正本为准。

发包人:________________________(盖单位章)
法定代表人或其委托代理人:__________(签字)
__________年__________月__________日
承包人:________________________(盖单位章)
法定代表人或其委托代理人:__________(签字)
__________年__________月__________日
经办银行:______________________(盖单位章)
法定代表人或其委托代理人:__________(签字)
______年______月______日

**典型案例**

某公路路基路面工程,发包方甲通过公开招标的方式确定了本工程由承包商乙中标,双方签订了施工承包合同。在征得甲方书面同意后,承包商乙将土方工程分包给具有相应资质的专业分包商丙,并签订了专业分包合同。

【问题】

1. 承包商乙和分包商丙签订的土方工程分包合同是否有效?请简述理由。

2. 承包商乙和分包商丙签订的工程分包合同应按什么标准格式及原则订立合同。

【焦点分析】

1. 合同有效。根据《公路工程标准施工招标文件》(2018 年版),允许分包的工程范围仅限于非关键性工程或者适合专业化队伍施工的专业工程,土方工程属于适合专业化队伍施工的专业工程。

2. 承包人和专业分包人应按照交通运输主管部门制定的统一格式依法签订专业分包合同,并履行合同约定的义务。专业分包合同必须遵循承包合同的各项原则,满足承包合同中的质量、安全、进度、环保以及技术、经济等方面的要求。承包人应在土方工程开工前,将经监理工程师审查同意后的专业分包合同报发包人备案。

# 单元练习

**一、判断题**

1. 建设工程合同可以采用书面形式、口头形式。 (　　)

2. 发包人不得将应当由一个承包人完成的建设工程肢解成若干部分发包给几个承包人。 (　　)

3. 合同标的的特殊性属于建设工程施工合同的特点。 (　　)

**二、填空题**

1. 建设工程主体的合同关系中，__________和__________是两个最主要的关系节点。

2. 由于建筑物结构复杂、体积庞大、建筑材料类型众多，工期一般都较长，这体现了合同履行期限的__________。

3. 根据公路工程施工合同示范文本相关内容，构成合同文件的组成部分包括：协议书及各种合同附件、__________、投标函及投标函附录、__________、__________、通用合同条款、工程量清单计量规则、技术规范、图纸、已标价工程量清单、承包人有关人员、设备投入的承诺及投标文件中的施工组织设计、其他合同文件。

**三、单选题**

1. 甲和乙签订了材料运输合同，乙又与丙签订联运合同，由乙和丙以水路和公路的方式进行联运，甲向乙支付了运费。途经丙运输区段时，由司机疲劳驾驶使货车侧翻导致部分材料被毁。对此，下列说明中正确的是(　　)。

A. 丙应对此承担全部责任　　B. 应由乙承担全部责任

C. 乙和丙对此承担连带责任　　D. 甲直接要求丙赔偿损失

2. 工程承包人将承包的工程中非主体工程的一部分施工任务交与其他分包人完成而订立的合同，称为(　　)。

A. 设计施工总承包合同　　B. 施工承包合同

C. 施工分包合同　　D. 工程合同

3. 在工程建设过程中，履约担保有效期(　　)。

A. 从施工合同生效之日到工程竣工验收合格止

B. 从施工合同生效之日到签发完工程接收证书止

C. 从施工合同生效之日到保修期满并颁发保修责任终止证书止

D. 从施工合同生效之日到签发交工验收证书且承包人按照合同约定缴纳质量保证金之日止

4. 根据公路工程合同示范文本规定，当组织施工合同的各文件出现含糊不清或矛盾时，应按(　　)顺序解释。

A. 合同协议书、已标价工程量清单、中标通知书

B. 中标通知书、投标书及附件、合同协议书

C. 中标通知书、已标价工程量清单、投标函及投标函附录

D. 公路工程专用合同条款、合同通用条款、已标价工程量清单

**四、多选题**

在合同的履行过程中，以下(　　)属于施工合同的特征。

A.合同内容的复杂性　　B.合同形式灵活　　C.合同履行风险大

D.合同履行期限的长期性　　E.合同标的的特殊性

## 单元2　公路工程施工合同的签订过程

### 1.公路工程施工合同订立条件与主体资格

施工合同是发包人与承包人之间为完成建设工程项目施工任务，确定双方权利和义务的协议，依照施工合同，承包人应完成一定的建筑、安装工程任务，发包人应提供必要的施工条件并支付工程价款。

施工合同是建设工程合同的一种，它与其他建设工程合同一样是一种双务合同，在订立时也应遵守自愿、公平、诚实信用等原则。

施工合同是建设工程的主要合同，是工程建设质量控制、进度控制、投资控制的主要依据。在市场经济条件下，建设市场主体之间相互的权利义务关系主要是通过合同确立的，因此，在建设领域加强对施工合同的管理具有十分重要的意义。

1)公路工程施工合同订立的条件

①项目已列入公路建设年度计划；

②施工图设计文件已经完成并经审批同意；

③建设资金已经落实，并经交通主管部门审计；

④征地手续已办理，拆迁基本完成；

⑤监理单位已依法确定，招标项目的中标通知书已下达；

⑥已办理质量监督手续，已落实保证质量和安全的措施。

2)合同主体的资格要求

(1)业主的资格要求

①具备法人资格；

②具有与工程规模相适应的经济能力；

③具有相应的技术与管理能力、经济技术管理人员和相应的机构；

④具备编制招标文件、编制标底、组织开标、评标的能力。

其中：①②项条件必须具备；③④项条件不具备的，应委托具有相应资格、能力的单位代理。

(2)承包商的资格要求

①具备有效的法人资格和法律法规规定的业主要求达到的有效资质条件；

②具备按规定编制投标文件的能力(项目采用招标时)；

③具备实施项目的技术、经济、管理能力及相应符合要求的人员；

④具备承担项目风险责任的能力；

⑤具有良好的信誉。

### 2. 施工合同的特点

(1)合同标的的特殊性

施工合同的标的是各类建筑产品。公路产品是不动产,其基础部分与大地相连,不可移动。这就决定了每个施工合同的标的特殊,相互间具有不可替代性,同时公路产品的固定性决定了施工生产的流动性。建筑物所在地就是施工生产场地,施工人员和施工机械必须围绕公路产品不断移动而进行生产作业。另外,公路产品外观、结构、使用目的、服务功能等各不相同,这就要求每一个公路产品都需单独设计和施工,即公路产品是单体性生产,这也决定了施工合同标的的特殊性。

(2)施工合同涉及面广

施工合同不仅涉及发包人、承包人双方当事人的权利义务及责任关系,还涉及地方行政主管部门、发包人主管部门以及利益相关主体等。

(3)合同履行期限长

建筑物的施工由于结构复杂、体积大、消耗建筑材料类型多数量大工作量大,使得工期与一般工业产品的生产期相比都较长。而合同履行期限还要长于施工工期,因为施工应当在合同签订后才开始,且需加上合同签订后到正式开工前的施工准备时间和工程,全部竣工验收后办理竣工结算及缺陷责任期、保修期的时间。在工程的施工过程中,还可能因为不可抗力、工程变更、材料供应不及时等原因而导致工期延误。所有这些使得施工合同的履行期限具有长期性。

(4)合同内容的多样性和复杂性

虽然施工合同的当事人只有两方,但其涉及众多的利益相关主体;与大多数合同相比较,施工合同的履行期限长、标的大,涉及的法律关系包括劳动关系、保险关系、运输关系等,具有多样性和复杂性。这就要求施工合同的内容尽量详尽。施工合同除了应当具备合同的一般内容外,还应对安全施工、专利技术使用、发现地下障碍和文物、工程分包、不可抗力、工程设计变更、材料设备的供应、运输、验收等内容做出规定。在施工合同的履行过程中,除施工企业与发包人的合同关系外,还涉及与劳务人员的劳动关系、与保险公司的保险关系、与材料设备供应商的买卖关系、与运输企业的运输关系等。以上这些都决定施工合同的内容具有多样性和复杂性的特点。

(5)合同监督的严格性

由于施工合同的履行对国家的经济发展、人民的工作和生活可能产生重大的影响,因此,国家对施工合同的监督十分严格。具体体现在以下 3 个方面:

①对合同主体监督的严格性。建设工程施工合同主体一般只能是法人。发包人一般只能是经过批准进行工程项目建设的法人,必须有国家批准的建设项目、投资计划等,并且应当具备相应的协调能力。承包人则必须具备法人资格,而且应当具备相应的从事施工的资质。无营业执照或无承包资质的单位不能作为建设工程施工合同的主体,资质等级低的单位也不能越级承包工程。

②对合同订立监督的严格性。建设工程施工合同的订立必须符合国家、地方、行业的相关法律、法规、规范、标准等,且合同有严格的订立程序。建设工程施工合同应当采用书面形式。

③对合同履行监督的严格性。在施工合同的履行过程中,除合同当事人应当对合同进行严格的管理外,合同的主管机关(工商行政管理机构)、金融机构、建设行政主管机关等,都要对施

工合同的履行进行严格的监督。

**3. 合同谈判**

在合同签订前，合同双方通常需进行合同谈判，谈判的主要内容有：承包人应承担的工作范围和内容、合同价格、工期、验收方法以及违约责任等，在保证指标要求和中标结果的基础上，合同双方应对有关合同细节内容进行认真仔细商讨，对非实质性差异内容通过协商取得一致意见，对招投标过程中达成的协议进行具体化或做某些增补与删改，最终订立一份对双方都具有法律约束力的合同文件。

**4. 合同协议书的拟定与签订**

1）合同协议书的拟定

在签约前，必须就双方一致同意的条件按规定的格式拟定出一份明确、具体的书面合同协议书，合同协议书是用以明确双方权利和义务的总纲性文件，内容应包括合同主体（业主和承包人名称）、客体（承包项目名称）、承包范围、合同价格、合同工期、质量标准以及合同的组成文件等。

合同的标的、价款、质量、履行期限等主要条款应当与招标文件和中标人的投标文件的内容一致。《工程建设项目施工招标投标办法》（2003 年版）规定：合同中确定的建设规模、建设标准、建设内容、合同价格应当控制在批准的初步设计及概算文件范围内，确需超出规定范围的，应当在中标合同签订前，报原项目审批部门审查同意。

2）签约合同价的确定原则

按照《公路工程标准施工招标文件》（2018 年版）的规定，签约合同价按如下原则确定：

①若对投标报价进行修正后的最终投标报价小于开标时的投标函文字报价，则签订合同时以修正后的最终投标报价为准。

②若对投标报价进行修正后的最终投标报价大于开标时的投标函文字报价，则签订合同时以开标时的投标函文字报价为准，同时按比例修正相应子目的单价或合价。

3）合同协议书的签订

合同协议书经双方法定代表人或其授权的代理人签署并加盖单位公章后生效。若为联合体投标，则联合体各成员的法定代表人或其授权的代理人都应在合同协议书上签署并加盖单位章。

（1）签订合同的基本要求

招标人和中标人应当自中标通知书发出之日起 30 天内，根据招标文件和中标人的投标文件订立书面合同。中标人无正当理由拒签合同的，招标人取消其中标资格，其投标保证金不予退还，给招标人造成的损失超过投标保证金数额的，中标人还应当对超过部分予以赔偿，对依法必须进行招标的项目的中标人，由有关行政监督部门责令改正，可以处中标项目金额 10% 以下的罚款；招标人无正当理由拒签合同的，招标人向中标人退还投标保证金，给中标人造成损失的，还应当赔偿损失。

招标人不得向中标人提出压低报价、增加工作量、缩短工期或其他违背中标人意愿的要求，以此作为发出中标通知书和签订合同的条件。

（2）合同文件的组成

《公路工程标准施工招标文件》（2018 年版）明确合同文件的组成内容为：

①合同协议书及各种合同附件（含评标期间和合同谈判过程中的澄清文件和补充资料）。

②中标通知书。

③投标函及投标函附录。

④项目专用合同条款。

⑤公路工程专用合同条款。

⑥通用合同条款。

⑦技术规范。

⑧图纸。

⑨已标价工程量清单。

⑩承包人有关人员、设备投入的承诺及投标文件中的施工组织设计。

⑪其他合同文件。

上述文件互相补充和解释，如有不明确或不一致之处，以合同约定次序在先者为准。

公路工程合同协议书

某道路工程项目施工合同书

（3）合同协议书的签订

按《公路工程标准施工招标文件》（2018 年版）中合同协议书格式签订。

**典型案例**

某二级公路工程改扩建项目，路线全长 3.163 km，项目业主单位为某市公路管理单位，经过公开招标后，确定承包商丙为该项目承建单位，在合同签订过程中发生如下事件：

事件 1：合同协议书与以下文件一起构成合同文件：①中标通知书；②投标函及投标附录；③项目专用合同条款；④公路工程专用合同条例；⑤通用合同条款；⑥工程量清单计量规则；⑦技术规范；⑧图纸；⑨已标价工程量清单；⑩承包人有关人员、设备投入的承诺及投标文件中的施工组织设计；⑪其他合同文件。

事件 2：合同中规定工程质量为建设单位规定的质量标准。

事件 3：专用条款中规定，本合同采用总价合同。

【问题】

1. 该合同签订的条款有哪些不妥之处？在经过合同谈判后，承建单位可提出哪些修改建议？

2. 公路工程合同按计价方式一般分为哪几种？

【焦点分析】

1. 事件 2，不妥。工程质量不应以建设单位自行规定的质量标准为质量检验的评定标准。本工程为国家的基础设施，工程质量验收应按技术规范、施工图设计以及《公路工程质量检验评定标准》执行。

2. 公路工程的合同类型按计价方式一般分为总价合同、单价合同、成本加酬金合同。

# 单元练习

## 一、判断题

1. 招标人不得向中标人提出压低报价、增加工作量、缩短工期或其他违背中标人意愿的要求，以此作为发出中标通知书和签订合同的条件。（　　）

2. 中标人无正当理由拒签合同的，招标人取消其中标资格，其投标保证金不予退还。（　　）

3. 在合同签订前，合同双方进行合同谈判时，发包人可对工作范围和工程内容、合同价格、工期等进行修改。（　　）

## 二、填空题

1. 合同的____________、____________、质量、履行期限等主要条款应当与招标文件和中标人的投标文件的内容一致。

2. 合同协议书经双方____________________签署并加盖____________后生效。

## 三、单选题

1. 关于中标和签订合同的说法，正确的是（　　）。

A. 招标人应当授权评标委员会直接确定中标人

B. 招标人和中标人签订合同的标的、价款、质量等主要条款应当与招标文件一致，但履行期限可以另行协商确定

C. 根据招标文件和中标人的投标文件订立书面合同

D. 中标人应当自中标通知书送达之日起30日内，根据招标文件订立书面合同

2. 中标人不按照与招标人订立的合同履行义务，情节严重的，取消其2～5年内参加依法必须进行招标的项目的投标资格并予以公告，直至由（　　）吊销营业执照。

A. 建设行政主管部门　　B. 招投标主管部门

C. 工商行政管理机关　　D. 公安机关

3. 下列关于招标人与中标人订立合同的说法中，正确的是（　　）。

A. 双方应自中标通知书发出之日起的15日内订立书面合同

B. 合同的标的、质量、价款、履行期必须与招标文件和投标文件的内容一致

C. 如果市场行情有变，双方可就合同价款订立补充协议

D. 对经过备案的中标合同的补充条款可作为结算工程款的依据

4. 根据《标准施工合同》，下列属于施工合同文件的是（　　）。

A. 招标文件　　B. 投标函及投标函附录

C. 委托监理协议书　　D. 投标企业定额标准

# 模块8　公路工程施工合同履约管理

【知识框架】

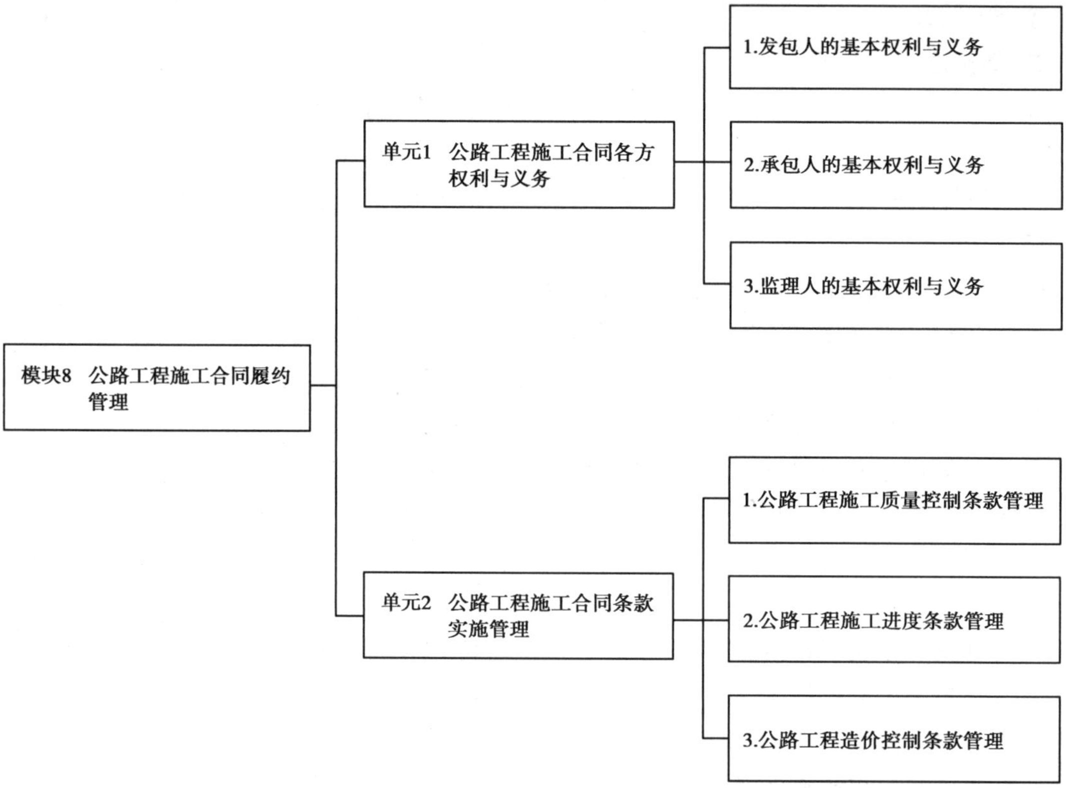


【知识目标】

1. 了解发包人、承包人、监理人的基本权利和义务。

2. 熟悉公路工程施工合同条款的一般约定。

3. 掌握公路工程施工质量控制条款、进度条款、造价控制条款的管理。

【能力目标】

1. 能明确公路工程施工合同各方权利与义务。

2. 能应用公路工程施工合同通用条款和专用条款解决实际问题。

**课程导入**

现阶段,BIM 技术在建设项目管理工作中得到了十分广泛的应用,通过构建信息共享平台,为项目参与方的沟通和交流创建机会,促进各方信息的传递和共享,提高项目决策的科学性和可行性,让项目管理水平迈上一个新台阶。具体体现在以下几个方面:有利于工程信息的共享,利用 BIM 技术构建信息平台,可以与项目参与方的软件直接对接,数据就会得到交换,不仅项目参与方在使用软件时可以从数据库中轻松调取数据信息,而且数据库中的信息也会越发完善,这给工程合同管理工作提供了巨大便利。伴随着建设项目的开展,数据库中的数据会不断更新,合同管理部门也能对工程的最新情况做到心中有数,判断相关参与方是否严格履约,所得结果将更具准确性。我国应用 BIM 技术的时间尚短,国家教育部门已将专业人才的培养,规范标准的建立,树立协同合作的职业理念作为未来发展合同管理 BIM 应用的有效保障。

## 单元 1　公路工程施工合同各方权利与义务

### 1. 发包人的基本权利与义务

根据《公路工程标准施工招标文件》(2018 年版)中“通用合同条款”和“专用合同条款”所列,发包人的责任与义务最主要的有:

①遵守法律。

②提供施工场地(发包人负责办理永久占地征用及与之有关的拆迁赔偿手续并承担相关费用。发包人应在监理人发出本工程或分部工程开工通知前,对承包人开工所需的永久占地办妥征用手续和相关拆迁赔偿手续,通知承包人使用,以使承包人能够及时开工,此后按承包人提交并经监理人同意的合同进度计划安排,分期或一次性将施工所需的其余永久占地办妥征用以及拆迁赔偿手续,通知承包人使用,以使承包人能够连续不间断地施工。由于发包人未能按照本项规定办妥永久占地征用手续,影响承包人及时使用永久占地造成的费用增加和工期延误应由发包人承担。由承包人未能按照本项规定提交占地计划,影响发包人办理永久占地征用手续造成的费用增加和工期延误由承包人承担)。

③协助承包人办理证件和批件。

④组织设计交底。

⑤支付合同价款。

⑥组织竣工验收。

⑦其他义务。

### 2. 承包人的基本权利与义务

根据《公路工程标准施工招标文件》(2018 年版)中“通用合同条款”和“专用合同条款”所列,承包人的责任与义务最主要的有:

①遵守法律。

②依法纳税。

③完成各项承包工作。

④对施工作业和施工方法的完备性负责。

⑤保证工程施工和人员的安全。

⑥负责施工场地及其周边环境与生态环境的保护工作。

⑦避免施工对公众与他人的利益造成损害。

⑧为他人提供方便。

⑨工程的维护和管理,在“专用合同条款”中,本项细化为:交工验收证书颁发前,承包人应负责管理和维护工程未来用于或安装在本工程中的材料、设备。交工验收证书颁发时尚有部分未交工工程的,承包人还应负责该未交工工程、材料、设备的管理和维护工作,直到交工后移交给发包人为止。在承包人负责管理与维护期间,如果本工程或材料、设备等发生损失或损害,除不可抗力原因外,承包人均应自费弥补,并达到合同要求。除承包人外还应对按规定实施作业的过程中由承包人造成的任何工程损失或损害负责。

⑩其他义务。

**3. 监理人的基本权利与义务**

监理人受发包人委托,享有合同约定的权力。监理人在行使某项权力前需经发包人事先批准而通用合同条款没有指明的,应在专用合同条款中指明,具体有:

①同意分包本工程的某些非主体和非关键性工作。

②确定产生的费用增加额。

③发布开工通知、暂停施工指示或复工通知。

④决定工期延长。

⑤审查批准技术规范或设计的变更。

⑥根据发出的变更指令,其单项工程变更或累计变更涉及的金额超过项目专用合同条款数据表规定的金额。

⑦确定变更工作的单价。

⑧决定有关暂列金额的使用。

⑨确定暂估价的金额。

⑩确定索赔额。

如果发生紧急情况,监理人认为将造成人员伤亡,或危及本工程或邻近的财产需立即采取行动,监理人有权在未征得发包人批准的情况下发布处理紧急情况所必需的指令,承包人应予执行,由此造成的费用增加由监理人按专用合同条款商定或确定。

监理人发出的任何指示应视为已得到发包人的批准,但监理人无权免除或变更合同约定的发包人和承包人的权利、义务和责任。

合同约定应由承包人承担的义务和责任,不因监理人对承包人提交文件的审查或批准,对工程、材料和设备的检查与检验,以及为实施监理作出的指示等职务行为而减轻或解除。

**知识链接**

**分包人的基本权利与义务**

①承包人不得将其承包的全部工程转包给第三人,或将其承包的全部工程肢解后以分包的名义转包给第三人。

②承包人不得将工程主体、关键性工作介包给第三人。经发包人同意,承包人或将工程的其他部分或工作分包给第三人,外包包括专业分包和劳务分包。

③分包人的资格能力应与其分包工程的标准和规模相适应。

④按投标函附录约定分包工程的,承包人应向发包人和监理人提交分包合同副本。

⑤承包人应与分包人就分包工程向发包人承担连带责任。

**典型案例**

甲乙签订《建设工程施工合同》,约定工程款为2 000万元,工程款支付方式为扣除3%质保金后,以所建设B幢商品房9~24层约2 600 $m^2$ 的面积按照均价每平方米70元计算,抵扣工程款,不足部分以现金支付。乙未经甲同意将该工程转包给丙。丙施工完成后,起诉甲,列乙为第三人,请求甲支付欠付工程款。甲抗辩称,其已以现金方式拨付约300万元工程款;剩余工程款按照合同约定,以每平方米7 000元的方式计算,以房抵项目目前约定范围内约2 600 $m^2$ 的商品房均未对外销售,其可以交付给乙,并为乙办理房屋过户登记手续;现丙作为实际施工人(转承包人),请求支付工程款,与案涉《建设工程施工合同》约定不符,如果甲应在欠付工程款范围内承担责任,也应以房抵项目欠付工程款。

鉴于丙不变更诉讼请求为请求以房抵项目工程款,而是请求以金钱支付欠付工程款,故应驳回其诉讼请求。

【问题】

发包人能否基于与承包人所签订的《建设工程施工合同》中有关工程款支付方式的约定,对抗转承包人支付工程款的请求权?

【焦点分析】

发包人与承包人签订合法有效的《建设工程施工合同》,承包人未经发包人同意,将所承包工程转包给转承包人,属于违法转包行为。相对于发包人而言,转承包人仅系承包人在违反法律规定和合同约定的情况下所使用的履行辅助人,根据合同相对性原则,该履行辅助人通常不能取得针对发包人的直接请求权。鉴于原《建设工程施工合同解释》第二十六条,2020年《建设工程施工合同司法解释(一)》第四十三条1　《保障农民工工资支付条例》已明确了转承包人可以取得对发包人的直接请求权,故发包人与承包人合同中约定的能够对承包人行使的抗辩,也有权对转承包人行使。

# 单元练习

**一、判断题**

1. 发包人发布开工通知、暂停施工指示或复工通知。　(　　)

2. 承包人对施工作业和施工方法的完备性负责。 ( )

3. 监理人受发包人委托，享有监理合同约定的权力。 ( )

**二、填空题**

1. 交工验收证书颁发前，__________应负责管理和维护工程未来用于或安装在本工程中的材料、设备。

2. 由于发包人未能按照本项规定办妥永久占地征用手续，影响承包人及时使用永久占地造成的费用增加和工期延误应由__________承担。

3. 承包人不得将__________、关键性工作分包给第三人。

**三、单选题**

1. 下列事项中，属于发包人应承担的义务是(  )。

A. 现场查勘　　B. 搭建场地内临时设施

C. 提供施工场地　　D. 审核工程进度计划

2. 在设计合同履行中，由(  )组织设计单位进行设计交底。

A. 设计单位　　B. 监理单位　　C. 发包单位　　D. 总承包单位

3. 某施工合同履行过程中，因施工需要临时中断道路交通，发包人委托承包人办理申请批准手续。因工程所处路段交通流量大，全天中断交通的要求未获批准，承包人只能在夜间施工，则由此造成的承包人损失应由(  )。

A. 发包人赔偿，延误的工期顺延　　B. 发包人赔偿，延误的工期不予顺延

C. 承包人承担，延误的工期顺延　　D. 承包人承担，延误的工期不予顺延

**四、多选题**

1. 根据公路行业相关规定，属于监理人职责的有(  )。

A. 约定开工时间　　B. 提出开工申请　　C. 组织设计交底

D. 审查承包人的实施方案　　E. 开工通知

2. 下列属于发包人应完成的工作有(  )。

A. 办理现场外的道路通行权

B. 向工程师提供工程进度计划

C. 协助承包人办理证件

D. 提供保证施工安全需要的围栏设施

E. 提供施工现场周围地下管线情况资料

3. 下列属于发包人在施工准备阶段的主要义务有(  )。

A. 审定施工方案　　B. 组织设计交底　　C. 提供施工现场

D. 约定开工时间　　E. 发出开工通知

# 单元2　公路工程施工合同条款实施管理

合同条款包括通用条款和专用条款：通用条款在整个项目中是相同的，甚至可以直接采用范本中的合同条款，这样既可以节省编制招标文件的时间，又能较好地保证合同的公平性和严密性。在编制合同条款时，《公路工程标准施工招标文件》(2018年版)的通用条款原则上不可变动。

### 1. 公路工程施工质量控制条款管理

#### 1) 公路工程质量要求

工程质量验收按合同约定验收标准执行。

承包人原因造成工程质量达不到合同约定验收标准的，监理人有权要求承包人返工直至符合合同要求为止，由此造成的费用增加和(或)工期延误由承包人承担。

发包人原因造成工程质量达不到合同约定验收标准的，发包人应承担因承包人返工造成的费用增加和(或)工期延误，并支付承包人合理利润。

#### 2) 材料和工程设备

承包人应按合同约定进行材料、工程设备和工程的试验和检验，并为监理人对上述材料、工程设备和工程质量检查提供必要的试验资料和原始记录。按合同约定，应由监理人与发包人共同进行试验和检验的，由承包人负责提供必要的试验资料和原始记录。

监理人未按合同约定派员参加试验和检验的，除监理人另有指示外，承包人可自行试验和检验，并应立即将试验和检验结果报送监理人，监理人应签字确认。

监理人对承包人的试验和检验结果有疑问的，或为查清承包人试验和检验成果的可靠性要求承包人重新试验和检验的，可按合同约定由监理人与承包人共同进行。重新试验和检验的结果证明该项材料、工程设备或工程质量不符合合同要求的，由此增加的费用和(或)工期延误由承包人承担；重新试验和检验结果证明该项材料、工程设备和工程符合合同要求，由发包人承担由此增加的费用和(或)工期延误，并支付承包人合理利润。

承包人根据合同约定或监理人指示需进行的现场材料试验或现场工艺试验，应按“通用合同条款”规定进行。

#### 3) 施工设备和临时设施

(1) 承包人提供的施工设备和临时设施及监理人对其要求

承包人应按合同进度计划的要求，及时配置施工设备和修建临时设施，进入施工场地的承包人设备需经监理人核查后才能投入使用。承包人更换合同约定的承包人设备的，应报监理人批准。

除专用合同条款另有约定外，承包人应自行承担修建临时设施的费用，需要临时占地的，应由发包人办理申请手续并承担相应费用。

承包人使用的施工设备不能满足合同进度计划和(或)质量要求时，监理人有权要求承包人增加或更换施工设备，承包人应及时增加或更换，由此增加的费用和(或)工期延误由承包人承担。

除合同另有约定外，运入施工场地的所有施工设备以及在施工场地建设的临时设施应专用于合同工程。未经监理人同意，不得将上述施工设备和临时设施中的任何部分运出施工场地或挪作他用。

经监理人同意，承包人可根据合同进度计划撤走闲置的施工设备。

(2) 发包人提供的施工设备和临时设施

发包人提供的施工设备和临时设施在专用合同条款中约定。

4)测量放线

(1)施工控制网

发包人应在专用合同条款约定的期限内,通过监理人向承包人提供测量基准点、基准线和水准点及其书面资料。除专用合同条款另有约定外,承包人应根据国家测绘基准、测绘系统和工程测量技术规范,按上述基准点(线)以及合同工程精度要求,测设施工控制网,并在专用合同条款约定的期限内,将施工控制网资料报送监理人审批。

承包人应负责管理施工控制网点。施工控制网点丢失或损坏的,承包人应及时修复。承包人应承担施工控制网点的管理与修复费用,并在工程竣工后将施工控制网点移交发包人。

(2)施工测量

承包人应负责施工过程中的全部施工测量放线工作,并配置合格的人员、仪器、设备和其他物品。

监理人可以指示承包人进行抽样复测,当复测中发现错误或出现超过合同约定的误差时,承包人应按监理人指示进行修正或补测,并承担相应的复测费用。

(3)基准资料错误的责任

发包人应对其提供的测量基准点、基准线和水准点及书面资料的真实性、准确性和完整性负责。发包人提供上述基准资料错误导致承包人测量放线工作的返工或造成工程损失的。发包人应当承担由此增加的费用和(或)工期延误,并向承包人支付合理利润。承包人发现发包人提供的上述基准资料存在明显错误或疏忽的,应及时通知监理人。

(4)监理人使用施工控制网

监理人需使用施工控制网的,承包人应提供必要的协助,发包人不再为此支付费用。

5)试验和检验

(1)材料、工程设备以及工程的试验和检验

承包人应按合同约定进行材料、工程设备以及工程的试验和检验,并为监理人对上述材料、工程设备和工程的质量检查提供必要的试验资料和原始记录。按合同约定,应由监理人与承包人共同进行试验和检验的,由承包人负责提供必要的试验资料和原始记录。

监理人未按合同约定派员参加试验和检验的,除监理人另有指示外,承包人可自行试验和检验,并应立即将试验和检验结果报送监理人,监理人应签字确认。

监理人对承包人的试验和检验结果有疑问的,或为查清承包人试验和检验成果的可靠性要求承包人重新试验和检验的,可按合同约定由监理人与承包人共同进行。重新试验和检验的结果证明该项材料、工程设备或工程的质量不符合合同要求的,由此增加的费用和(或)工期延误由承包人承担;重新试验和检验结果证明该项材料、工程设备和工程符合合同要求,由发包人承担由此增加的费用和(或)工期延误,并支付承包人合理利润。

(2)现场材料试验

承包人根据合同约定或监理人指示进行的现场材料试验,应由承包人提供试验场所、试验人员、试验设备器材,以及其他必要的试验条件。

监理人在必要时,可以使用承包人的试验场所,试验设备器材以及其他试验条件,进行以工程质量检查为目的的复核性材料试验,求包人应予以协助。

(3)现场工艺试验

承包人应按合同约定或监理人指示进行现场工艺试验。对大型的现场工艺试验,监理人认为必要时,应由承包人根据监理人提出的工艺试验要求,编制工艺试验措施计划,报送监理人审批。

### 6)工程质量检查

(1)工程质量要求

公路工程质量
检验评定标准
基本规定

工程质量验收按技术规范及《公路工程质量检验评定标准第一册 土建工程》(JTG F80/1—2017)执行。承包人原因造成工程质量达不到合同约定验收标准的,监理人有权要求承包人返工直至符合合同要求为止,由此造成的费用增加和(或)工期延误的由承包人承担。

发包人原因造成工程质量达不到合同约定验收标准的,发包人应承担由承包人返工造成的费用增加和(或)工期延误,并支付承包人合理利润。

(2)承包人的质量管理和质量检查

公路工程施行质量责任终身制。承包人应当书面明确相应的项目负责人和质量负责人、承包人的相关人员按照国家法律法规和有关规定在工程合理使用年限内承担相应的质量责任。

承包人对工程施工质量负责,应当按合同约定设立现场质量管理机构、配备工程技术人员和质量管理人员,落实工程施工质量责任制。建立完善的质量检查制度。承包人应在合同约定的期限内,提交工程质量保证措施文件,包括质量检查机构的组织和岗位责任、质检人员的组成、质量检查程序和实施细则等,报送监理人审批。

承包人应当严格按照工程设计图纸、施工技术标准和合同约定施工,对原材料、混合料、构配件、工程实体、机电设备等进行检验;按规定随行班组自检、工序交接检、专职质检员检验的质量控制程序;对分项工程、外部工程和单位工程进行质量自评,检验或者自评不合格的,不得进入下道工序或者投入使用。

承包人应当按照合同约定设立工地临时试验室,配齐检测和试验仪器、仪表,及时校正确保其精度;严格按照工程技术标准、检测规范和规程,在核定的试验检测参数范围内开展试验检测活动,并确保规范规定的检验、抽检频率,承包人应当对其设立的工地临时试验室所出具的试验检测数据和报告的真实性、客观性、准确性负责。

(3)监理人的质量检查

监理人有权对工程的所有部位及其施工工艺、材料和工程设备进行检查和检验,承包人应为监理人的检查和检验提供方便,包括监理人到施工场地,或制造、加工地点,或合同约定的其他地方进行察看和查阅施工原始记录,承包人还应按监理人指示,进行施工场地取样试验工程复核测量和设备性能检测,提供试验样品、提交试验报告和测量成果以及监理人要求进行的其他工作。监理人的检查和检验,不可免除承包人按合同约定应负的责任。

(4)工程隐蔽部位覆盖前的检查

①通知监理人检查。经承包人自检确认的工程隐蔽部位具备覆盖条件后,承包人应通知监理人在约定的期限内检查。承包人的通知应附有自检记录和公要的检查资料。监理人应按时到场检查。经监理人检查确认质量符合隐蔽要求,并在检查记录上签字后,承包人才能进行覆盖,监理人检查确认质量不合格的,承包人应在监理人指示的时间内修整返工后,由监理人重新检查。

②监理人未到场检查,监理人未按本款第一项约定的时间进行检查的,除监理人另有指示外,承包人可自行完成覆盖工作,并做相应记录报送监理人,监理人应签字确认。监理人事后对检查记录有疑问的,可按本款第三项的约定重新检查。

③监理人重新检查,承包人按本款第一项或第二项覆盖工程隐蔽部位后,监理人对质量有疑问的,可要求承包人对已覆盖的部位进行钻孔探测或揭开重新检验,承包人应遵照执行,并在检验后重新覆盖恢复原状。经检验证明,工程质量符合合同要求的,由发包人承担由此增加的费用和(或)工期延误,并支付承包人合理利润;经检验证明工程质量不符合合同要求的,由此增加的费用和(或)工期延误的由承包人承担。

④承包人私自覆盖。承包人未通知监理人到场检查,私自将工程隐蔽部位覆盖的,监理人有权指示承包人钻孔探测或揭开检查,无论工程隐藏部位质量是否合格,由此增加的费用和(或)工期延误由承包人承担。

⑤清除不合格工程。承包人使用不合格材料、工程设备,或采用不适当的施工工艺,或施工不当,造成工程不合格的,监理人可以随时发出指示,要求承包人立即采取措施进行补救,直至达到合同要求的质量标准,由此增加的费用和(或)工期延误由承包人承担。

由发包人提供的材料或工程设备不合格造成的工程不合格,需要承包人采取措施补救的,发包人应承担由此增加的费用和(或)工期延误,并支付承包人合理利润。

7)交竣工验收

当工程具备以下条件时,承包人即可向监理人报送竣工验收申请报告:

①除监理人同意列入缺陷责任期内完成的尾工(甩项)工程和缺陷修补工作外,合同范围内的全部单位工程以及有关工作,包括合同要求的试验、试运行以及检验和验收均已完成,并符合合同要求。

②已按合同约定的内容和份数备齐符合要求的竣工资料。

③已按监理人的要求编制了在缺陷责任期内完成的尾工(甩项)工程和缺陷修补工作清单以及相应施工计划。

④监理人要求在竣工验收前应完成的其他工作。

⑤监理人要求提交的竣工验收资料清单。

监理人收到承包人提交的竣工验收申请报告后,应审查申请报告的各项内容,并按以下不同情况进行处理。

①监理人审查后认为尚不具备竣工验收条件的,应在收到竣工验收申请报告后的 28 天内通知承包人,指出在颁发接收证书前承包人还需进行的工作内容。承包人完成监理人通知的全部工作内容后,应再次提交竣工验收申请报告,直至监理人同意为止。

②监理人审查后认为已具备竣工验收条件的,应在收到竣工验收申请报告后的 28 天内提请发包人进行工程验收。

③发包人经过验收后同意接受工程的,应在监理人收到竣工验收申请报告后的 56 天内,由监理人向承包人出具经发包人签认的工程接收证书,发包人验收后同意接收工程但提出整修和完善要求的,限期修好,并延缓发放工程接收证书,整修和完善工作完成后,监理人复查达到要求的,经发包人同意后,再向承包人出具工程接收证书。

④发包人验收后不同意接收工程的,监理人应按照发包人的验收意见发出指示,要求承包

人对不合格工程认真返工重做或进行补救处理，并承担由此产生的费用。承包人在完成不合格工程的返工重做或补救工作后，应重新提交竣工验收申请报告，按本款第一项、第二项和第三项的约定进行。

⑤除专用合同条款另有约定外，经验收合格工程的实际竣工日期，以提交竣工验收申请报告的日期为准，并在工程接收证书中写明。

⑥发包人在收到承包人竣工验收申请报告56天后，未进行验收的视为验收合格，实际竣工日期以提交竣工验收申请报告的日期为准，但发包人由于不可抗力不能进行验收的除外。

A.单位工程验收。发包人根据合同进度计划安排，在全部工程竣工前需要使用已经竣工的单位工程时，或承包人提出经发包人同意时，可进行单位工程验收。验收程序根据合同约定进行。验收合格后，由监理人向承包人出具经发包人签认的单位工程验收证书。已签发单位工程接收证书的单位工程由发包人负责照管。单位工程的验收成果和结论作为全部工程竣工验收申请报告的附件。

发包人在全部工程竣工前，使用已接收的单位工程导致承包人费用增加的，发包人应承担由此增加的费用和(或)工期延误，并支付承包人合理利润。

B.施工期运行。施工期运行是指合同工程尚未全部竣工，其中某项或某几项单位工程或工程设备安装已竣工，根据专用合同条款约定，需要投入施工期运行的，经发包人按合同约定验收合格，证明能确保安全后，才能在施工期投入运行。在施工期运行中发现工程或工程设备损坏或存在缺陷的，由承包人按缺陷责任约定进行修复。

C.试运行。除专用合同条款另有约定外，承包人应按专用合同条款约定进行工程及工程设备试运行，负责提供试运行所需的人员、器材和必要的条件，并承担全部试运行费用。

由承包人导致试运行失败的，承包人应采取措施保证试运行合格，并承担相应费用。由发包人导致试运行失败的，承包人应当采取措施保证试运行合格，发包人应承担由此产生的费用，并支付承包人合理利润。

D.竣工清场。除合同另有约定外，工程接收证书领发后，承包人应按以下要求对施工场地进行清理，直至监理人检验合格为止。竣工清场费用由承包人承担。

a.施工场地内残留的垃圾已全部清除出场。

b.临时工程已拆除，场地已按合同要求进行清理、平整或复原。

c.按合同约定应撤离的承包人设备和剩余的材料，包括废弃的施工设备和材料，已按计划撤离施工场地。

d.工程建筑物周边及其附近道路、河道的施工堆积物，已按监理人指示全部清理。

e.监理人指示的其他场地清理工作已全部完成。

承包人未按监理人的要求恢复临时占地，或者场地清理未达到合同约定的，发包人有权委托其他人恢复或清理，所发生的金额从计划支付给承包人的款项中扣除。

E.施工队伍的撤离。工程接收证书颁发后的56天内，除了经监理人同意需在缺陷责任期内继续工作的人员和使用的施工设备与临时工程外，其余人员、施工设备应撤离施工场地，临时工程应拆除。

除合同另有约定外，缺陷责任期满时，承包人的人员和施工设备应全部撤离施工场地。

8)缺陷责任与保修责任

(1)缺陷责任期的起算时间

缺陷责任期自实际竣工日期起计算,在全部工程竣工验收前,已经发包人提前验收的单位工程,其缺陷责任期的起算日期相应提前。

(2)缺陷责任

①承包人应在缺陷责任期内对已交付使用的工程承担缺陷责任。

②缺陷责任期内,发包人对已接收使用的工程负责日常维护工作,发包人在使用过程中,发现已接收的工程存在新的缺陷或已修复的缺陷部位或部件又遭损坏的、承包人应负责修复,直至检验合格。

③监理人和承包人应共同查清缺陷和(或)损坏的原因,经查明属承包人原因造成的应由承包人承担修复和查验的费用。经查验属发包人原因造成的,发包人应承担修复和查验的费用,并支付承包人合理利润。

④承包人不能在合理时间内修复缺陷的,发包人可自行修复或委托其他人修复,所需费用和利润的承担,按本款第三项约定办理。

(3)缺陷责任期的延长

由承包人造成某项缺陷或损坏,使某项工程或工程设备不能按原定目标使用而需要再次检查、检验和修复的,发包人有权要求承包人相应延长缺陷责任期,但缺陷责任期最长不超过2年。

(4)进一步试验和试运行

任何一项缺陷或损坏修复后,经检查证明其影响了工程或工程设备的使用性能,承包人应重新进行合同约定的试验和试运行,试验和试运行的全部费用应由责任方承担。

(5)承包人的进入权

缺陷责任期内承包人为缺陷修复工作需要,有权进入工程现场,但应遵守发包人的保安和保密规定。

(6)缺陷责任期终止证书

约定的缺陷责任期,包括根据第三项延长的期限终止后14天内,由监理人向承包人出具经发包人签认的缺陷责任期终止证书,并退还剩余的质量保证金。

(7)保修责任

合同当事人根据有关法律规定,在专用合同条款中约定工程质量保修范围、期限和责任。

保修期自实际施工日期起计算。在全部工程竣工验收前,已经发包人提前验收的单位工程,其保修期的起算日期相应提前。

**典型案例**

事件1:某二级公路工程项目,在施工招标文件中,按工期定额计算工期为550天,但在施工合同中,开工日期为2017年12月15日,竣工日期为2019年7月20日,日历天数为582天,请问合同工期应为多少天?为什么?

施工合同规定,发包人给承包人提供7套图纸,承包人在施工过程中要求发包人再提供3套图纸,这3套施工图纸的费用由谁来承担?

事件 2:该项目一处挡土墙基础施工完成后,承包人应通知监理人到场验收,监理人按约定时间验收,并确认质重合格。3 个月后,该挡土墙完工,监理人对其整体验收时,要求承包人开挖一处基础位置,重新检验基础质量,请问该项检验费用应由谁承担?

【焦点分析】

①按照合同文件的解释顺序,协议条款与招标文件在内容上有矛盾时,应以协议条款为准。故该工程项目的合同工期为 582 天。

承包人要求发包人再提供 3 套图纸,其费用由承包人承担。

②该项基础若重新检验后质量合格,检查费用及工期延误应由发包人承担。若重新检验不合格,则检查费用及工期延误由承包人承担。

### 2. 公路工程施工进度条款管理

#### 1)进度计划

(1)合同进度计划

承包人应按专用合同条款约定的内容和期限,编制详细的施工进度计划和施工方案报送监理人。监理人应在专用合同条款约定的期限内批复或提出修改意见,否则,该进度视为已得到批准。经监理人批准的施工进度计划称为合同进度计划,是控制合同工程进度的依据。承包人还应根据合同进度计划,编制更为详细的分阶段或分项进度计划,报监理人审批。

(2)合同进度计划的修订

不论何种原因造成工程的实际进度与合同进度计划不符时,承包人可以在专用合同条款约定的期限内向监理人提交修订合同进度计划的申请报告,并附有关措施和相关资料,报监理人审批;监理人也可直接向承包人作出修订合同进度计划的指示,承包人应按该指示修订合同进度计划,报监理人审批。监理人应在专用合同条款约定的期限内批复。监理人在批复前应获得发包人同意。

#### 2)开工和竣工

(1)开工

监理人应在开工日期 7 天前向承包人发出开工通知。监理人在发出开工通知前应获得发包人同意。工期自监理人发出的开工通知中载明的开工日期起计算。承包人应在开工日期后尽快施工。

承包人应按约定的合同进度计划,向监理人提交工程开工报审表,经监理人审批后执行。

开工报审表应详细说明按合同进度计划正常施工所需的施工道路、临时设施、材料设备、施工人员等施工组织措施的落实情况以及工程进度安排。

(2)竣工

承包人应在约定的期限内完成合同工程。实际竣工日期在接收证书中写明。

(3)发包人的工期延误

在履行合同过程中,由发包人的下列原因造成工期延误的,承包人有权要求发包人延长工期和(或)增加费用,并支付合理利润。需要修订合同进度计划的,按照“合同进度计划的修订”

的约定办理。

①增加合同工作内容。

②改变合同中任何一项工作的质量要求或其他特性。

③发包人迟延提供材料、工程设备或变更交货地点的。

④由发包人导致的暂停施工。

⑤提供图纸延误。

⑥未按合同约定及时支付预付款、进度款。

⑦发包人造成工期延误的其他原因。

(4)异常恶劣的气候条件

由出现专用合同条款规定的异常恶劣气候的条件导致工期延误的，承包人有权要求发包人延长工期。

(5)承包人的工期延误

由于承包人原因，未能按合同进度计划完成工作，或监理人认为承包人施工进度不能满足合同工期要求的，承包人应采取措施加快进度，并承担加快进度所增加的费用。由承包人造成工期延误的，承包人应支付逾期竣工违约金。逾期竣工违约金的计算方法在专用合同条款中约定。承包人支付逾期竣工违约金，不可免除承包人完成工程及修补缺陷的义务。

(6)工期提前

发包人要求承包人提前竣工，或承包人提出提前竣工的建议能给发包人带来效益的，应由监理人与承包人协商采取加快工程进度的措施和修订合同进度计划。发包人应承担承包人由此增加的费用，并向承包人支付专用合同条款约定的相应奖金。

### 3)暂停施工

(1)承包人暂停施工的责任

因下列暂停施工增加的费用和(或)工期延误的由承包人承担：

①承包人违约引起的暂停施工。

②由于承包人原因为工程合理施工和安全保障所必需的暂停施工。

③承包人擅自暂停施工。

④承包人其他原因引起的暂停施工。

⑤专用合同条款约定由承包人承担的其他暂停施工。

(2)发包人暂停施工的责任

由发包人引起的暂停施工造成工期延误的，承包人有权要求发包人延长工期和(或)增加费用，并支付合理利润。

(3)监理人暂停施工指示

监理人认为有必要时，可向承包人作出暂停施工的指示，承包人应按监理人指示暂停施工。不论何种原因引起的暂停施工，暂停施工期间承包人应负责妥善保护工程并提供安全保障。

由于发包人的原因发生暂停施工的紧急情况，而且监理人未及时下达暂停施工指示的，承包人可先暂停施工，并及时向监理人提出暂停施工的书面请求。监理人应在接到书面请求后的24 h内予以答复，逾期未答复的，视为同意承包人的暂停施工请求。

(4)暂停施工后的复工

暂停施工后,监理人应与发包人和承包人协商,采取有效措施积极消除暂停施工的影响。当工程具备复工条件时,监理人应立即向承包人发出复工通知,承包人收到复工通知后,应在监理人指定的期限内复工。

承包人无故拖延和拒绝复工的,由此增加的费用和工期延误由承包人承担;因发包人原因无法按时复工的,承包人有权要求发包人延长工期和(或)增加费用,并支付合理利润。

(5)暂停施工持续 56 天以上

监理人发出暂停施工指示后 56 天内未向承包人发出复工通知的,除了该项停工属于本条第一款的情况外,承包人可向监理人提交书面通知,要求监理人在收到书面通知后 28 天内准许已暂停施工的工程或其中部分工程继续施工,如监理人逾期不予批准的,则承包人可以通知监理人,将工程受影响的部分视为按本条第一款第一项的可取消工作。如暂停施工影响整个工程,可视为发包人违约,应按发包人违约的规定办理。

由承包人责任引起的暂停施工,如承包人在收到监理人暂停施工指示后 56 天内不认真采取有效的复工措施,造成工期延误的,可视为承包人违约。

**典型案例**

某高建公路项目,承包人为了避免今后可能支付延误赔偿金的风险,要求将路基的完工时间延长 6 个星期,承包人的理由如下:

①严重降雨;

②现场劳务不足;

③承包人在原工地现场之外的另一地方追加了一项额外的工作;

④无法遇见的恶劣土质条件。

以上哪些原因引起的延误是非承包商承担风险的延误,承包人可申请延长工期?

【焦点分析】

根据“通用合同条款”的要求,上述①、③、④种原因引起的延误是非承包商承担风险的延误,承包人可申请延长工期。

**3. 公路工程造价控制条款管理**

1)计量

(1)计量单位

计量采用国家法定的计量单位。

(2)计量方法

工程量清单中的工程量计算规则应按有关国家标准、行业标准的规定,并在合同中约定执行。

(3)计量周期

除专用合同条款另有约定外,单价子目已完成工程量按月计量,总价子目的计量周期按批准的支付分解报告确定。

(4)单价子目的计量

①已标价工程量清单中的单价子目工程量为估算工程量。结算工程量是承包人实际完成的,并按合同约定的计量方法进行计量的工程量。

②承包人对已完成的工程进行计量,向监理人提交进度付款申请单、已完成工程量报表和有关计量资料。

③监理人对承包人提交的工程量报表进行复核,以确定实际完成的工程量。对数量有异议的,可要求承包人按"施工测量"约定进行共同复核和抽样复测,承包人应协助监理人进行复核并按监理人要求提供补充计量资料。承包人未按监理人要求参加复核的,监理人复核或修正的工程量视为承包人实际完成的工程量。

④监理人认为有必要时,可通知承包人共同进行联合测量、计量,承包人应遵照执行。

⑤承包人完成工程量清单中每个子目的工程量后,监理人应要求承包人派技术人员共同对每个子目的历次计量报表进行汇总,以核实最终结算工程量。监理人可要求承包人提供补充计量资料,以确定最后一次进度付款的准确工程量。承包人未按监理人要求派技术人员参加的,监理人最终核实的工程量视为承包人完成该子目的准确工程量。

⑥监理人应在收到承包人提交的工程量报表后的 7 天内进行复核,监理人未在约定时间内复核的,承包人提交的工程量报表中的工程量视为承包人实际完成的工程量,据此计算工程价款。

(5)总价子目的计量

除专用合同条款另有约定外,总价子目的分解和计量按照下述约定进行。

①总价子目的计量和支付应以总价为基础,不因通用合同条款"因价格波动引起的价格调整"中的因素而进行调整。承包人实际完成的工程量,是进行工程目标管理和控制进度支付的依据。

②承包人在合同约定的每个计量周期内,对已完成的工程进行计量,并向监理人提交进度付款申请单、专用合同条款约定的合同总价支付分解表所表示的阶段性或分项计量的支持性资料,以及所达到工程形象目标或分阶段需完成的工程量和有关计量资料。

③监理人对承包人提交的上述资料进行复核,以确定分阶段实际完成的工程量和工程形象目标。对其有异议的,可要求承包人按"施工测量"约定进行共同复核和抽样复测。

④除按照"变更"约定的变更外,总价子目的工程量是承包人用于结算的最终工程量。

2)支付

(1)预付款

①预付款用于承包人为合同工程施工购置材料、工程设备、施工设备、修建临时设施,以及组织施工队伍进场等,预付款的额度和预付办法在专用合同条款中约定,预付款必须专用于合同工程。

②预付款保函。除专用合同条款另有约定外,承包人应在收到预付款的同时向发包人提交预付款保函,预付款保函的担保金额应与预付款金额相同。保函的担保金额可根据预付款扣回的金额相应递减。

③预付款的扣回与还清。预付款在进度付款中扣回,扣回办法在专用合同条款中约定。

在颁发工程接收证书前，由于不可抗力或其他原因解除合同时，预付款尚未扣清的，预付款余额应作为承包人的到期应付款。

（2）工程进度付款

①付款周期同计量周期。

②进度付款申请单。承包人应在每个付款周期末，按监理人批准的格式和专用合同条款约定的份数，向监理人提交进度付款申请单，并附相应的支持性证明文件。除专用合同条款另有约定外，进度付款申请单应包括下列内容：

a. 截至本次付款周期末已实施工程的价款。

b. 应增加和扣减的变更金额。

c. 应增加和扣减的索赔金额。

d. 应支付的预付款和扣减的返还预付款。

③应扣减的质量保证金。

④根据合同应增加和扣减的其他金额。

（3）进度付款证书和支付时间

①监理人在收到承包人进度付款申请单以及相应的支持性证明文件后的 14 天内完成核查，提出发包人到期应支付给承包人的金额以及相应的支持性材料，经发包人审查同意后，由监理人向承包人出具经发包人签认的进度付款证书。监理人有权扣发承包人未能按照合同要求履行任何工作或义务的相应金额。

②发包人应在监理人收到进度付款申请单后的 28 天内，将进度应付款支付给承包人。发包人不按期支付的，按专用合同条款的约定支付逾期付款违约金。

③监理人出具进度付款证书，不应视为监理人已同意、批准或接受了承包人完成的该部分工作。

④进度付款涉及政府投资资金的，按照国库集中支付等国家相关规定和专用合同条款的约定办理。

（4）工程进度付款的修正

在对以往历次已签发的进度付款证书进行汇总和复核中发现错、漏或重复的、监理人有权予以修正，承包人也有权提出修正申请。经双方复核同意的修正，应在本次进度付款中支付或扣除。

（5）质量保证金

①监理人应从第一个付款周期开始，在发包人的进度付款中，按专用合同条款的约定扣留质量保证金，直至扣留的质量保证金总额达到专用合同条款约定的金额或比例为止。质量保证金的计算额度不包括预付款的支付、扣回以及价格调整的金额。

②在约定的缺陷责任期满时，承包人向发包人申请到期应返还承包人剩余的质量保证金的金额，发包人应在 14 天内会同承包人按照合同约定的内容核实承包人是否完成缺陷责任。若无异议，发包人应在核实后将剩余保证金返还给承包人。

③在约定的缺陷责任期满时，承包人没有完成缺陷责任的，发包人有权扣留与未履行责任剩余工作所需金额相应的质量保证金余额，并有权根据“缺陷责任期的延长”约定要求延长缺

陷责任期，直至完成剩余工作为止。

(6)竣工结算

①竣工付款申请单。

a. 工程接收证书颁发后，承包人应按专用合同条款约定的份数和期限向监理人提交竣工付款申请单，并提供相关证明材料。除专用合同条款另有约定外，竣工付款申请单应包括下列内容：竣工结算合同总价、发包人已支付承包人的工程价款、应扣留的质量保证金、应支付的竣工付款金额。

b. 监理人对竣工付款申请单有异议的，有权要求承包人进行修正和提供补充资料。经监理人和承包人协商后，由承包人向监理人提交修正后的竣工付款申请单。

②竣工付款证书及支付时间。

a. 监理人在收到承包人提交的竣工付款申请单后的 14 天内完成核查，提出发包人到期应支付给承包人的价款送发包人审核并抄送承包人，发包人应在收到后 14 天内审核完毕，由监理人向承包人出具经发包人签认的竣工付款证书，监理人未在约定时间内核查，又未提出具体意见的，视为承包人提交的竣工付款申请单已经监理人核查同意；发包人未在约定时间内审核又未提出具体意见的，监理人提出发包人到期应支付给承包人的价款视为已经发包人同意。

b. 发包人应在监理人出具竣工付款证书后的 14 天内，将应支付款支付给承包人。发包人不按期支付的，将逾期付款违约金支付给承包人。

c. 承包人对发包人签认的竣工付款证书有异议的，发包人可出具竣工付款申请单中承包人已同意部分的临时付款证书。

d. 竣工付款涉及政府投资资金的，按约定办理。

(7)最终结清

①最终结清申请单。

a. 缺陷责任期终止证书签发后，承包人可按专用合同条款约定的份数和期限向监理人提交最终结清申请单，并提供相关证明材料。

b. 发包人对最终结清申请单内容有异议的，有权要求承包人进行修正和提供补充资料，由承包人向监理人提交修正后的最终结清申请单。

②最终结清证书和支付时间。

a. 监理人收到承包人提交的最终结清申请单后的 14 天内，提出发包人应支付给承包人的价款送发包人审核并抄送承包人。发包人应在收到后 14 天内审核完毕，由监理人向承包人出具经发包人签认的最终结清证书。监理人未在约定时间内核查，又未提出具体意见的，视为承包人提交的最终结清申请已经监理人核查同意；发包人未在约定时间内审核又未提出具体意见的，监理人提出应支付给承包人的价款视为已经发包人同意。

b. 发包人应在监理人出具最终结清证书后的 14 天内，将应支付款支付给承包人。发包人不按期支付的，按约定将逾期付款违约金支付给承包人。

c. 承包人对发包人签认的最终结清证书有异议的，按约定办理。

d. 最终结清付款涉及政府投资资金的，按“工程进度付款的修正”约定办理。

**典型案例**

某公路工程项目合同中发包人承诺的合同价款支付期限与方式如下：

①工程预付款：发包人在开工前 7 天向承包人支付工程预付款，承包人应在签认合同时向发包人提交预付款保函。

②工程进度款：发包人按每月承包人提交并经监理人审查的计量支付结算证书支付，为确保工程如期竣工，承包人不得因发包人资金的暂时不到位而停工和拖延工期。

③竣工结算：工程竣工验收后，进行竣工结算。质量保证金无条件全部返还承包人。

该合同签订的条款有哪些不妥之处？应如何修改？

【焦点分析】

①工程预付款保函提交时间不合理。根据“通用合同条款”的有关规定，承包人应在收到预付款的同时向发包人提交预付款保函。

②“承包人不得因发包人资金的暂时不到位而停工和拖延工期”有失公平。应说明发包人资金不到位在什么期限内承包人不得停工和拖延工期，以及逾期发包人应支付的利息如何计算。

③质量保证金的无条件返还不妥，缺陷责任期满时，承包人向发包人申请到期应返还承包人剩余的质量保证金全额，发包人应在 14 天内会同承包人按照合同约定的内容核实承包人是否完成缺陷责任。若无异议，发包人应在核实后将剩余保证金返还承包人。承包人若没有完成缺陷责任的，发包人有权和扣留与未履行责任剩余工作所需金额相应的质量保证金余额。

## 单元练习

### 一、判断题

1. 发包人提供的施工设备和临时设施在专用合同条款中约定。（　　）

2. 经承包人自检确认合格的工程隐蔽部位具备覆盖条件后，承包人应通知监理人在约定的期限内进行检查。（　　）

### 二、填空题

1. 承包人应在收到监理人变更指示或变更意向书后的__________天内，向监理人提交变更报价书；监理人在收到承包人的变更报价书后的__________天内，根据施工合同约定的估价原则，商定或确定变更价格。

2. 监理人在收到承包人主动提出的书面变更建议后，应与__________共同研究，确认存在变更的，应在收到承包人书面建议后__________天内作出变更指示；经研究后不同意变更的，由__________书面答复承包人。

### 三、单选题

1. 某施工合同约定钢材由发包人供应，但钢材到货时发包人与监理工程师都没有通知承包人验收，供应商就将钢材卸货于施工现场。在使用前发现钢材数量出现较大短缺，这一钢材损失应由（　　）承担。

A. 承包人　B. 钢材供应商　C. 监理单位　D. 发包人

2. 承包人未能按照合同计划完成工作时，监理人要求采取措施加快进度，此时承包人(　　)。

A. 可以拒绝执行　B. 应当执行，但可获得费用补偿

C. 应当执行，但可获得费用和利润补偿　D. 应当执行，不能获得补偿

3. 由于发包人的原因发生暂停施工的紧急情况，且监理人未及时下达暂停施工指示，承包人可先暂停施工并及时向监理人提出暂停施工的书面请求。监理人应在接到书面请求后的(　　)h 内予以答复，逾期未答复的视为同意承包人的暂停施工请求。

A. 12　B. 24　C. 36　D. 48

4. 工程竣工验收未能通过，经过承包人修正缺陷再次验收检验合格。这种情况下，计算承包人的实际竣工日期应为(　　)。

A. 承包人第一次提交竣工验收报告之日

B. 承包人修改后再次提交竣工验收报告之日

C. 再次验收检验合格之日

D. 办理竣工验收手续之日

5. 发包人在收到承包人竣工验收申请报告(　　)天后未进行验收的，视为验收合格。实际竣工日期以提交竣工验收申请报告的日期为准。

A. 1　B. 14　C. 28　D. 56

6. 承包人的施工期从(　　)起算。

A. 监理人发出的开工通知中写明的开工日　B. 办理征地拆迁

C. 施工合同签订之日　D. 工程接收证书中写明的竣工日期开始

7. 在施工合同履行中，发包人按合同约定购买了部分钢筋，现场交货双方共同清点检验接收后交承包人的仓库保管员保管，当施工需要使用时发现部分钢筋丢失，则应由(　　)。

A. 保管员负责赔偿损失　B. 发包人承担损失责任

C. 承包人负责赔偿损失　D. 发包人与承包人共同承担损失责任

**四、多选题**

下列关于暂停施工程序说法正确的有(　　)。

A. 无论何种情况的停工，监理人应与发包人和承包人协商

B. 当工程具备复工条件时，监理人应立即向承包人发出复工通知

C. 承包人无故拖延和拒绝复工，由此增加的费用和工期延误由发包人承担

D. 承包人收到复工通知后，应在指示的期限内复工

E. 因发包人原因无法按期复工时，承包人只可索赔费用

# 模块9　公路工程合同索赔管理

【知识框架】

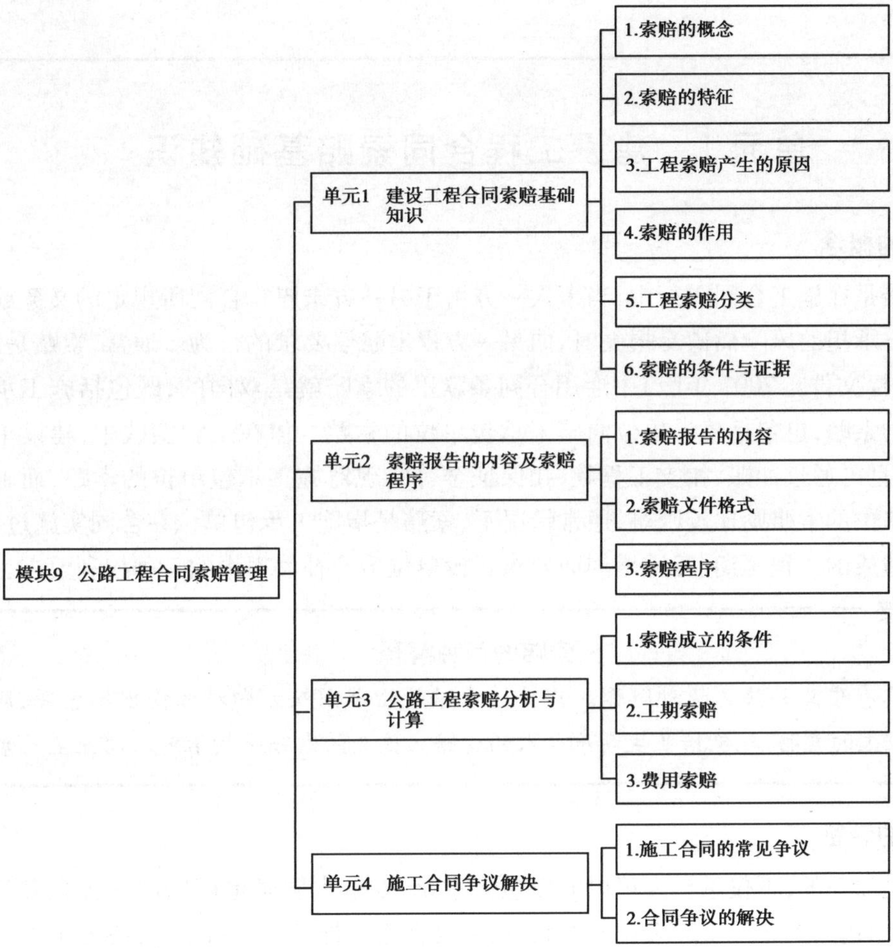


【知识目标】

1. 熟悉索赔的概念、原因及分类。

2. 掌握索赔的程序及成立的条件。

3. 了解施工合同的常见争议。

【能力目标】

1. 能根据实际项目撰写索赔报告。

2. 能简述公路工程招投标岗位对应的公路招投标法律体系组成。

3. 能理解建设工程招投标的含义、原则、特点和分类。

**课程导入**

在国家鼓励"走出去"的政策背景下，随着"一带一路"建设的实施，我国越来越多的企业，以大型国有企业特别是中央企业为主体，正在制定和实施自己的"走出去"战略，充分利用国内、国际两类资源、两大市场，实现跨国或国际化经营。自承包商在开工前对现场状况进行检查起，到工程师发出开工通知后按照施工合同和进度计划组织施工直至获得工程接收证书，再到缺陷通知期限届满时完成全部扫尾工程和缺陷修补的履约过程中，国际工程项目往往会遭受各种因素和风险事件的影响，进而导致工程延误和费用损失。业主和承包商的索赔与反索赔普遍存在项目实施过程中，相伴而行、相互博弈。为了保障合同的履行，同时实现减损增利的，我国承包商在国际工程项目中，应树立正确的索赔意识、做好索赔管理工作。

# 单元1　建设工程合同索赔基础知识

**1. 索赔的概念**

工程索赔是在施工合同履行中，当事人一方由于另一方未履行合同所规定的义务或者出现了应当由对方承担的风险而遭受损失时，向另一方提出赔偿要求的行为。通常，索赔是双向的，《标准施工招标文件》(2007年版)中通用合同条款里的索赔就是双向的，既包括施工承包单位向建设单位的索赔，也包括建设单位向施工承包单位的索赔。但在工程实践中，建设单位索赔数量较小，而且可通过冲账、扣支工程款、扣保证金等实现对施工承包单位的索赔，而施工承包单位对建设单位的索赔则比较困难，通常情况下，索赔是指施工承包单位在合同实施过程中，对非自身原因造成的工程延期、费用增加而要求建设单位给予补偿损失的一种权利要求。

**知识链接**

**索赔的两种解释**

索赔具有广义和狭义两种解释。广义的索赔是指合同双方向对方提出的索赔，既包括承包人向业主的索赔，也包括业主向承包人的索赔。狭义的索赔是指承包人向业主的索赔。

**2. 索赔的特征**

①索赔是双向的，不仅承包人可以向发包人索赔，发包人同样也可以向承包人索赔。实践中，发包人向承包人索赔发生的频率相对较低，而且在索赔处理中，发包人始终处于主动和有利地位。对承包人的违约行为，可以直接从应付工程款中扣抵、扣留保证金或通过履约保函向银行索赔来实现自己的索赔要求。因此，在工程实践中大量发生的、处理比较困难的是承包人向发包人的索赔，也是工程师进行合同管理的重点内容之一。

承包人的索赔范围非常广泛，一般只要因非承包人自身责任造成其工期延长或成本增加的，都有可能向发包人提出索赔。有时发包人违反合同，如未及时交付施工图纸、交付合格的施工现场、决策错误等造成工程修改、停工、返工、窝工，未按合同规定支付工程款等，承包人可以向发包人提出赔偿要求。也可能因发包人应承担的风险原因，如恶劣气候条件影响、国家法规修改等造成承包人损失或损害时，承包人也可以向发包人提出补偿要求。

②只有实际发生了经济损失或权利损害，一方才能向对方索赔。经济损失是指因对方原因造成合同外的额外支出，如人工费、材料费、机械费、管理费等额外开支。权利损害是指虽然没有经济上的损失，但造成了一方权利上的损害，如由于恶劣气候条件对工程进度的不利影响，承包人有权要求工期延长等。

因此，发生了实际的经济损失或权利损害，是一方提出索赔的前提。有时上述两者同时存在，如发包人未及时交付合格的施工现场，既造成承包人的经济损失，又侵犯了承包人的工期权利。因此，承包人既要求经济赔偿，又要求工期延长。有时两者可以单独存在，如恶劣气候条件影响、不可抗力事件等，承包人根据合同规定或惯例只能要求工期延长，不应要求经济补偿。

③索赔是一种未经对方确认的单方行为。它与通常所说的工程签证不同。在施工过程中，签证是承发包双方就额外费用补偿或工期延长等达成一致的书面证明材料和补充协议，可以直接作为工程款结算或最终增减工程造价的依据。而索赔则是单方面行为，对对方尚未形成约束力。这种索赔要求能否得到最终实现，必须通过双方确认（如双方协商、谈判、调解或仲裁、诉讼）后才能实现。

**3. 工程索赔产生的原因**

工程索赔是由于发生了施工过程中有关方面不能控制的干扰事件，这些干扰事件影响了合同的正常履行，造成了工期延长、费用增加，成为工程索赔的理由。

①业主方（包括建设单位和监理人）违约。在工程实施过程中，由于建设单位或监理人没有尽到合同义务，导致索赔事件发生，如未按合同规定提供设计资料、图纸的，未及时下达指令、答复请示等，使工程延期，未按合同规定的日期交付施工场地和行驶道路、提供水电、提供应由建设单位提供的材料和设备，使施工承包单位不能及时开工或造成工程中断，未按合同规定按时支付工程款，或不再继续履行合同，下达错误指令，提供错误信息，建设单位或监理人协调工作不力等。

②合同缺陷。表现为合同文件规定不严谨甚至矛盾、合同条款遗漏或错误，设计图纸错误造成设计修改、工程返工、窝工等。

③合同变更。也有可能导致索赔事件发生，如建设单位指令增加、减少工作量，增加新的工程，提高设计标准、质量标准，由于非施工承包单位的原因，建设单位指令中止工程施工，建设单位要求施工承包单位采取加速措施，其原因是非施工承包单位责任的工程拖延，或建设单位希望在合同工期的交付工程，建设单位要求修改施工方案，打乱施工顺序，建设单位要求施工承包单位完成合同规定以外的义务或工作。

④工程环境的变化，如材料价格和人工工日单价的大幅上涨，国家法令的修改，货币贬值，外汇汇率变化等。

⑤不可抗力或不利的物质条件。不可抗力又可分为自然事件和社会事件。自然事件主要是工程施工过程中不可避免地发生并且不能克服的自然灾害，包括地震、海啸、瘟疫、水灾等。社会事件则包括国家政策、法律、法令的变更，战争、罢工等。不利的物质条件通常是指承包人在施工现场遇到的不可预见的自然物质条件、非自然物质障碍和污染物，包括地下和水文条件。

**4. 索赔的作用**

①索赔是一种当事人保护自己、避免损失、增加利润、提高效益的重要手段。

②索赔是合同双方风险分担的又一次合理再分配。

③索赔是合同法律效力的具体体现,对合同双方形成约束条件,从而尽量减少其违约行为的发生。

④索赔对提高企业和工程项目管理水平起着重要的促进作用。

⑤索赔有助于政府转变职能,使合同当事人双方依据合同和实际情况实事求是地协商工程造价和工期,可以使政府从烦琐的调整概算和协调双方关系等微观管理工作中解脱出来。

⑥索赔有助于承发包双方更快地熟悉国际惯例,熟练掌握索赔和处理索赔的方法与技巧、有助于对外工程承包的开展。

**5. 工程索赔分类**

### 1)按索赔的合同依据分类

按索赔的合同依据分类,工程索赔可分为合同中的明示索赔和合同中的默示索赔。

(1)合同中的明示索赔

合同中的明示索赔、施工承包单位所提出的索赔要求,在该工程项目施工合同文件中有文字依据,这些在合同文件中有文字规定的合同条款,称为明示条款。

(2)合同中的默示索赔

合同中的默示索赔是指施工承包单位所提出的索赔要求。虽然在工程项目施工合同条款中没有专门的文字叙述,但可根据该合同中某些条款的含义,推论出施工承包单位有索赔权,这种索赔要求,同样有法律效力,施工承包单位有权得到相应的经济补偿,这种有经济补偿含义的条款,被称为“默示条款”或“隐含条款”。

### 2)按索赔的目的分类

按索赔的目的分类,工程索赔可分为工期索赔和费用索赔。

(1)工期索赔

由非施工承包单位的原因导致施工进度拖延,要求批准延长合同工期的,称为工期索赔。工期索赔在形式上是对权利的要求,以避免在原定合同竣工日不能完工时,被建设单位追究拖期违约的责任,一旦获得批准合同工期延长后,施工承包单位不仅可免除承担拖期违约赔偿费的严重风险,而且可因提前交工获得奖励,最终仍反映在经济效益上。

(2)费用索赔

费用索赔是施工承包单位要求建设单位补偿其经济损失,当施工的客观条件改变导致施工承包单位增加开支时,要求对超出计划成本的附加开支给予补偿,以挽回不应由其承担的经济损失。

### 3)按索赔事件的性质分类

按索赔事件的性质分类,工程索赔可分为工程延期索赔、工程变更索赔、合同被迫终止索赔、工程加速索赔、意外风险和不可预见因素索赔和其他索赔。

(1)工程延期索赔

因建设单位未按合同要求提供施工条件的,如未及时交付设计图纸、施工现场、通路等,或因建设单位指令工程暂停或不可抗力事件等原因造成工期拖延的。施工承包单位对此提出索赔,这是工程实施中常见的一类索赔。

(2)工程变更索赔

由建设单位或监理人指令增加或减少工程量或增加附加工程、修改设计、变更工程顺序等造成工期延长和费用增加的,施工承包单位对此提出索赔。

(3)合同被迫终止索赔

由建设单位违约及不可抗力事件等原因造成合同非正常终止,施工承包单位因其蒙受经济损失而向建设单位提出索赔。

(4)工程加速索赔

由于建设单位或监理人指令施工承包单位加快施工速度,缩短工期,引起施工承包单位人、财、物的额外开支而提出的索赔。

(5)意外风险和不可预见因素索赔

在工程实施过程中,因人力不可抗拒的自然灾害、特殊风险以及一个有经验的施工承包单位通常不能合理预见的不利施工条件或外界障碍,如地下水、地质断层、溶洞、地下障碍物等引起的索赔。

(6)其他索赔

其他索赔,如因货币贬值、汇率变化、物价上涨、政策法令变化等引起的索赔。

**知识链接**

《标准施工招标文件》(2007年版)规定了发生不可抗力的风险分担原则为:各自损失各自承担,工程损失发包人承担。在《建设工程工程量清单计价规范》(GB 50500—2013)中也有相关的规定。总结起来,因不可抗力事件导致的费用,发承包双方应按照以下原则分别承担并调整工程价款。

(1)永久工程包括已运至施工场地的材料和工程设备的损害,以及因工程损害造成的第三者人员伤亡和财产损失由发包人承担。

(2)承包人设备的损坏由承包人承担。

(3)发包人和承包人各自承担其人员伤亡和其他财产损失及其相关费用。

(4)承包人的停工损失由承包人承担,但停工期间,应监理人要求的照管工程和清理、修复工程的金额由发包人承担。

(5)不能按期竣工的,应合理延长工期,承包人不需支付逾期竣工违约金。由不可抗力风险分担的原则可知,如果在施工期间不可抗力已经发生,承包人有权向发包人提出工期的索赔。由于不可抗力事件发生在施工开工之后,承包人应发包人要求处理不可抗力带来的后果时,这部分费用应计入合同价款。

**6. 索赔的条件与证据**

索赔的根本目的在于保护自身利益,追回损失和避免亏本,是不得已之举。索赔是否成功,一般要看是否满足以下基本条件:

1)客观性

确实存在不符合合同或违反合同的干扰事件,它对承包人的工期和成本造成了影响。这是事实,有确凿的证据证明。由于合同双方都在进行合同管理,都在对工程施工过程中进行监督和跟踪，对索赔事件都应该也都能清楚地了解。所以，承包人提出的任何索赔，首先必须是真实的。

2）合法性

干扰事件非承包人自身责任引起，按照合同条款对方应给予补（赔）偿。索赔必须符合本工程承包合同的规定。合同作为工程施工中承发包双方应遵守的“最高法律”，由它“判定”干扰事件的责任由谁承担，应承担的责任及赔偿等。所以，对同样的索赔事件，采用不同的合同条件，就会有不同的结果。

3）合理性

索赔要求应合情合理，符合实际情况，真实反映由干扰事件引起的实际损失，采用合理的计算方法和计算基础。承包人必须证明干扰事件与干扰事件的责任、与施工过程所受的影响、与承包人所受的损失、与所提出的索赔要求之间存在的因果关系。

索赔证据是当事人用来支持其索赔成立或与索赔有关的证明文件和资料。索赔证据作为索赔文件的组成部分，在很大程度上关系到索赔的成功与否。证据不全、不足或没有证据，索赔是很难获得成功的。

在工程项目的实施过程中，会产生大量的工程信息和资料，这些信息和资料是开展索赔的重要依据。如果项目资料不完整，索赔就难以顺利进行。因此，在施工过程中应始终做好资料积累工作，建立完善的资料记录和科学管理制度，认真系统地积累和管理合同文件、质量、进度及财务收支等方面的资料。对可能会发生索赔的工程项目，从开始施工时就要有目的地收集证据资料，系统地拍摄现场，妥善保管开支收据，有意识地为索赔积累必要的证据材料。常见的索赔证据主要有：

①各种合同文件，包括合同协议书及各种合同附件、中标通知书、投标函及投标函附录、技术规范、图纸、已标价工程量清单、承包人有关人员、工程报价单或预算书、有关技术资料和要求等，如发包人提供的水文地质、地下管网资料，以及施工所需的证件、批件、临时用地或占地证明手续、坐标控制点资料等。

②经工程师批准的承包人施工进度计划、施工方案、施工组织设计和具体的现场实施情况记录以及各种施工报表等。

③施工日志及工长工作日志、备忘录等。施工中发生的影响工期或工程资金的所有重大事情均应写入备忘录存档，备忘录应按年、月、日顺序编号，以便查阅。

④工程有关施工部位的照片及录像等。保存完整的工程照片和录像能有效地显示工程进度。因此，除标书上规定需要定期拍摄的工程照片和录像外，承包人自己应经常注意拍摄工程照片和录像，注明日期，作为自己查阅的资料。

⑤工程各项往来信件、电话记录、指令、信函、通知、答复等。

## 单元练习

### 一、判断题

1. 工程索赔是在施工合同履行中，当事人一方由于另一方未履行合同所规定的义务或者出

现了应当由对方承担的风险而遭受损失时，向另一方提出赔偿要求的行为。　（　）

2. 索赔是指施工承包单位在合同实施过程中，承包商向发包人或监理人提出的费用增加或工期延长的损失补偿方式。　（　）

3. 工程变更索赔，属于按索赔事件的性质分类的索赔。　（　）

**二、填空题**

1. 工程索赔是由于发生了施工过程中有关方面不能控制的干扰事件，这些干扰事件影响了合同的正常履行，造成了________、________。

2. 由于建设单位或监理人指令施工单位加快施工速度，缩短工期，引起施工单位人、财、物的额外开支而提出的索赔，被称为________。

**三、单选题**

1. 按索赔的目的可以将工程索赔分为（　）。

A. 工期索赔和费用索赔　B. 合同中明示的索赔和合同中默示的索赔

C. 工程加速索赔和工程变更索赔　D. 工程延误索赔和合同被迫终止的索赔

2. 在工程索赔的分类中，按索赔事件的性质分类的是（　）。

A. 工期索赔和费用索赔　B. 费用索赔和工程加速索赔

C. 工程加速索赔和工程变更索赔　D. 工程变更索赔和工期索赔

3. 在工程施工过程中，由于监理工程师指令修改设计，造成工期延长和费用损失，承包商可以提出索赔。这种索赔属于（　）引起的索赔。

A. 地质条件的变化　B. 不可抗力　C. 工程变更　D. 业主风险

4. 某建设单位根据某交通运输有关主管部门提供的原始资料进行设计，由该资料的准确性有误差，导致工程施工时造成经济损失，施工承包单位应该（　）。

A. 就此向建设单位要求赔偿

B. 就此向交通运输有关主管部门要求赔偿

C. 施工单位自行负担一切损失

D. 建设单位和交通运输有关主管部门承担连带责任

**四、多选题**

1. 按索赔事件的性质可以将工程索赔分为（　）。

A. 工期索赔和费用索赔　B. 合同中明示的索赔和合同中默示的索赔

C. 工程加速索赔和工程变更索赔　D. 工程延误索赔和合同被迫终止的索赔

E. 工期索赔和合同中明示的索赔

2. 某建设项目实行施工总承包模式，总承包人将基础工程分包给专业分包单位施工，施工过程中发现实际地质情况与勘察报告不符而导致施工工期拖延。在此情况下，（　）可以提出索赔。

A. 承包人向发包人　B. 承包人向勘察单位

C. 分包人向发包人　D. 分包人向承包人　E. 发包人向监理

# 单元2 索赔报告的内容及索赔程序

## 1. 索赔报告的内容

索赔报告是合同一方向对方提出索赔的书面文件，它全面反映了一方当事人对一个或若干个索赔小件的所有要求和主张，对方当事人也是通过对索赔文件的审核、分析和评价来作认可、要求修改、反驳甚至拒绝的回答，索赔报告也是双方进行索赔谈判或调解、仲裁、诉讼的依据，因此，索赔报告的表达与内容对索赔的解决有重大影响，索赔方必须认真编写索赔文件。

索赔报告一般包括如下内容：

(1)总述部分

总述部分要简要阐述索赔事项并说明问题，一般包括以下3个方面：

①概要论述索赔事项发生的日期、地点和过程。

②承包人为该索赔事项付出的努力和附加开支。

③承包人对费用与工期两个方面具体的索赔要求。

在总述部分最后一般附上报告编写主要成员和审核人员名单、职务、职称及施工经验，以显示该报告的权威性。

(2)论证部分

论证部分是索赔报告的关键部分，主要说明自己具有索赔权，也是索赔能否成立的关键，主要包括以下内容：索赔事件的发生情况、索赔事件的发展、处理和最终的解决过程，以及为了防止扩大损失采取了何种措施，索赔意向书的递交情况，对应索赔事件重点明确索赔参考的法律法规，依据的合同条款文件及证据资料，要证明客观事件与损失之间的因果关系，说明索赔前因后果的关联性，使发包人和工程师充分认识此次索赔事件，认可其合理性与合法性。

(3)计算部分

计算部分的核心则是通过合理的计算方法解决自己应得多少经济补偿和时间补偿。前者定性，后者定量，计算部分包括费用索赔计算和工期索赔计算两个方面。

**知识链接**

计算索赔费用时，承包人应根据索赔事件的特点及掌握的证据资料情况选择合适的计算方法，计算每项开支；计算索赔工期时，首先要分析判断索赔事件是否位于关键线路，以决定该延误是否可以索赔，一般情况下只考虑关键线路上的延误或者非关键线路因延误而变为关键线路时才给予顺延工期。

(4)证据部分

证据部分是承包商对索赔论证作出的解释，是支持其索赔成立强有力的支撑材料，索赔证据作为索赔文件的组成部分，在很大程度上关系到索赔能否成功，证据不全、不足或没有证据，索赔是很难获得成功的。

在建设工程实施过程中，有大量的工程文件和资料产生，这些信息很有可能是索赔的重要证据，因此，这就要求承包人注重记录，收集整理各方面的资料，建立科学的资料管理制度，责任到人，以便可以随时从中查找索赔事件相关的证明资料，要注意引用的每个证据的效力或可信程度,对重要的证据资料最好附以文字说明,或附以确认件。

常见的索赔证据包括以下3种:

①招标文件、合同文件,包括施工合同协议书及其文件、中标通知书、投标书、标准和技术规范、图纸、工程量清单、工程报价单或者预算书、有关技术资料和要求,施工过程中的补充协议等。

②工程中各种往来信函、通知、指令、答复等。

③工程中各种会谈纪要。

**2. 索赔文件格式**

在合同履行过程中一旦出现索赔事件,承包人应该按照索赔文件的构成内容,及时地向业主提交索赔文件。单项索赔文件的一般格式如下:

(1)题目

索赔报告的标题应该能够简要、准确地概括索赔的中心内容,如"关于××事件的索赔"。

(2)事件

详细描述事件过程,主要包括事件发生的工程部位,发生的时间、原因和经过,影响的范围以及承包人当时采取的防止事件扩大的措施,事件持续时间,承包人已经向业主或工程师报告的次数及日期,最终结束影响的时间,事件处置过程中的有关主要人员办理的有关事项等,也包括双方信件交往、会谈,并指出对方如何违约、证据的编号等。

(3)理由

理由是指索赔的依据,主要是法律依据和合同条款的规定。合理引用法律和合同的有关规定,建立事实与损失之间的因果关系,说明索赔的合理、合法性。

(4)结论

结论指出事件造成的损失或损害及其大小,主要包括要求补偿的金额及工期。这部分只需列举各项明细数字及汇总数据即可。

(5)评细计算书(包括损失估价和延期计算两个部分)

为证实索赔金额和工期的真实性,必须指明计算依据及计算资料的合理性,包括损失费用、工期延长的计算基础、计算方法、计算公式及详细的计算过程和计算结果。

(6)附件

附件包括索赔报告中所列举的事实、理由、影响等各种编过号的证明文件和证据、图表。对于综合索赔,其格式比较灵活,它实质上是将许多未解决的单项索赔加以分类和综合整理。综合索赔文件往往需要很大的篇幅来描述其细节。综合索赔报告的主要组成部分如下:

①索赔致函和要点;

②总情况介绍(叙述施工过程、对方失误等);

③索赔总表(将索赔总数细分、编号,每一条目写明索赔内容的名称和索赔额);

④上述事件详述;

⑤上述事件结论;

⑥合同细节和事实情况;

⑦分包人索赔;

⑧工期延长的计算和损失费用的估算;

⑨各种证据材料等。

### 3. 索赔程序

承包人索赔事件

#### 1) 承包人索赔的提出及处理

根据合同约定，承包人认为有权得到追加付款和(或)延长工期的，应按以下程序向发包人提出索赔：

①承包人应在知道或应当知道索赔事件发生后 28 天内，向监理人递交索赔意向通知书，并说明发生索赔事件的事由；承包人未在前述 28 天内发出索赔意向通知书的，丧失要求追加付款和(或)延长工期的权利。

②承包人应在发出索赔意向通知书后 28 天内，向监理人正式递交索赔报告；索赔报告应详细说明索赔理由，以及要求追加的付款金额和(或)延长的工期，并附必要的记录和证明材料。

③索赔事件具有持续影响的，承包人应按合理时间间隔继续递交延续索赔通知，说明持续影响的实际情况和记录，列出累计的追加付款金额和(或)工期延长天数。

④在索赔事件影响结束后 28 天内，承包人应向监理人递交最终索赔报告，说明最终要求索赔的追加付款金额和(或)延长的工期，并附必要的记录和证明材料。

在工程项目施工过程中，施工承包单位对建设单位的索赔则比较困难，先将承包人向发包人提出索赔进行介绍，具体流程如图 9.1 所示。

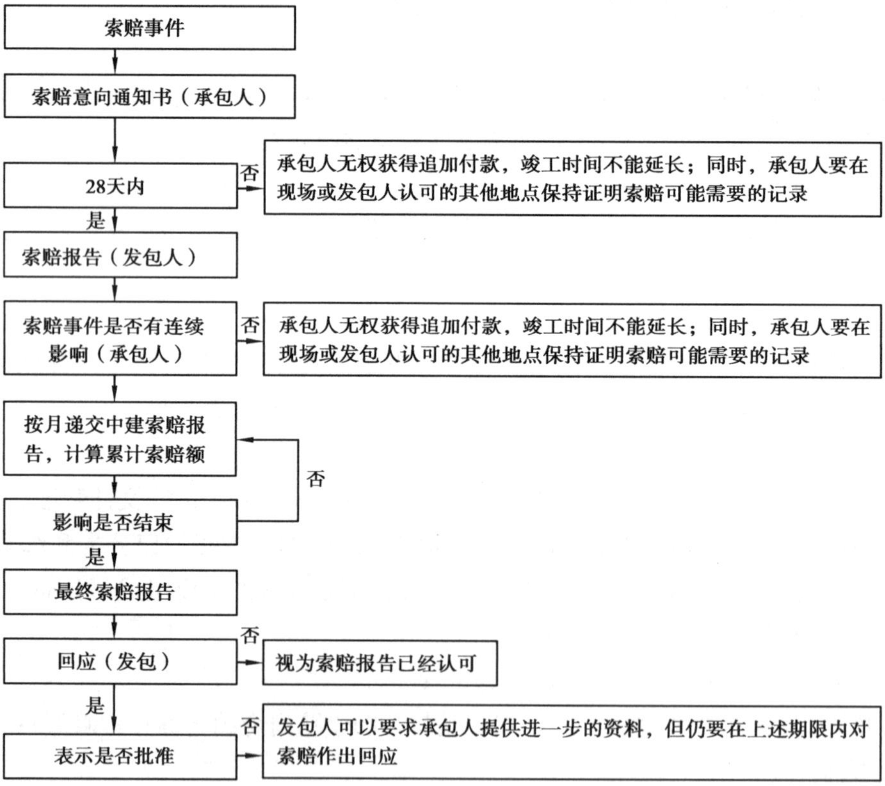


图 9.1　承包人向发包人提出索赔的具体流程

对承包人索赔的一般处理程序如下：

①监理人应在收到索赔报告后 14 天内完成审查并报送发包人。监理人对索赔报告存在异议的，有权要求承包人提交全部原始记录副本。

②发包人应在监理人收到索赔报告或有关索赔的进一步证明材料后 28 天内，由监理人向

承包人出具经发包人签认的索赔处理结果。发包人逾期答复的,则视为认可承包人的索赔要求。

③承包人接受索赔处理结果的,索赔款项在当期进度款中进行支付;承包人不接受索赔处理结果的,按争议解决相关约定处理。

发包人索赔事件

2)发包人的索赔

根据合同约定,发包人认为有权得到赔付金额和(或)延长缺陷责任期的,监理人应向承包人发出通知并附有详细的证明。

发包人应在知道或应当知道索赔事件发生后28天内通过监理人向承包人提出索赔意向通知书,发包人未在前述28天内发出索赔意向通知书的,丧失要求赔付金额和(或)延长缺陷责任期的权利。发包人应在发出索赔意向通知书后28天内,通过监理人向承包人正式递交索赔报告。

对发包人索赔的一般处理程序如下:

①承包人收到发包人提交的索赔报告后,应及时审查索赔报告的内容、查验发包人证明材料。

②承包人应在收到索赔报告或有关索赔的进一步证明材料后28天内,将索赔处理结果答复发包人。如果承包人未在上述期限内作出答复的,则视为对发包人索赔要求的认可。

③承包人接受索赔处理结果的,发包人可从应支付给承包人的合同价款中扣除赔付的金额或延长缺陷责任期;发包人不接受索赔处理结果的,按“争议解决”约定处理。

3)监理人处理索赔的程序

①监理人收到承包人提交的索赔通知书后,应及时审查索赔通知书。

②监理人应商定或确定追加的付款和(或)延长的工期,并在收到上述索赔通知书或有关索赔的进一步证明材料后的42天内,将索赔处理结果答复承包人。

③承包人接受索赔处理结果的,发包人应在作出索赔处理结果答复后28天内完成赔付。承包人不接受索赔处理结果的,按合同中争议解决条款的约定处理。

**知识链接**

**索赔通知(示例)**

致甲方代表(或监理工程师):

我方希望你方对工程地质条件变化问题引起重视。本标段公路工程施工开挖过程中发现,在合同文件未标明有坚硬岩石的地方遇到坚硬的岩石,致使我方实际生产率降低,影响施工进度的正常推进,不得不在雨季施工。

上述施工条件造成我方施工现场设计与原设计有很大不同,为此向你方提出工期索赔及费用索赔要求,具体工期索赔、费用索赔依据及计算书已附在索赔报告中。

承包商:××单位

××××年××月××日

**知识链接**

(1)承包人按竣工结算审核约定接收竣工付款证书后,应被视为已无权再提出在工程接收证书颁发前所发生的任何索赔。

(2)承包人最终结清提交的最终结清申请单中,只限于提出工程接收证书颁发后发生的索赔。提出索赔的期限自接受最终结清证书时终止。

## 单元练习

### 一、判断题

1. 索赔报告的计算部分关键在于解决索赔权是否成立。( )

2. 承包人按竣工结算审核约定接收竣工付款证书后,应被视为已无权再提出在工程接收证书颁发前所发生的任何索赔。( )

### 二、填空题

1. 索赔报告一般包括__________、__________、__________、__________ 3 个部分。

2. 承包人应在发出索赔意向通知书后 28 天内,向监理人正式递交__________。

3. 监理人应在收到索赔报告后__________天内完成审查并报送发包人。

### 三、单选题

1. 施工承包单位应在知道或应当知道索赔事件发生后( )天内,向监理人递交索赔意向通知书,并说明发生索赔事件的事由。

A. 15　　B. 28　　C. 20　　D. 30

2. 某工程项目施工时发现图纸中没有注明的地下管线,需要做特殊处理,按照合同条款的约定,承包人应在索赔事件发生后 28 天内向监理工程师提交( )。

A. 索赔报告　　B. 索赔意向通知

C. 索赔依据和资料　　D. 工期和费用索赔的具体要求

3. 当发生索赔事件时,按照索赔的程序,承包人首先应( )。

A. 向政府建设主管部门报告

B. 收集索赔证据、计算经济损失和工期损失

C. 以书面形式向监理工程师提出索赔意向通知

D. 向监理工程师提出索赔报告

4. 关于建设工程索赔成立的条件,下列说法中正确的是( )。

A. 导致索赔的事件必须是对方的过错,索赔才能成立

B. 只要对方有过错,不管是否造成损失,索赔都可以成立

C. 只要索赔事件的事实存在,在合同有效期内任何时候提出索赔都可以成立

D. 不按照合同规定的程序提交索赔报告的,索赔不能成立

5. 采用网络图分析法处理可原谅延期,下列说法中正确的是( )。

A. 只有在关键线路上的工作延误,才能索赔工期

B. 非关键线路上的工作延误,不应索赔工期

C. 如延误的工作为关键工作,则延误的时间为工期索赔值

D. 该方法不适用于多种干扰事件共同作用所引起的工期索赔

# 单元3　公路工程索赔分析与计算

## 1. 索赔成立的条件

承包人工程索赔成立的基本条件包括:

①与合同比较,已造成实际的额外费用增加或工期损失。

②造成费用增加或工期损失的原因不是由承包人的过失导致的。

③按合同规定不应由承包人承担的风险。

④承包人在事件发生后的规定时限内提出了索赔的书面意向通知。

## 2. 工期索赔

由非承包人责任的原因而导致施工进程延误,要求批准顺延合同工期的索赔,称为工期索赔。工期索赔形式上是对权利的要求,以避免在原定合同竣工日期不能完工时被发包人追究拖期违约责任。一旦获得批准合同工期顺延后,承包人不仅免除承担误期违约赔偿费的严重风险,而且可能获得提前工期的奖励,最终仍反映在经济收益上。工期拖延与索赔处理见表9.1。

表9.1　工期拖延与索赔处理

| 种　类 | 原因责任者 | 处　理 |
|---|---|---|
| 可原谅不补偿延期 | 责任不在任何一方,如不可抗力、恶性自然灾害 | 工期索赔 |
| 可原谅应补偿延期 | 建设单位违约,非关键线路上工程延期引起费用损失 | 费用索赔 |
| | 建设单位违约,导致整个工程延期 | 工期及费用索赔 |
| 不可原谅延期 | 承包商违约,导致整个工程延期 | 承包商承担违约罚款,并承担违约后建设单位要求加快施工速度、终止合同所引起一切经济损失 |

工期索赔的计算方法有直接法、比例分析法、网络分析法。

(1)直接法

如果某干扰事件直接发生在关键线路上,造成总工期的延误,可以直接将该干扰事件的实际干扰事件(延误时间)作为工期索赔值。

(2)比例分析法

如果某干扰事件只影响某单项工程、单位工程或分部分项工程的工期,要分期其对总工期的影响,可以采用比例分析法。

采用比例分析法时,可以按工程量的比例进行分析。例如,某工程基础施工中出现意外情况,导致工程量由原来的2 800 $m^2$ 增加到3 500 $m^2$,原定工期是40天,则承包商可以提出的工期索赔值是:

工期索赔值：$\frac{原工期\times新增工程量}{原工程量}=\frac{40\times(3\ 500-2\ 800)}{2\ 800}$天=10天

如果合同规定工程量增减10%为承包商应承担的风险，则工期索赔值应该是：

工期索赔值=$\frac{40\times(3\ 500-2\ 800\times110\%)}{2\ 800}$天=6天

工期索赔值可以按照造价的比例进行分析。例如，某工程合同价为1 200万元，总工期为24个月，施工过程中业主增加额外工程200万元，则承包商提出的工期索赔值为：

工期索赔值=$\frac{原合同工期\times附加或新增工程造价}{原合同总价}=\frac{24\times200}{1\ 200}$月=4月

(3)网络分析法

在实际工程中，影响工期的干扰事件可能会很多，每个干扰事件的影响程度可能都不一样，有的直接在关键线路上，有的不在关键线路上，多个干扰事件的共同影响结果究竟是多少可能引起合同双方很大的争议。采用网络分析法是比较科学合理的方法，其思路是：假设工程按照双方认可的工程网络计划确定的施工顺序和时间施工，当某个或某几个干扰事件发生后，使网络中的某个工作或某些工作受到影响，使其持续时间延长或开始时间推迟，从而影响总工期，则将这些工作受干扰后的新的持续时间和开始时间等代入网络中，重新进行网络分析和计算，得到的新工期与原工期之间的差值就是干扰事件对总工期的影响，也就是承包商可以提出的工期索赔值。

**典型案例**

某路桥公司(乙方)于某年7月15日与某业主(甲方)签订了修建某路口匝道的施工合同。乙方编制的施工方案和进度计划已获监理工程师批准。

该工程的基坑开挖土方量为5 000 $m^3$，综合费率为20%，该基坑施工方案规定："土方工程采用租赁一台斗容量为1.5 $m^3$的反铲挖掘机施工(租赁费500元/台班)。"甲、乙双方合同约定基坑开挖工作8月1日开工，8月10日完工。在实际施工中发生了如下事件：

事件1：因租赁的挖掘机大修，晚开工2天，造成人员窝工10个工日。

事件2：施工过程中，因遇软土层，8月5日接到监理工程师停工的指令，进行地质复查配合，用工15个工日。

事件3：8月9日接到监理工程师于8月10日复工的指令，同时接到基坑开挖深度加深2 m的设计变更通知单，由此增加土方开挖量1 000 $m^3$。

事件4：8月10日至8月12日，因下大雨迫使基坑开挖暂停，造成人员窝工10个。

事件5：8月13日用30个工日，修复冲坏的永久性道路；8月14日恢复挖掘工作，最终基坑于8月20日开挖完毕。

【问题】

①该路桥公司可以就上述哪些事件向业主要求索赔？哪些事件不可以要求索赔？请说明原因。

②每项事件工期索赔多少天？总计工期索赔多少天？

③乙方应向甲方提供的索赔文件有哪些？

【焦点分析】

本案例主要考察索赔成立的条件、申请索赔所需的文件、索赔费用及索赔工期的计算。通常索赔费用包括人工费、材料费、机械费和管理费。

问题 1：

路桥公司能否提出索赔及其原因如下：

事件 1 不能提出索赔要求，因为租赁的挖掘机大修延迟开工，属承包方的责任。

事件 2 可提出索赔要求，因为地质条件变化属于业主应承担的责任。

事件 3 可提出索赔要求，因为这是由设计变更引起的，属于业主应承担的责任。

事件 4 可提出索赔要求，因为大雨迫使停工，属不可抗力原因，不可索赔费用，但需顺延工期。

事件 5 可提出索赔要求，因为雨后修复冲坏的永久道路，属于业主应承担的责任。

问题 2：

事件 2：可索赔工期 5 天(8 月 5—9 日)。

事件 3：可索赔工期 2 天，因为增加土方量 1 000 $m^3$，由背景材料可知 5 000 $m^3$ 土方工期为 10 天，则增加 1 000 $m^3$ 土方量需 2 天施工。

事件 4：可索赔工期 3 天(8 月 10—12 日)。

事件 5：可索赔工期 1 天(13 日)。

可索赔工期总计为：5+2+3+1＝11(天)。

问题 3：

路桥公司申请索赔应向业主提供索赔意向通知、索赔报告、索赔证据及索赔工期详情计算书。

**3. 费用索赔**

费用索赔的原因可能是与工期索赔相同的内容，即属于可原谅并应予以费用补偿的索赔，也可能是与工期索赔无关的理由。

(1)费用索赔的计算

费用索赔一般可归结为人工费、材料费、施工机具使用费、分包费、施工管理费、利息、利润、保险费等。特别要注意以下 5 点：

①一般增加工作量的索赔事件的费用索赔是需要索赔所有发生的费用，包含管理费、利润、规费和税金。

②确定因业主原因造成的承包商人员窝工补偿标准时，可以考虑承包商应该合理安排窝工工人做其他工作，所以只补偿工效差。

③业主原因造成的施工机械闲置补偿标准要视机械来源确定，如果是承包商的自有机械，一般按台班折旧费(固定费用)标准补偿；如果是承包商租赁来的机械，一般按台班租赁费标准补偿。总体来说，业主原因造成的施工机械闲置所产生的费用为固定费用，未发生燃料、动力费等运行费用，所以一般按固定费用补偿机械闲置费用。

④在分析业主原因引起的索赔事件的费用索赔时，还要注意分清是业主的责任事件还是风险事件。责任事件是指自身不当行为等导致的工程工期和(或)费用的损失，是通过自身努力可以避免其发生的事件。风险事件是指非自身不当行为等导致的工程工期和(或)费用的损失，是非自身能够避免的事件，如洪水突发、地区停电等。业主责任事件可以适当索赔管理费，而业主风险事件则不可以索赔管理费。

⑤人员窝工和机械闲置费用补偿要计取规费和税金，有时（在分清业主风险事件或责任事件时）在计算窝工、闲置费用索赔时也应考虑是否适当计取现场管理费，按照标准施工招标文件说法也可适当索赔一定利润，一般给出的窝工补偿综合税费中就包含了部分现场管理费、利润、规费和税金。

（2）共同延误的处理

在出现共同延误的情况下的工期和（或）费用损失由谁承担，要看谁的责任事件（或风险事件）发生在先，如果是业主的责任事件（或风险事件）发生在先，则共同延误期间的工期和（或）费用损失由业主承担；反之，由承包商承担。

①首先判断“初始延误者”，它应对工程拖期负责。在初始延误发生作用期间，其他并发的延误者不承担拖期责任。

②如果初始延误者是发包人原因，则在发包人原因造成的延误期内，承包人即可得到工期延长，又可得到经济补偿。

③如果初始延误者是客观原因，则在发包人原因造成的延误期内，承包人可得到工期补偿，但很难得到费用补偿。

④如果初始延误者是承包人原因，则在承包人原因造成的延误期内，承包人既不能得到工期补偿，也不能得到费用补偿。

**知识链接**

**《公路工程标准施工招标文件》(2018年版）中合理补偿承包人的条款**

| 序号 | 条款号 | 主要内容 | 可补偿内容费用利润 | | |
|---|---|---|---|---|---|
| | | | 工期 | 费用 | 利润 |
| 1 | 1.10.1 | 施工过程发现文物、古迹以及其他遗迹、化石、钱币或物品 | √ | √ | — |
| 2 | 4.11.2 | 承包人遇到不利物质条件 | √ | √ | — |
| 3 | 5.2.4 | 发包人要求向承包人提前交付材料和工程设备 | — | √ | — |
| 4 | 5.2.6 | 发包人提供的材料和工程设备不符合合同要求 | √ | √ | √ |
| 5 | 8.3 | 发包人提供基准资料错误导致承包人的返工或造成工程损失 | √ | √ | √ |
| 6 | 11.3 | 发包人的原因造成工期延误 | √ | √ | √ |
| 7 | 1.4 | 异常恶劣的气候条件 | √ | — | — |
| 8 | 11.6 | 发包人要求承包人提前竣工 | — | √ | — |
| 9 | 2.2 | 发包人原因引起的暂停施工 | √ | √ | √ |
| 10 | 12.4.2 | 发包人原因造成暂停施工后无法按时开工 | √ | √ | √ |
| 11 | 13.1.3 | 发包人原因造成工程质量达不到合同约定验收标准的 | √ | √ | √ |
| 12 | 13.5.3 | 监理人对隐蔽工程重新检查，经检验证明工程质量满足合同要求的 | √ | √ | √ |
| 13 | 16.2 | 法律变化引起的价格调整 | — | √ | — |
| 14 | 18.4.2 | 发包人在全部工程施工前，使用已接收的单位工程导致承包人费用增加 | √ | √ | √ |
| 15 | 18.6.2 | 发包人原因导致运行失败的 | — | √ | √ |
| 16 | 19.2 | 发包人原因导致的工程缺陷和损失 | — | √ | √ |
| 17 | 21.3.1 | 不可抗力 | √ | — | — |

**典型案例**

某施工合同约定,施工现场主导施工机器1台,由施工企业租赁,台班单价为400元/台班,租赁费为200元/台班,人工工资为1 000元/工日,窝工补贴为50元/工日,以人工费为基数的综合费率为35%。施工过程中,发生了如下事件:

事件1:出现异常恶劣天气导致工程停工2天,窝工30个工日。

事件2:因恶劣天气导致场外道路中断,抢修道路用工20个工日。

事件3:场外大面积停电,停工2天,窝工10个工日。

【问题】

施工企业可向业主索赔费用为多少?

【专家评析】

各事件处理结果如下:

事件1:异常恶劣天气导致的停工通常不能进行费用索赔。

事件2:抢修道路用工的索赔额为20×1 000×(1+35%)=2 700(元)。

事件3:停电导致的索赔额为2×200+10×50=900(元)。

总索赔费用为2 700+900=3 600(元)。

## 单元练习

**一、判断题**

1.承包人在索赔事件发生后的30天内提出索赔意向通知书。（　　）

2.在出现共同延误事件影响下承包人遭受工期和费用损失,如果初始延误者是发包人,则承包人可得到工期和费用补偿。（　　）

**二、填空题**

1.工期索赔的计算主要有＿＿＿＿＿＿、＿＿＿＿＿＿、＿＿＿＿＿＿。

2.因非承包商原因造成承包商机械停工,如果是承包商的自有机械,一般按＿＿＿＿＿＿标准补偿;如果是承包商租赁来的机械,一般按＿＿＿＿＿＿标准补偿。

3.利用网络进度分析法进行工期索赔计算时,被延误的工序是非关键工序,则该工序被延误的时间没有超过其＿＿＿＿＿＿,则没有工期补偿。

**三、单选题**

1.在建设工程项目施工索赔中,不可索赔的人工费是(　　)。

A.完成合同之外的额外工作所花费的人工费用

B.施工企业因雨季停工后加班增加的人工费用

C.法定人工费增长费用

D.非承包人责任造成的工期延长导致的工作上涨费

2.某工程签约合同价为2 400万元,总工期为24个月,施工过程中业主增加工程200万元,根据比例分析法承包人可提出的合理工期索赔值为(　　)。

A.1个月　　B.2个月　　C.3个月　　D.4个月

3. 某建设工程项目在施工中发生下列人工费:完成业主要求的合同外工作,发生工程费用3万元;由业主原因导致功效降低,使人工费增加3万元;施工机械故障造成人员窝工损失1万元,则施工单位可向业主索赔的合理人工费为(　　)。

A. 3万元　B. 4万元　C. 6万元　D. 7万元

4. 某工程施工中出现意外情况,导致工程量由原来的2 500 $m^3$ 增加到3 000 $m^3$,原定工期为30天,合同规定工程量变动10%为承包商应承担风险,则可索赔工期为(　　)天。

A. 6　B. 5　C. 3　D. 2.5

5. 当施工机械停工导致费用索赔成立时,台班停滞费用正确的计算方法是(　　)。

A. 按照机械设备台班费计算　B. 按照台班费中的设备使用费计算

C. 自由设备按照台班折旧费计算　D. 租赁设备按照台班租金计算

6. 某工程施工过程中发生如下事件:①因异常恶劣气候条件导致工程停工2天,人员窝工20个工日;②遇到建设单位原因前期未勘察到的不利地质条件,导致工程停工1天,人员窝工10个工日,处理不利地质条件用工15个工日。若人工工资为200元/工日,窝工补贴为100元/工日,不考虑其他因素。根据相关规定,施工企业可向业主索赔的工期和费用分别是(　　)。

A. 3天,6 000元　B. 1天,3 000元　C. 3天,4 000元　D. 1天,4 000元

7. 某工程基坑开挖后,发现局部有软弱下卧层,建设单位要求乙方配合进行地质复查,共用工10个工日。地质复查和处理费用为4万元,同时工期延长3天,人员窝工15工日。若用工按100元/工日、窝工按50元/工日计算,则乙方可就该事件索赔的费用是(　　)。

A. 41 250元　B. 41 750元　C. 42 500元　D. 45 250元

**四、多选题**

1. 在建设工程项目施工索赔中,可索赔的材料费包括(　　)。

A. 非承包商原因导致材料实际用量超过计划用量而增加的费用

B. 因政策调整导致材料价格上涨的费用

C. 因质量原因进行工程返工所增加的材料费用

D. 因承包商提前采购材料而发生的超期储存费用

E. 由业主造成的材料损耗费

2. 在建设工程项目施工索赔中,施工机械使用费的索赔款项包括(　　)。

A. 因机械故障停工维修而导致的窝工费

B. 因监理工程师指令错误导致机械停工的窝工费

C. 非承包商责任导致功效降低增加的机械使用费

D. 因机械操作工患病停工而导致的机械窝工费

E. 由于完成额外工作增加的机械使用费

## 单元4　施工合同争议解决

**1. 施工合同的常见争议**

工程合同争议是指工程合同订立至完全履行前,合同当事人因对合同的条款理解产生歧义或因当事人违反合同的约定,没有履行义务或虽履行义务但没有达到预定的标准等原因而产生

的纠纷。产生工程合同纠纷的原因十分复杂，因此，了解建设工程施工合同的主要纠纷类型，有助于建筑企业防范风险、减少纠纷数量，提高企业利润。

1）施工合同主体纠纷

建设工程施工合同主体包括发包人和承包商。发包人应具有工程发包主体资质和支付工程价款的能力；承包商应具有工程承包主体资格并被发包人接受。

造成施工合同主体纠纷原因有以下几种：

（1）承包商资质不够导致纠纷

承包商应具备一定的资质条件，资质不够的承包商签订的建设工程施工合同是无效合同。发包方应加强对承包商资质的审查，避免与不具备相应资质的承包商订立合同。

（2）因无权代理与表见代理引发纠纷

施工合同各方应当加强对授权委托书的管理，避免无权代理和表见代理的产生，避免与无权代理人签订合同。

（3）因联合体承包导致纠纷

联合体各方应具备一定的条件，联合体以一个投标人的身份参加投标，中标后各方就中标项目向发包人承担连带责任。

（4）因挂靠问题产生的纠纷

由挂靠方式签订的合同违反法律强制性规定的，属无效合同。挂靠企业要承担法律责任。

**知识链接**

授权委托书：委托代理授权采用书面形式的，授权委托书应载明代理人的姓名或名称、代理事项、权限和期限，并由被代理人签名或盖章。

2）施工合同工程款纠纷

（1）合同本身存在缺陷

主要表现在：承发包双方之间没有订立书面的施工合同，仅有口头合同；或者订立了书面合同，但内容过于简单；或合同的各个条款之间、不同的协议之间、图纸与施工技术规范之间出现矛盾；合同总价与分项工程单价之和不符，合同缺项等。

（2）工程进度款支付、竣工结算及审价争议

施工合同中虽然已列出了工程量，约定了合同价款，但实际施工中由于设计变更、工程师签发的变更指令、现场条件变化，以及计量方法等会引起工程量变化，从而导致进度款支付价款发生变更。承包人通常会在工程进度款报表中列出实际已完的工作而未获得付款的金额，希望得到额外付款，而发包人在按进度支付工程款时往往会扣除那些他们未予确认的工程量或存在质量问题的已完工程的应付款项。这样承包人由于未得到足够的应付工程款而放慢工程进度，发包人则会认为在工程进度拖延的情况下更不能多支付给承包人任何款项，这种争议比较多。

另外，发包人利用其优势地位，要求承包人垫资施工、不支付预付款、尽量拖延支付进度款、拖延工程结算及工程审价进程，致使承包人的权益得不到保障，最终引起争议。

（3）工程价款纠纷

由于建设资金或其他问题，建设项目无法继续施工，从而造成建设项目的停建、建筑企业的

工程款被长期拖欠,对企业本身造成损失,引起争议。

还有一种情况就是工程的发包人并非工程真正的建设单位,发包人通常不具备工程价款的支付能力。这时承包人应向真正工程权利人主张权利,以保证合法权利不受侵害。

### 3)施工合同质量争议

造成建设工程质量问题的原因可分为以下3种情况:

(1)承包人原因造成的质量问题

①未按设计图纸、施工技术规范、经发包方审定的施工组织方案施工。

②使用未经检验的或检验不合格的材料、构配件和设备,不符合设计要求、技术标准和合同约定。

③施工单位对在质量保修期内出现的质量缺陷不履行质量保修责任。特别是发包人要求承包人修复工程缺陷而承包人拖延修复,或发包人未经通知承包人就自行委托第三人对工程缺陷进行修复。

④分包人的原因。由承包人造成的工程质量不符合约定的,承包人首先应承担修复义务,具体体现为修理、返工或者改建,以达到约定的质量要求和标准。

(2)发包人原因造成的质量问题

①提供的设计有缺陷或在设计或施工中提出违反法律、行政法规和建筑工程质量、安全标准的要求。

②建设单位提供的建筑材料、建筑构配件和设备不符合标准,或给施工单位指定厂家,明示、暗示使用不合格的材料、构配件和设备。

③直接指定分包人分包专业工程或将工程发包给没有资质的单位或者将工程任意肢解进行发包。

(3)其他原因造成的工程质量问题

主要是不可抗力等原因造成的质量问题。承发包双方均不承担民事责任,而是按照风险分担原则来承担损失。

### 4)施工合同工期争议

工期延误往往是由错综复杂的原因造成的,要分清各方的责任十分困难。通常的情况是:发包人要求承包人承担工程竣工逾期的违约责任,而承包人则提出因诸多发包人的原因及不可抗力等工期应相应顺延,有时承包人还就工期的延长要求发包人承担停工窝工的费用。

工期纠纷通常涉及违约金的计算、工程款计算等问题,而工期纠纷的核心问题是如何确定实际工期?实际工期是指实际开工日期至实际竣工日期的日历天数。因此,确定了实际开工日期、实际竣工日期就可以计算出实际工期,进而解决因工期纠纷而引起的各种问题。

### 5)施工合同变更和解除争议

(1)合同变更引起的争议

①合同变更,除了法定情形外,应通过当事人的合议来实现。通常情况下,工程量的增减,均有建设单位或施工方的工程变更单,经双方确认后施工。

②单方发出变更单或者变更指令的,必须由有相应权限的人签发。

③没有发包人的变更令,承包人不能自行增减工程量或变更工程。承包人完成的工作,如

既无合同约定,又无发包人的指令,承包人应自行承担其中的风险和费用。

(2)合同的解除引起的争议

合同解除一般都会给某一方或者双方造成严重的损害。如何合理处置合同终止后双方的权利和义务,往往是这类争议的焦点。合同终止可能有以下几种情况:

①承包人责任引起的终止合同。例如,发包人认为并证明承包人不履约,承包人严重拖延工程并证明已无能力改变局面,承包人破产或严重负债而无力偿还致使工程停滞等。

②发包人责任引起的终止合同。例如,发包人不履约、严重拖延应付工程款并被证明已无力支付欠款,发包人破产或无力清偿债务,发包人严重干扰或阻碍承包人的工作等。

③由不可抗力导致合同终止。合同中如果没有明确规定这类终止合同的后果处理办法,双方应通过协商处理,若达不成一致则按争议处理方式申请仲裁或诉讼。

④任何一方由于自身需要而终止合同。例如,在发包人因自身原因要求终止合同时,可能会承诺给承包人补偿的范围只限于其实际损失,而承包人可能要求还应补偿其失去承包其他工程机会而遭受的损失和预期利润。这就导致了在补偿范围和金额方面发生争议。

**典型案例**

**工程未经竣工验收使用纠纷案**

2020年6月,某施工单位(以下简称"承包人")承建某建设单位(以下简称"发包人")的二级公路工程。

2020年9月,工程竣工。但未经竣工验收,发包人于2020年10月中旬开放通车投入使用。

2020年11月,双方签订补充协议,约定发包人提前使用工程,承包人不再承担任何责任,发包人应于2020年12月支付50万元工程款并对总造价委托审价。

2021年4月,承包人起诉发包人,要求按约定支付工程欠款和结算款。但发包人在法庭上辩称并反诉称:承包人施工工程存在质量问题,现场施工与设计图纸不符,并要求被告支付工程质量维修费及因质量问题产生的经济损失。

诉讼过程中,该路段发生局部塌陷,发包人自行委托修复,导致承包人施工工程量无法计算。因此,本案的争议焦点是:未经签证增加工程量如何审价鉴定?纠纷争议工程质量问题是施工原因还是使用不当造成的?未经竣工验收的工程质量责任应由谁承担?

【焦点分析】

(1)双方在施工过程中未就隐蔽工程验收、竣工验收等做好相关记录,现场施工与设计图纸也不符,但发包人未经验收就使用了工程,故可认为双方实际变更了工程内容,工程造价应按照施工现场的实际情况按实结算。

(2)根据最高人民法院关于《建设工程施工合同司法解释的理解与适用》第十三条规定,即发包人未经验收擅自使用工程,因无法证明承包人最初交给发包人的建筑产品的原状,应承担举证不能的法律后果是:

①发包人难以以未予签证或现场发生变更为由拒付原工程实际发生的工程款;

②发包人难以向承包人主张质量缺陷免费保修的责任;

③发包人不能向承包人主张已使用部分工程质量缺陷责任,只能自行承担修复费用。

(3)法院判决,发包人支付工程款(包括发包人未确认的工程量),同时判决承包人酌情承担12万元修复费和5万元营业损失。

**2. 合同争议的解决**

《民法典》关于违约责任的解释（征求意见稿）

1）和解

合同当事人可以就争议自行和解，自行和解达成协议的经双方签字并盖章后作为合同补充文件，双方均应遵照执行。

2）调解

合同当事人可以就争议请求建设行政主管部门、行业协会或其他第三方进行调解，调解达成协议的，经双方签字并盖章后作为合同补充文件，双方均应遵照执行。

3）争议评审

合同当事人在专用合同条款中约定采取争议评审方式解决争议以及评审规则，并按下列约定执行：

（1）争议评审小组的确定

合同当事人可以共同选择 1 名或 3 名争议评审员，组成争议评审小组。除专用合同条款另有约定外，合同当事人应当自合同签订后 28 天内，或者争议发生后 14 天内，选定争议评审员。

选择 1 名争议评审员的，由合同当事人共同确定；选择 3 名争议评审员的，各自选定一名，第三名成员为首席争议评审员，由合同当事人共同确定或由合同当事人委托已选定的争议评审员共同确定，或由专用合同条款约定的评审机构指定第三名首席争议评审员。

除专用合同条款另有约定外，评审员报酬由发包人和承包人各承担一半。

（2）争议评审小组的决定

合同当事人可在任何时间将与合同有关的任何争议共同提请争议评审小组进行评审。争议评审小组应秉持客观、公正原则，充分听取合同当事人的意见，依据相关法律、规范、标准、案例经验及商业惯例等，自收到争议评审申请报告后 14 天内作出书面决定，并说明理由。合同当事人可以在专用合同条款中对本项事项另行约定。

（3）争议评审小组决定的效力

争议评审小组作出的书面决定经合同当事人签字确认后，对双方具有约束力，双方应遵照执行。

任何一方当事人不接受争议评审小组决定或不履行争议评审小组决定的，双方可选择采用其他争议解决方式。

4）仲裁或诉讼

因合同及合同有关事项产生的争议，合同当事人可以在专用合同条款中约定以下一种方式解决争议：

①向约定的仲裁委员会申请仲裁。

②向有管辖权的人民法院起诉。

**知识链接**

合同有关争议解决的条款独立存在，合同的变更、解除、终止、无效或者被撤销均不影响其效力。

# 单元练习

## 一、判断题

1. 建设工程施工合同主体包括发包人和监理人。（　　）

2. 实际工期是指实际开工日期至实际竣工日期的日历天数。（　　）

## 二、填空题

1. 合同争议的解决方式＿＿＿＿＿＿、＿＿＿＿＿＿、＿＿＿＿＿＿、＿＿＿＿＿＿。

2. 因合同及合同有关事项产生的争议，合同当事人可以在＿＿＿＿＿＿中约定仲裁或诉讼。

## 三、单选题

1. 工程项目已实际交付，但施工合同没有约定付款时间，则拖欠工程款利息的起算日期为（　　）。

A. 提交竣工结算文件之日　　B. 确认竣工结算文件之日

C. 竣工验收合格之日　　D. 工程实际交付之日

2. 某工程施工合同对工程款付款时间约定不明，工程尚未交付，工程价款也未结算，现承包人起诉，发包人工程欠款利息应从（　　）之日计付。

A. 工程计划交付　　B. 提交竣工结算文件

C. 当事人起诉　　D. 监理工程师暂定付款

3. 关于建设工程施工合同价款纠纷的处理，下列说法中正确的是（　　）。

A. 竣工验收不合格，经承包人修复后合格的，承包人支付修复费用的要求应予支持

B. 竣工验收不合格，经承包人修复后合格的，修复费用应由承包人承担

C. 竣工验收不合格，多次修复后仍不合格的，发包人应酌情给予承包人部分修复费用

D. 安装后发现加工设备存在质量问题，但承包人参与进场验收的，发包人不应支付承包人设备拆除、重新安装的费用

4. 工程竣工验收为未能通过，经过承包人修正缺陷再次验收检验合格。这种情况下，计算承包人的实际竣工日期应为（　　）。

A. 承包人第一次提交竣工验收报告之日

B. 承包人修改后再次提交竣工验收报告之日

C. 再次验收检验合格之日

D. 办理竣工验收手续之日

5. 工程施工过程中，由工程所在地发生洪灾造成的损失中，应由承包人承担的是（　　）。

A. 工程本身的损害　　B. 工程所需的清理费用

C. 承包人的施工机械损坏　　D. 因工程损害导致的第三方财产损失

6. 某施工合同履行过程中，承包人发现由于公路管理部门的责任，连接施工场地与国道之间的道路不符合招标文件中说明的条件，则承包人由此增加的费用由（　　）承担。

A. 公路管理部门　　B. 承包人

C. 发包人　　D. 承包人与发包人共同

# 参考文献


[1] 司法部.中华人民共和国民法典[M].北京:中国法制出版社,2020.

[2] 刘燕.工程招投标与合同管理[M].2版.北京:人民交通出版社,2015.

[3] 崔磊.公路工程招投标与合同管理[M].2版.北京:人民交通出版社,2020.

[4] 胡六星,陆婷.建设工程招投标与合同管理[M].北京:清华大学出版社,2019.

[5] 彭东黎.公路工程招投标与合同管理[M].3版.重庆:重庆大学出版社,2021.

[6] 姜仁安,郭梅.公路工程施工招投标[M].2版.北京:机械工业出版社,2012.

[7] 李海青.公路工程造价案例分析[M].北京:人民交通出版社,2021.